本书的研究、写作和出版得到国家社会科学基金项目（编号：17BRK002）和广西高等学校高水平创新团队及卓越学者计划专项经费（编号：桂教人才[2020]6号）的支持和资助，特此致谢。

肖富群 陈丽霞 著

家庭合作与利己养老

"老漂族"生活的实证研究

中国社会科学出版社

图书在版编目（CIP）数据

家庭合作与利己养老："老漂族"生活的实证研究／肖富群等著 . —北京：中国社会科学出版社，2021.10
ISBN 978-7-5203-8731-6

Ⅰ.①家… Ⅱ.①肖… Ⅲ.①养老—社会服务—研究—中国 Ⅳ.①D669.6

中国版本图书馆 CIP 数据核字（2021）第 138001 号

出 版 人	赵剑英
责任编辑	许 琳
责任校对	沈丁晨
责任印制	郝美娜

出　　版	中国社会科学出版社
社　　址	北京鼓楼西大街甲 158 号
邮　　编	100720
网　　址	http://www.csspw.cn
发 行 部	010-84083685
门 市 部	010-84029450
经　　销	新华书店及其他书店
印刷装订	北京市十月印刷有限公司
版　　次	2021 年 10 月第 1 版
印　　次	2021 年 10 月第 1 次印刷
开　　本	710×1000　1/16
印　　张	16.5
字　　数	271 千字
定　　价	98.00 元

凡购买中国社会科学出版社图书，如有质量问题请与本社营销中心联系调换
电话：010-84083683
版权所有　侵权必究

目　录

绪　论 ………………………………………………………………… (1)
　一　研究的背景 ………………………………………………… (1)
　二　研究问题的提出 …………………………………………… (6)
　三　研究对象 …………………………………………………… (11)
　四　研究方法与数据收集 ……………………………………… (13)
　五　研究的意义 ………………………………………………… (16)

第一章　"老漂族"：我们知道什么，还应该知道什么？ ………… (19)
　一　新闻媒介呈现的"老漂族"形象 ………………………… (19)
　二　国内"老漂族"研究的文献述评 ………………………… (21)
　三　国外老年人口迁移研究文献述评 ………………………… (30)
　四　当前"老漂族"值得研究的问题 ………………………… (37)

第二章　"老漂族"的群体特征及其城乡差异 ……………………… (42)
　一　"老漂族"的群体特征尚未明晰 ………………………… (42)
　二　研究思路与设计 …………………………………………… (45)
　三　数据统计结果与分析 ……………………………………… (48)
　四　"老漂族"的群体特征及城乡差异 ……………………… (65)

第三章　流动意愿对"老漂族"社会适应的影响 ………………… (68)
　一　"老漂族"的社会适应与流动意愿 ……………………… (68)
　二　研究思路与设计 …………………………………………… (72)
　三　"老漂族"流动意愿和社会适应的基本状况 …………… (77)

四　流动意愿对"老漂族"社会适应的影响 …………………（80）
　　五　影响"老漂族"社会适应的因素 ………………………（93）

第四章　流动目的对"老漂族"社会认同的影响 ……………（96）
　　一　流动目的与"老漂族"社会认同之间的关联性 …………（96）
　　二　研究思路与设计 …………………………………………（98）
　　三　"老漂族"流动目的与社会认同的基本情况 …………（105）
　　四　流动目的对"老漂族"社会认同的影响 ………………（107）
　　五　影响"老漂族"社会认同的因素 ………………………（122）

第五章　"老漂族"的生活满意度及其影响因素 ……………（127）
　　一　生活满意度是老年人口研究的重要议题 ………………（127）
　　二　研究思路与设计 …………………………………………（132）
　　三　"老漂族"的生活满意度状况及其影响因素 …………（141）
　　四　影响"老漂族"生活满意度的因素 ……………………（156）

第六章　"老漂族"的居留意愿及其影响因素 ………………（161）
　　一　去与留是"老漂族"必须面对的重要问题 ……………（161）
　　二　研究思路与设计 …………………………………………（164）
　　三　"老漂族"的居留意愿和影响因素 ……………………（169）
　　四　影响"老漂族"居留意愿的具体因素 …………………（182）

第七章　"老漂族"的福利状况及群体内部差异 ……………（188）
　　一　"老漂族"福利研究是一个重要议题 …………………（188）
　　二　研究思路与设计 …………………………………………（190）
　　三　"老漂族"的福利水平及差异 …………………………（195）
　　四　"老漂族"的福利困境 …………………………………（204）
　　五　不同"老漂族"的福利水平存在差异 …………………（211）

第八章　"老漂族"的社会政策议题 …………………………（216）
　　一　"老漂族"福利改善的目标 ……………………………（216）

二 "老漂族"福利改善的原则 …………………………… (219)
三 创新"老漂族"福利供给方式 ………………………… (221)
四 "老漂族"福利改善的具体政策建议 …………………… (224)

附 录 ……………………………………………………………… (230)

参考文献 ………………………………………………………… (236)

后 记 ……………………………………………………………… (251)

图表目录

图 0-1 1950—2050 年 60 岁以上人口的比例 …………………（1）
图 0-2 "老漂族"中文论文发表数量 …………………………（7）
图 0-3 线上调查流程 …………………………………………（15）
图 7-1 异地就医人员、异地长期居住人员、"老漂族"异地就医关系 …………………………………………………（204）
图 8-1 "老漂族"福利构成 ……………………………………（220）
图 8-2 "老漂族"福利供给的方式 ……………………………（222）
表 0-1 四种类型国家的人口老龄化过程及趋势 ………………（2）
表 0-2 中国人口年龄变化趋势 …………………………………（3）
表 0-3 2000—2019 年中国人户分离人口和流动人口数 ………（4）
表 0-4 网络新闻对"老漂族"的报道情况 ………………………（8）
表 0-5 样本分布情况 ……………………………………………（16）
表 2-1 各类变量的基本情况描述（N=503）…………………（47）
表 2-2 老漂族的性别比及与城乡背景的交互分类结果（N=503）………………………………………………（49）
表 2-3 "老漂族"的年龄分布情况（N=503）…………………（50）
表 2-4 乡—城与城—城"老漂族"年龄的独立样本 T 检验结果（N=503）………………………………………………（50）
表 2-5 "老漂族"的户口性质情况 ……………………………（51）
表 2-6 "老漂族"的婚姻状况及与城乡背景的交互分类结果（N=503）………………………………………………（52）
表 2-7 "老漂族"受教育程度情况及与城乡背景的交互分类结果（N=503）………………………………………（53）

表 2-8 工具性日常生活活动量表的因子分析结果（N=503） …… (54)
表 2-9 工具性日常生活活动量表各条目百分比（N=503） ……… (55)
表 2-10 城乡背景与工具性日常生活活动量表得分的独立样本
　　　　T 检验结果（N=503） …………………………………… (55)
表 2-11 城乡背景与"老漂族"流动目的的交互分类结果
　　　　（N=503） ……………………………………………… (56)
表 2-12 "老漂族""漂龄"的描述 ……………………………… (57)
表 2-13 "老漂族"的城乡背景与"漂龄"的独立样本 T 检验结果
　　　　（N=503） ……………………………………………… (58)
表 2-14 城乡背景与"老漂族"流动半径的交互分类结果
　　　　（N=503） ……………………………………………… (58)
表 2-15 城乡背景与"老漂族"流动意愿的交互分类结果
　　　　（N=503） ……………………………………………… (60)
表 2-16 控制城乡背景后流动意愿与年龄的交互分类结果
　　　　（N=503） ……………………………………………… (60)
表 2-17 "老漂族"心理适应情况描述 ………………………… (62)
表 2-18 "老漂族"城乡背景与心理适应的独立样本 T 检验
　　　　结果 …………………………………………………… (62)
表 2-19 地域融入量表的因子分析结果（N=503） ……………… (62)
表 2-20 "老漂族"地域融入量表两个因子的描述性结果 ……… (63)
表 2-21 "老漂族"城乡背景与地域融入及其各维度的独立样本
　　　　T 检验结果 …………………………………………… (64)
表 3-1 "老漂族"社会适应量表的因子分析结果（N=503） …… (75)
表 3-2 各变量的基本情况（N=503） ………………………… (76)
表 3-3 "老漂族"的流动意愿分布（N=503） ………………… (78)
表 3-4 "老漂族"流动意愿与是否照料孙辈的交互分类结果
　　　（N=503） ……………………………………………… (78)
表 3-5 "老漂族"社会适应及各维度的均值描述（N=503） …… (79)
表 3-6 流动意愿与环境适应的独立样本 T 检验结果
　　　（N=503） ……………………………………………… (80)
表 3-7 "老漂族"的流动意愿与环境适应的回归分析结果 ……… (81)

表3-8	"老漂族"的流动意愿与人际关系适应的独立样本T检验结果（N=503）	(82)
表3-9	"老漂族"的流动意愿与人际关系适应的回归分析结果（N=503）	(83)
表3-10	"老漂族"的流动意愿与家庭生活适应的独立样本T检验结果（N=503）	(84)
表3-11	"老漂族"的流动意愿与家庭生活适应的回归分析结果（N=503）	(85)
表3-12	"老漂族"的流动意愿和老年角色适应的独立样本T检验结果（N=503）	(86)
表3-13	"老漂族"的流动意愿与老年角色适应的回归分析结果（N=503）	(87)
表3-14	"老漂族"的流动意愿与心理适应的独立样本T检验结果（N=503）	(88)
表3-15	"老漂族"的流动意愿与心理适应的回归分析结果（N=503）	(89)
表3-16	"老漂族"的流动意愿与总社会适应的独立样本T检验结果（N=503）	(89)
表3-17	"老漂族"的流动意愿与总社会适应的回归分析结果（N=503）	(90)
表3-18	两类"老漂族"的社会适应的回归分析结果（N=503）	(91)
表4-1	"老漂族"的文化认同量表的因子分析结果（N=503）	(101)
表4-2	各变量的基本情况（N=503）	(104)
表4-3	"老漂族"流动目的的基本情况	(106)
表4-4	"老漂族"的社会认同及其具体维度的平均得分（N=503）	(106)
表4-5	流动目的与文化认同及其指标的一元方差分析结果	(108)
表4-6	流动目的与文化认同的线性回归分析结果（N=503）	(109)

表 4-7　流动目的与地域认同及其各指标的一元方差分析结果……（111）
表 4-8　流动目的与地域认同的回归分析结果（N=503）………（111）
表 4-9　流动目的与群体认同的一元方差分析结果……………（113）
表 4-10　流动目的与群体认同的回归分析结果（N=503）………（114）
表 4-11　流动目的与地位认同及其指标的一元方差分析结果……（115）
表 4-12　流动目的与地位认同的回归分析结果（N=503）………（116）
表 4-13　流动目的与地位认同及其指标的一元方差分析结果……（118）
表 4-14　流动目的与总社会认同的回归分析结果（N=503）……（118）
表 4-15　不同流动目的"老漂族"总社会认同的回归分析
　　　　结果……………………………………………………（120）
表 5-1　"老漂族"的生活满意度量表的因子分析结果…………（135）
表 5-2　各变量的基本情况（N=503）……………………………（139）
表 5-3　"老漂族"生活满意度及其具体维度的均值比较
　　　　（N=503）………………………………………………（141）
表 5-4　家庭满意度的多元线性回归分析结果（N=503）………（143）
表 5-5　居住满意度的多元回归分析结果（N=503）……………（147）
表 5-6　交通满意度的多元回归分析结果（N=503）……………（149）
表 5-7　"老漂族"社区满意度的多元线性回归分析结果
　　　　（N=503）………………………………………………（151）
表 5-8　总的生活满意度的多元线性回归分析结果
　　　　（N=503）………………………………………………（154）
表 6-1　各变量基本情况描述………………………………………（167）
表 6-2　"老漂族"的居留意愿分布（N=503）……………………（170）
表 6-3　人口学特征变量与居留意愿的交互分类结果
　　　　（N=503）………………………………………………（170）
表 6-4　工具性日常生活能力与不同居留意愿的均值比较
　　　　（N=503）………………………………………………（173）
表 6-5　流动特征变量与居留意愿的交互分类结果
　　　　（N=503）………………………………………………（174）
表 6-6　社会适应及其维度与居留意愿的一元方差分析结果
　　　　（N=503）………………………………………………（176）

表6-7	认同水平及具体维度与居留意愿的一元方差分析结果（N=503）	(178)
表6-8	生活满意度及其具体维度与居留意愿的一元方差分析结果（N=503）	(179)
表6-9	生活空间变量与居留意愿的交互分类结果（N=503）	(181)
表7-1	"老漂族"福利水平因子分析	(193)
表7-2	各变量基本情况描述（N=503）	(195)
表7-3	"老漂族"福利水平及其各维度的均值（N=503）	(196)
表7-4	城乡背景与福利水平及其各维度的独立样本T检验结果（N=503）	(197)
表7-5	性别与福利水平及其各维度的独立样本T检验结果（N=503）	(199)
表7-6	"老漂族"的受教育程度与福利水平及各维度的一元方差分析结果（N=503）	(200)
表7-7	"老漂族"的流动半径与福利水平及各维度的一元方差分析结果（N=503）	(202)
表7-8	"老漂族"的"漂龄"与福利水平及各维度的一元方差分析结果（N=503）	(203)
表7-9	"老漂族"异地就医困难	(206)
表7-10	"老漂族"优待享受情况（N=503）	(207)
表7-11	"老漂族"社区参与情况（N=503）	(210)
表7-12	是否需要照料孙辈与健康状况的独立样本T检验结果	(211)

绪　论

一　研究的背景

(一) 人口老龄化日益严峻

人口的老龄化是当今世界人口的重要特征。不管是发达国家，还是发展中国家，人口的发展都面临着老龄化的严峻挑战。如图0-1所示，全球60岁以上人口的比例在1950年仅占总人口的8%，到2000年这一比例达到了10%，预计到2050年这一比例将高达21%。20世纪下半叶，尤其是进入21世纪以来，世界人口老龄化的速度明显加快。

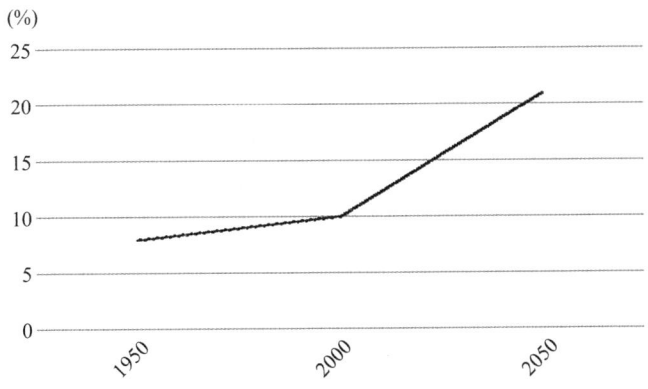

图0-1　1950—2050年60岁以上人口的比例

这一段历史时期，一方面全球没有发生导致人口大量减少的战争或者瘟疫，另一方面生育率在下降与预期寿命在延长，这些因素叠加在一起，"头重脚轻"的人口年龄结构由此逐渐形成。即便是在最不发达的国家，平均的总和生育率也从 1950—1955 年的 6.65 下降到 2010—2015 年的 4.19①。而几乎与此同时,人口的平均预期寿命却比 1950 年延长了 20 年,20 世纪末达到 66 岁,预计到 2050 年可能再延长 10 年,60 岁以上的人口将从 2000 年的大约 6 亿人增加到 2050 年的将近 20 亿人②。

表 0-1 代表的是四种不同类型的人口老龄化国家。第一类是人口老龄化起步早且程度深的国家,以德国、希腊、意大利为代表。第二类是人口老龄化速度相对较慢、程度较低的国家,以美国、加拿大为代表。第三类是人口老龄化速度快,但起点低的国家,以中国、马来西亚、泰国为代表。第四类是人口老龄化起步晚但速度快、生育率低的国家,以日本、新加坡、韩国为代表。

表 0-1　　　四种类型国家的人口老龄化过程及趋势　　　单位:%

人口老龄化类型	国家	65 岁以上人口比例				2015—2050 年老年人口增长率
		1950 年	2010 年	2015 年	2050 年	
第一类	德国	9.6	20.8	21.4	32.7	53
	希腊	6.8	19.0	20.2	32.1	59
	意大利	8.1	20.3	21.7	33	52
第二类	美国	8.3	13.1	14.7	21.4	46
	加拿大	7.7	14.2	16	24.7	55
第三类	中国	4.5	8.4	9.5	23.9	153
	马来西亚	5.1	4.8	5.8	16.5	187
	泰国	3.2	8.9	10.4	30.4	191
第四类	日本	4.9	23.0	26.4	36.5	38
	新加坡	2.4	9.0	11.3	28.9	159
	韩国	2.9	11.1	13.0	34.9	168

资料来源:《中国人口老龄化　回眸与展望》,第 9 页。

中国作为第三种类型的老龄化国家,虽然老龄化的起点较低,但是人口生育率下降快且平均寿命延长快,因此老年人口规模增长迅速,在比较

---

① 齐明珠:《中国人口老龄化　回眸与展望》,中国人口出版社 2017 年版,第 7 页。
② 《第二次老龄问题世界大会的报告》,第 7 页。详见 https://documents-dds-ny.un.org/doc/UNDOC/GEN/N02/397/50/PDF/N0239750.pdf?OpenElement.

短的时间就进入了老龄化社会。自2000年中国进入老龄化社会以来①,老年人口规模快速扩大。表0-2中的人口年龄结构预测显示,2020年65岁以上人口达到12.2%,到2030年65岁以上人口将达到16.1%,到2050年65岁以上人口要达到21.3%。预计到2050年65岁及以上人口将达到3.3亿人,60岁及以上总人口将达到4.4亿人②。中国60岁以上人口比例由7%上升到14%只用了27年,而大多数发达国家至少要历经45年才能达到这一水平③。而实际上,截至2019年年末,60周岁及以上人口25388万人,65周岁及以上人口17603万人,分别占全部总人口的18.1%、12.6%④,人口老化的速度比预计的还要快。中国已经进入了老年型社会⑤,汹涌而来的"银色浪潮"正在影响着中国社会结构的各个维度和各个层面,而且这种影响还在延续还在扩大。

表0-2　　　　　　　中国人口年龄变化趋势　　　　　　　单位:%

年份 年龄	1953	1964	1982	1990	2000	2010	2020	2030	2050
0—14岁	36.3	40.7	33.6	27.6	22.9	20	20.3	17.7	18.3
15—64岁	59.3	55.7	61.5	66.8	70.1	71.1	67.5	66.2	60.4
65岁以上	4.4	3.6	4.9	5.6	7.0	8.9	12.2	16.1	21.3

资料来源:《追溯老年佳境 基于社会资本理论的研究》,第11页。

(二)人口流动成为社会的基本特征

根据"流动转移理论",人口流动的变迁可以划分为五个阶段。第一个阶段是前现代社会阶段,这一阶段几乎没有真正意义上的移民,只有在

---

① 根据国际标准,一个国家或地区60岁及以上人口占总人口的10.0%,或者65岁及以上人口占总人口的7.0%,就算进入老龄化社会。2000年我国65岁及以上人口为8838万人,占总人口的比重7.0%。
② 于潇:《老年人口学读本》,学习出版社2017年版,第3页。
③ 陈虹霖:《追溯老年佳境 基于社会资本理论的研究》,社会科学文献出版社2015年版,第11页。
④ 《中华人民共和国2019年国民经济和社会发展统计公报》,《人民日报》,2020年2月29日,第5版。
⑤ 老年型社会是指年龄结构为0—14岁人口比重在30%以下,65岁及以上人口比重在7.0%以上,老少比在30%以上,年龄中位数在30岁及以上的社会。

社会访问、商业、宗教仪式等特殊情况下才允许流动;第二个阶段是早期过渡社会,在这个阶段城市化发展迅速,农村人口大量向城市地区、国外条件好的地区流动;第三个阶段是晚期过渡社会,这一阶段流动人口结构复杂性开始增加,由于城市人口趋于饱和,移民开始减少,农村向城市的流动减弱但绝对量仍然很大;第四个阶段是发达社会阶段,这一阶段住宅流动趋于平稳,农村向城市的流动依然在发生但是绝对量和相对量都有所减少,城市间的流动开始增加,国际移民、专业技术人员移民也在增加,各类移民都达到高峰;第五个阶段是未来超发达阶段,随着更好的通讯和输送系统的建立,不发达地区的相对熟练劳动力的移民成为可能,国内和国际移民可能会遇到政治控制[1]。

中国正在发生由传统社会向现代社会的急剧转型,城市化、工业化、市场化、全球化等现代性因素快速发展,由此而引起的人口流动已经成为当前社会的基本特征。表0-3说明两点。一是我国存在数量庞大的流动人口,人户分离人口数和流动人口数都表明这一点。2010年我国的人户分离人口、流动人口分别是2.61亿人、2.21亿人,2014年达到一个顶峰,分别是2.98亿人、2.53亿人,近五年虽有所回落,但绝对量依然庞大。二是近二十年来我国流动人口数量变化呈现先快速上升后缓慢回落的趋势。人户分离人口和流动人口从2000年的1.44亿人、1.21亿人,快速上升到2014年的2.98亿人、2.53亿人,近五年缓慢回落到2.80亿人、2.36亿人。虽然近五年我国流动人口数有一点回落,但我国目前的流动人口在绝对量上要多于南美洲最大的国家巴西的总人口数(21014.7万人),更是超过了英国(6679.7万人)、法国(6482.2万人)和德国(8301.9万人)三个欧洲发达国家的人口数总和[2]。

表0-3　　　2000—2019年中国人户分离人口和流动人口数　　　单位:亿人

年份	人户分离人口	流动人口
2010	2.61	2.21

---

[1] Wilbur Zelinsky. The hypothesis of the mobility transition [J]. *From Theory to Policy: Economic Development And Urban Planning*,1971,32(192):pp. 337-347.

[2] 联合国经济和社会事务部统计处:《2019年人口年鉴》,详见 https://unstats.un.org/unsd/demographic-social/products/dyb/documents/dyb2019/table05.pdf.

续表

年份	人户分离人口	流动人口
2011	2.71	2.30
2012	2.79	2.36
2013	2.89	2.45
2014	2.98	2.53
2015	2.94	2.47
2016	2.92	2.45
2017	2.91	2.44
2018	2.86	2.41
2019	2.80	2.36

资料来源:《2019 中国统计年鉴》,第 32 页。

(三) 跟随子女流动的老年人越来越多

人口的流动在年龄和单位上具有次序性特征。年龄上的次序性表现为,先行实现流动的往往是劳动年龄人口,随后才是小孩、老人等非劳动年龄人口。流动单位的次序性表现在,先获得流动机会的往往是处于劳动力年龄阶段的个人,劳动力夫妇或者整个家庭实现流动则要滞后一些。随着时间的推移,20 世纪 80 年代、90 年代流动到异地就业的劳动力人口,现在逐渐进入了老年,而新时期劳动力的流动更多地具有家庭化流动的特征。老年人口的流动日渐增加,老年人逐渐成为流动人口中的重要组成部分。国家卫生健康委员会的调查数据显示,2000 年以后老年流动人口开始以较快的速度增长,从 2000 年的 503 万人增长到 2015 年的 1304 万人,年均增长 6.6%[1]。而原国家卫生和计划生育委员会 2015 年的动态监测发现,流动老人占流动人口调查样本的 7.2%[2]。

老年流动人口主要有四种类型。一是因为就业而流动,即劳动迁移者;二是因为失能而流动,即失能迁移者;三是退休后身体健康的老年人进行流动,即健康退休迁移者;四是家庭供养迁移者。近年来,老年流动

---

[1] 国家卫生健康委员会编:《中国流动人口发展报告 2018》,中国人口出版社 2019 年版,第 8 页。
[2] 国家卫生健康委员会编:《中国流动人口发展报告 2016》,中国人口出版社 2016 年版,第 169 页。

人口中退休迁移者和失能迁移者增长比较快，同时，随着年龄的老化，早期外出流动就业的人口当前也成了老年迁移人口的一部分①。与劳动年龄人口流动所不同的是，老年人流动的目的主要不是就业而是生活，其流动的目的地选择主要不是基于市场机会考虑而是基于生活的维持与改善，其流动的价值面向主要不是劳动力的调节与供给而是囿于个人和家庭本身。正因为如此，老年人口流动是值得学术界和政府部门关注的现象。我国与人口流动相关的政策主要是基于劳动年龄人口流动而制定和完善的，而劳动年龄人口流动和老年人口流动有很大的不同，当前的与人口流动相关的政策并不完全适用于老年流动人口。

在老年流动人口中，存在着一个庞大的跟随成年子女流动而流动的老年人口群体。原国家卫生和计划生育委员会的调查显示，在老年流动人口中，有31.3%是为照顾孙辈而流动，有11.7%是为照顾子女而流动，有25.4%是为养老而流动，有22.5%是为务工经商而流动②。归总来看，有超过四分之三的老年流动人口属于非就业性的流动，属于就业性流动的不到四分之一。而非就业性流动老人当中绝大多数是流动到子女所在地，不管是为了照顾孙辈或者照顾子女，还是为了自身养老，其流动的目的地一般都是子女所在地。这种跟随子女流动而流动的老人，就是本研究的对象，即"老漂族"。

二 研究问题的提出

（一）"老漂族"是相对"隐身"的流动人口

以"老漂族"为主题词搜索中国知网数据库（CNKI），发现"老漂族"是2011年才开始进入学术视野。王婷于2011年在贵州省社会科学学术年会上提交了一篇题为"在城市的夹缝中生存——透视'老漂族'的社会状况"的论文，使"老漂族"正式出现在学术视野中。在此之后，有关

---

① 国家卫生健康委员会编：《中国流动人口发展报告2018》，中国人口出版社2019年版，第8页。

② 国家卫生健康委员会编：《中国流动人口发展报告2016版》，中国人口出版社2016年版，第170页。

"老漂族"的论文发表数量逐渐增加,但发表论文的绝对数量依然不多。相关论文的发表情况如图0-2所示。截至2021年3月,中国知网数据库共收录以"老漂族"为主题词的文献232篇。

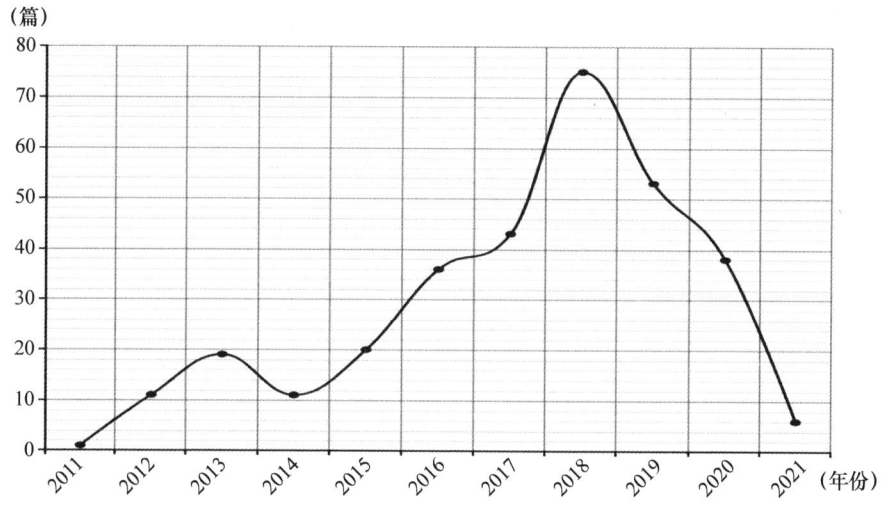

图0-2 "老漂族"中文论文发表数量

图0-2显示了与"老漂族"相关的论文发表数量趋势,其中2011年发文1篇,2015年发文20篇,2018年发文最多达到75篇,截至2021年3月底已发文6篇。现有研究的主题集中于"老漂族"的社会适应和社会融入,其他主题涉及较少。"老漂族"一般都是老年人,处于生命周期的最后一个阶段,并不是社会生活中的显性群体;"老漂族"的流动是发生在家庭层面的事实,既不会进入劳动力市场也不会进入婚姻市场,对社会系统的影响比较小。或许正因为如此,学术界关注"老漂族"的时间比较晚,而且即使至今关注都不够。

(二)社会公众对"老漂族"的认识不足

与"北漂""沪漂"等相比,"老漂"受到的关注要少得多。在本书的研究正式开始之前,为了解公众对"老漂族"的认知,笔者对"老漂族"的新闻报道进行搜集。首先以"老漂族"为关键词在百度、搜狗两个搜索引擎和中国知网报纸库进行预备搜索。预备搜索发现:国内大众传媒对"老漂族"报道的总量并不大;绝大部分的相关报道分布在人民网、新华网、新浪网三个网站;上述三个网站相关报道的稿源几乎都来自中国知网报纸库所收集的报纸杂志,二者具有很高的重复性。然后逐个以"老漂族""漂族老人""漂泊老人"为关键词,分别在人民网、新华网、新浪网进行正式搜索,搜索时间为2011—2019年。表0-4呈现的是有关"老漂族"的新闻报道的内容分析结果。从网站的新闻标题来看,有64.4%的标题是负面性的措辞。从网站的新闻内容来看,有61.5%的新闻对"老漂族"持负面评价。这些新闻中常常会出现"漂泊""不适应""孤独""抑郁""缺乏安全感""无处安放"等负面的或消极的词汇。

表0-4　　　　　网络新闻对"老漂族"的报道情况

媒介评价	新闻标题		新闻内容	
	频数	%	频数	%
正面	9	9.40	9	9.40
负面	62	64.60	59	61.50
中性	25	26.00	28	29.20
合计	96	100.00	96	100.00

注:本表来源于笔者的整理,数据来源于人民网、新浪网、新华网三大官方网站。

新闻报道既是作者观察和思考"老漂族"的结果,又是社会公众了解"老漂族"的重要渠道。虽然新闻报道不一定完全真实客观,报道的个案的选择和内容信息的裁剪有时候会迎合新闻受众的期待,进而不能呈现人物和事件的全貌,但是由于网络和智能手机的普及,人们对于这类信息可以说是唾手可得,进而对塑造"老漂族"在社会公众中的负面印象起着不可忽视的推波助澜的作用。另外,新闻对报道时间的选择往往是应景式的,研究发现虽然关于"老漂族"的报道量在逐年上升,但每年的相关报道都集中在3月份、5月份、10月份,且多集中在妇女节、母亲节、父亲节、重阳节等节日前后。这也说明,"老漂族"并没有得到新闻媒体甚至是社会各界的持续关注。

(三)"老漂族"现象可能折现着代际关系重心的逐渐反转

经典的人口迁移理论以"理性经济人"为前提,认为人口迁移的行为决策主要是基于个人的理性动机。奥德·斯塔克（Oded Stark）和大卫·布鲁姆（David E. Bloom）提出新迁移经济理论，该理论转换了类似于推拉理论那样强调人口迁移决策的个人因素的理论旨趣，突出家庭在迁移决策中的影响，认为家庭成员会以家庭为单位考虑人口迁移的家庭效用最大化或者风险最小化[①]。该理论最大的特点是突出了家庭作为决策主体的地位，人口的迁移通常是家族或家庭的行为，迁移由独立的人变成相互联系的人[②]。研究发现相对贫困的家庭更容易发生迁移，迁移作为一种家庭行为，家庭会明智地将其成员与劳动力市场配对，选择人力资本回报最大的家庭成员迁移[③]，以达到家庭效用的最大化。

家庭在我国的社会文化中占有重要位置。一方面突出家庭当中代际间的强互动。父母对于子女，践行着明显的"责任伦理"观念：年轻时以养育子女为己任，年老时还要操心子女家庭和隔代帮扶孙辈。因为父系继承的文化传统，儿子及其家庭会得父母更多更深的关照。与此相对应，成年子女，尤其是儿子，也承担着赡养父母的责任。而且，赡养父母的责任，既是伦理道德层面的内在认同，也是法律层面的外在规范。另一方面强调个人以家庭为中心。这里的"家庭"主要指父母家庭，而不是子女家庭。父母家庭是中心，子女的新生家庭处于外围，子女的新生家庭属于父母家庭的衍生和扩散。父母与子女的这种家庭的中心与外围关系，既是一种社会文化层面的心理秩序，也是一种由中心（父母）向外围（子女）扩散的空间流向。

而"老漂族"的出现，可能表明家庭代际关系的重心由父母逐渐转向子女。一方面，即使父母已经进入老年，子女及其家庭还是父母关注的焦点。那些为照顾子女家庭而流动的"老漂族"就属于这种情况。另一方面，与安土重迁的思想和叶落归根的行为逆向而行，部分老年人以子女家庭作为自身养老归宿。那些为自身养老而流动到子女家庭所在地的"老漂族"就体现着这种情况。这两种情况都体现一个方向，即父母向子女家庭

---

① Oded Stark, David E. Bloom, The New Economics of Labor Migration [J]. *The American Economic Review*, 1985, 75 (2): pp. 173 – 178.

② 陈盛淦、吴宏洛：《随迁老人的城市定居意愿及其影响因素分析——以福建省为例》，《晋阳学刊》2016年第2期。

③ Oded Stark, J. Edward Taylor, Migration incentives, migration types: The role of relative deprivation [J]. *The journal of the royal economic society*, 1991, 101 (408): pp. 1163 – 1178.

所在地流动，都体现着一种变化，即家庭重心由父母向子女转变。第一种情况体现的是人力、物资、时间、精力等资源由父母向子女及其家庭流动。第二种情况体现的是一种精神资源的投入。进入老年的父母从熟知、习惯的生活世界抽离，不顾漂泊而毅然投身他乡（子女所在地）养老，既表明弱势的父母对数量有限的子女的依赖，也体现着这是一种无可奈何的选择。

（四）"老漂族"的生活境遇究竟如何？

对于劳动年龄人口来说，社会流动可能意味着工作地点、就业行业、职业类型的改变，也可能意味着更多的机会、更好的工作岗位、更高的薪资报酬、更光明的发展前景。但对于"老漂族"来说，他们的流动更可能意味着不确定性、风险性和不适性。一方面，他们要与安土重迁、叶落归根的文化心理逆向而行，要把自己从经营和生活了几十年的社会场景中抽离出去，进入一个在自然环境和社会文化上都陌生的、异质性很强的地方，这给他们带来的冲击可想而知。另一方面，他们的流动并非就业性的流动，而是为了照顾子女及其家庭或者投奔子女养老的生活性的流动，流动的事实绝大多数发生在不起眼的日常家庭生活之中，他们的经历与体验、他们的心理与感受、他们的声音与需求，难以引起外界的关注。再者，将"老漂族"置于城乡二元结构之中，由于不同地区的差异、不同社会政策难以兼容，他们的身心境况和生活境遇就更值得研究。

"老漂族"的生活境遇究竟怎么样？目前，无论是政府部门，还是社会民众，甚至是学术界，都还不能回答这个问题。社会政策尚未就"老漂族"的需求做出敏感的回应，社会民众还只能从经过裁剪和选择的新闻媒介中了解"老漂族"，学术界近十年尤其是近五年来开始关注"老漂族"，但已有研究的数量尤其是质量还远未能回答清楚这个问题。本书打算在描述"老漂族"的群体特征及其城乡差异的基础上，从社会适应、社会认同、生活满意度、居留意愿、福利水平五个维度去探讨他们的生活境遇。既描述"老漂族"在流入地的社会适应、社会认同、生活满意度、居留意愿、社会福利等方面的状况，又探讨"老漂族"在流入地的社会适应、社会认同、生活满意度、居留意愿、福利水平的影响因素。只有了解了这些基本事实，进一步开展"老漂族"的研究才会有事实的基础。

三 研究对象

本书研究的对象是"老漂族"。《辞海》中对"漂"的解释，有"浮"和"摇动"的意思，表示行止无定、随流漂荡，常见词组如"漂泊"、"漂萍"①。"老漂族"这个称谓中的"漂"与"北漂"、"上漂"中的"漂"用法相似，暗含漂泊无定之意。"老漂族"这个称谓中的"老"指年龄上的老，表明漂泊、流动的主体是逐渐退出主要劳动力市场、开始进入老年阶段的父辈。"老漂族"这个称谓一方面表明流动的主体是上了年纪的老人，另一方面也生动地刻画了这些老人的那种远离故土、漂浮不定、归期未知的漂浮状态。

对于什么是"老漂族"，不同的研究者一般都会结合自己的研究情况给出定义。有研究者认为，"老漂族"专指那些以帮衬子女尤其是照顾孙辈为主要目的，从自己生活的农村跨越省市来到子女工作和生活的城市，居住达半年以上，年龄在50周岁及以上的准老年人和老年人②。也有研究者认为，"老漂族"特指年龄在55岁以上，为了照顾第三代或与子女团聚而迁居到子女所在的城市，居住时间在一年以上的老年人口群体③。也有研究者将"老漂族"划分为广义"老漂族"和狭义"老漂族"，前者指老年流动人口，后者则指老年流动人口中进城照顾第三代的流动老人④。还有研究者认为，"老漂族"的出现和家庭内的代际交换与场域变动相关，其行动逻辑大部分是担当家庭第三代的照顾任务，也包括少数投奔子女养老的流动老人⑤。

---

① 夏征农主编：《辞海》（1999年版缩印本），上海辞书出版社2000年版，第1285页。
② 许加明、华学成：《乡村"老漂族"的流动机理与生存图景》，《西北农林科技大学学报》（社会科学版）2018年第4期。
③ 史国君：《城市"老漂族"社会融入的困境及路径选择——基于江苏N市的调查与分析》，《江苏社会科学》2019年第6期。
④ 王建平、叶锦涛：《大都市老漂族生存和社会适应现状初探——一项来自上海的实证研究》，《华中科技大学学报》（社会科学版）2018年第2期。
⑤ 李容芳：《分割与融入："老漂族"群体的社会行动逻辑》，《云南师范大学学报》（哲学社会科学版）2020年第1期。

综合分析学术界对"老漂族"的已有定义，可以概括出五个要素。一是在年龄属性上，"老漂族"指上了年纪的"老人"。这里的"老人"的年龄并不是严格按照标准的年龄段来划分，即60岁及以上的人口。"老漂族"中的"老"并没有明确的年龄界限，本质上指的是上了一定年纪、子女已经成年的中老年人，有相当一部分已经做了祖辈、有了孙辈。已有的一些研究分别把"老漂族"的年龄确定为50岁及以上、55岁及以上或者60岁及以上，这并不是说"老漂族"有明确的年龄界限，而只是为了在调查样本选取和数据分析处理上具有更好的操作性。二是流动的动机主要是和在异地工作的成年子女生活在一起。具体的目的包括照顾成年子女，或者照顾未成年的孙辈，或者投奔子女养老。三是流动的方向是指向成年子女所在的地方。这个"地方"在逻辑上既包括城市也包括农村，但按照现代化过程中劳动年龄人口的流动方向以及现实的社会生活经验来判断，一般指的是城市。四是流动的空间半径要跨越一定层级的行政区域。一般指的是跨市流动或者跨省流动。但不管是跨市还是跨省流动，其户籍所在地一般不发生改变。五是流动的时间半径要有一定的长度。与空间半径的确定相类似，已有的一些研究把"老漂族"流动的时间半径确定为半年以上或者是一年以上，这也不是说"老漂族"的流动有明确的时长界限，也只是为了在调查样本选取和数据分析处理上更好操作。

流动的动机和目的是分析和判断"老漂族"群体特征的重要指标。"老漂族"流动目的主要可以分为三种：支援子女、投靠子女、提高生活品质。支援子女指照料成年子女的生活起居，或者帮助照料孙辈。投靠子女指一些中老年人因为物质条件或者身心健康方面的原因需要成年子女的帮扶和照顾。提高生活品质指中老年人为了追求更高质量的生活、获得更好的生活条件而跟随子女流动。

结合已有的相关研究和上述分析，本书认为，"老漂族"应分为广义的"老漂族"和狭义的"老漂族"。前者指老年流动人口，发生了流动的老人均属于广义的"老漂族"。后者指具有上述五个要素的流动人口。本研究的对象就是狭义的"老漂族"。本书将狭义的"老漂族"定义为：以照顾成年子女和未成年孙辈或养老为主要目的，跨越一定的行政区划（跨县及以上），流动到成年子女所在地生活较长时间但户籍所在地一般不变的中老年人。

四 研究方法与数据收集

(一) 研究方法选择

本书要回答的问题是"老漂族"的生活境遇究竟如何？就研究的目的来看，本研究总体上属于描述性研究，但部分内容也需要探索不同现象或者不同变量之间的关系，因而也有解释性研究的成分。首先要对"老漂族"的群体特征以及包括社会适应、社会认同、居留意愿、生活满意度、社会福利等维度的生活境遇进行描述。其次要分析影响"老漂族"的社会适应、社会认同、居留意愿、生活满意度、社会福利等生活境遇维度的因素，以加深对这些维度的把握和理解。对前者的研究是描述性的，是本研究的基础部分；对后者的研究是解释性的，是本研究的延伸部分。

本书研究的问题和目的决定了适合选用调查研究法。调查研究指的是一种采用自填式问卷或者结构式访问的方法，通过直接的询问，从一个取自总体的样本那里收集系统的、量化的资料，并通过对这些资料的统计分析来认识社会现象及其规律的社会研究方式。调查研究在本质上是一种定量的研究方式，已经具有一套相对成熟的研究程序和结构化、标准化的操作方式。调查研究在时间维度上具有横剖性特征，仅仅在一个时间点上收集资料。调查研究在程序上具有三个基本要素。首先是抽样。从总体中的一个样本那里收集资料，通过对样本进行调查来达到了解总体的目的。其次是问卷。采用自填式问卷或结构性访问来收集资料，而问卷则是这两种资料收集方式中都必须采用的、至关重要的工具。最后是统计分析。以统计学原理为基础，通过统计分析以描述总体的各种特征和分布、探讨不同变量之间的关系。

(二) 调查地点选择

本书的目的既具有描述性，又具有解释性。这要求本研究要有一个较大的随机性较强的样本。在研究经费可承受的范围内，尽量扩大样本量以及样本对于总体的代表性。最终选择北京市、南京市、郑州市、绵阳市、佛山市五个城市作为调查地点。调查地点的选择基于以下考虑：其一，上述五个城市分别位于我国的北部、东部、中部、西部、南部等区域，地理位置上具有多元性；其二，上述五个城市分为直辖市、副省级城市、非副省级省会城市、一般地级市，城市类型上具有多元性；其三，上述五个城市既有经济社会发达的，也有经济社会较发达的，还有经济社会欠发达的，发展水平上具有多元性。研究者试图通过调查地点的多元性来提高调查样本对于研究总体的代表性。

选择以上五个城市作为调查地点，还有一个很重要的考虑，就是这些城市具有较多的常住流动人口，在所在的区域是人口流入的重要城市。2019年中国城市流动人口的数据显示，北京市常住流动人口794.3万人，排名第四；佛山市常住流动人口360.09万人，排名第十一；郑州市常住流动人口340万人，排名第十二；南京市常住流动人口200万人，排名第二十一；绵阳市只是四川省的一个地级市，其常住流动人口绝对数量明显要少于前四个城市，但其人口吸引力指数为1.731，也是一个地方性的人口流动目的地[①]。本研究的对象是"老漂族"，而"老漂族"主要是流向作为劳动年龄人口的成年子女工作和生活所在地，因而是否具有较多的流动人口、是否为区域性或全国性的流动人口目的地，就是本研究选择调查城市要着重考虑的因素。

在上述五个城市中，采取简单随机抽样抽取城区。城区样本规模综合考虑城市级别、人口规模、流动人口规模等因素来确定。最终抽取的调查城区情况如下：北京市抽取六个城区：大兴区、丰台区、朝阳区、西城区、海淀区、东城区；南京市抽取三个城区：鼓楼区、秦淮区、玄武区；郑州市抽取四个城区：二七区、金水区、中原区、惠济；佛山市抽取三个城区：禅城区、南海区、顺德区；绵阳市抽取两个城区：涪城区、游仙区。总共在五个城市的十八个城区开展问卷调查。

（三）数据收集

本次调查采用自填问卷或者封闭式访问的方式进行。委托专业调查公司成都达志咨询股份有限公司具体实施。实际的调查分为两个阶段。第一

---

① 2019年中国各大城市人口排名、城市人口吸引力、城市流动人口数量排名及全国主要城市人口流动情况分析，详见 https://www.chyxx.com/industry/201911/802667.html.

个阶段是现场调查。调查时间为2019年12月12—26日。由调查公司的访问员分赴上述被抽中的城区，在公园、广场、社区、家属院、小区、超市、商场、小商铺等地开展问卷调查。但是因为时间临近年底，天气寒冷，进展比较慢，后来因为新冠肺炎疫情日益严重，现场的问卷调查还没有完全铺开就被迫停止，最终只完成了48份有效问卷。

第二个阶段是线上调查。因为新冠肺炎疫情迟迟没有得到有效控制，现场的问卷调查一直没有办法开展，最后只能改为线上问卷调查。线上调查时间为2020年2月12—23日。调查地点、调查对象、调查问卷都不变，只是问卷发放的形式由现场自填或封闭式访问改为线上的封闭式访问。该调查公司受访者数据库可支持全国31个省区300多个地市县的在线数据采集服务，会员注册人数累计超过190万人。质量标准以《市场、民意和社会调查》国标（GB/T 26316—2010）、《ICC/ESOMAR在市场调研、民意测验、社会研究及资料分析方面的国际准则》和《ESOMAR/GRBN在线调研指导准则》为依据。通过标准化的工作流程、独立的质量控制组、完善的质量控制标准、实时的执行监控方法、透明的委托方监督机制来保证调查质量。遵循样本唯一性、虚假注册样本删除、调查样本数据唯一性、样本属性信息真实性、虚假回答样本删除、样本的调查专用等原则，以避免线上采集数据的弊端。

项目实施划分为三个大环节、十八个工作流程模块来进行。三大环节分别为启动期、执行期和输出期，详细流程如图0-3所示。由调查公司在线督导根据课题组的调查问卷进行样本收集测试，测试无误后正式开始对上述五个城市的老人数据收集样本发送邀约，对目标群体进行线上访问，由在线督导实时监控调查进度，问卷收集结束后由在线督导导出数据清理不合格样本，重新追回新样本并进行核查。

由于"老漂族"流动的方向受其成年子女的工作和生活的地点的影响，考虑到劳动力年龄人口迁往规模大、地位高、经济社会发展好的城市的可能性要大于迁往规模小、地位低、经济社会发展欠佳的城市，本次调查的样本量遵循的是非均等递减的原则，即总体上根据城市的规模大小、地位高低和经济社会发展水平来决定所调查样本的数量。线上调查共收集有效问卷460份，线上与线下总共收集有效问卷508份，其中有效问卷503份，有效问卷回收率为99.02%。样本分布情况见表0-5。

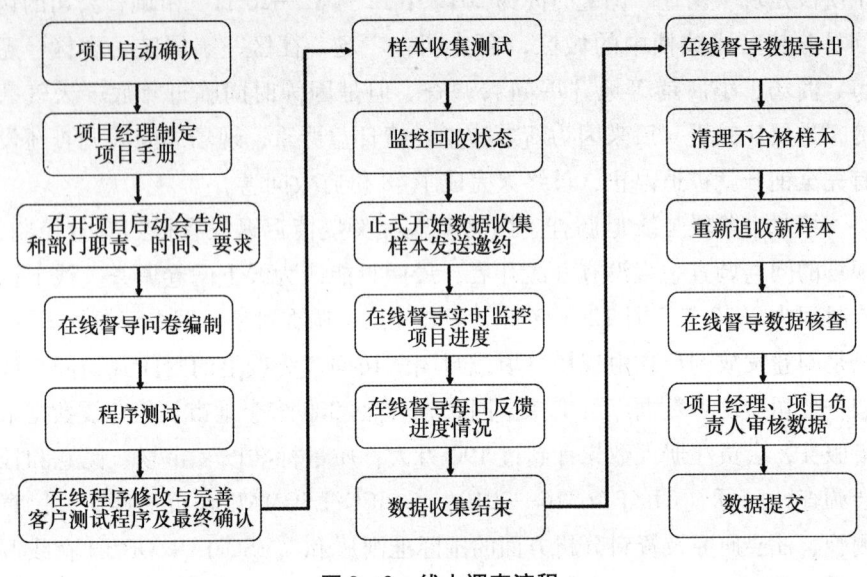

图 0-3 线上调查流程

表 0-5　　　　　　　　　样本分布情况

样本量	北京	南京	郑州	佛山	绵阳	共计
	142	122	115	68	56	503
（%）	28.20	24.30	22.90	13.50	11.10	100.0

五　研究的意义

（一）丰富"老漂族"的外延和内涵

频繁的社会流动是现代社会的基本特征。人们在不同的区域流动的过程中逐渐实现社会属性的改变。不仅是劳动年龄人口能够获得流动的空间和资源，非劳动年龄人口也可以在不同的地域间进行流动。近些年来越来越多的"老漂族"就是体现着这种人口流动的新的特征。通过对研究"老漂族"的相关文献进行系统地文献梳理发现，目前对"老漂族"的研究呈现的还是一幅杂乱无章的图像。对"老漂族"的研究还处于初期阶段，涉足该领域的研究人员比较少，多为一些硕士研究生。而且，不同的研究者对"老漂族"的概念的理解存在差异,进而导致研究对象的选取和样本的结构都存在差异,以至于不同的研究之间难以形成知识的积累。

本书将扩大"老漂族"概念的外延。已有的研究强调"老漂族"的为照顾孙辈而流动的这一特征。但本研究认为,除此之外,那些为照顾成年子女及其家庭、投靠子女养老、提高生活品质而流动的中老年人都属于"老漂族"。"老漂族"的流动有三个基本特征:一是非就业性流动;二是以成年子女工作和生活的所在地为流动目的地;三是户籍不发生改变。用这三个特征来衡量,"老漂族"显然就不只是为照顾孙辈而流动的祖辈,其外延需要扩大。

本书也将丰富"老漂族"概念的内涵。随着生育率的降低和社会流动性增强,现代家庭的生命周期很可能会经历"空巢"的阶段。成年子女的升学、就业、结婚等事件都可能让父母家庭面临"空巢"状态。但是随着子女在异地慢慢扎下脚跟、成家立业,年纪渐大、退出主要劳动力市场的父母可能就会流动到子女工作和生活的所在地,成为"老漂族"。在很大程度上,"老漂族"的流动是基于家庭成员尤其是子女新家庭的成员的效用最大化而做出的决策,他们的流动在一定程度上暗含着被动的迫不得已的成分。这种决策的模式和一定程度上不得已的流动,表明在现代的主干家庭中,子女甚至是孙辈的中心地位得到强化,而父母尤其是进入养老阶段的父母进一步被边缘化。

(二)呈现"老漂族"的基本特征与事实

"老漂族"虽然是流动人口的一部分,但它与普通的流动人口存在较大差异。其一,它是非就业性的人口流动,不会影响到劳动力市场的供给和需求。其二,流动的主体是年纪较大、往往已经成为祖辈的中老年人,不会对流入地的婚恋市场带来大的影响。其三,流动的事实几乎都发生在私密性较强的家庭领域,不容易引起外界的关注。正因为如此,"老漂族"的需求和声音难以达到受关注度较高的公共领域,社会各界对"老漂族"的关注也比较少,甚至一些新闻媒介有意无意地为"老漂族"建构了一个消极的社会形象,时间长了容易固化成负面的刻板印象。

或许是出于同样的原因,学术界对"老漂族"的研究还很不够。目前学术界还没有搞清楚关于"老漂族"的基本情况,不掌握这一群体的一些基本事实，深入的研究更是无从谈起。对于政府部门来说，因为上述三个方面的特点，"老漂族"在他们已经很拥挤的责任清单当中并不处于重要位置，因而惠及该群体的政策少之又少。但是，随着社会的现代化发展，人口老龄化程度的加深，老年人口流动会日益频繁，"老漂族"的规模会逐渐增大，会成为我国社会中不可忽视的一个人口群体。本研究通过对"老漂族"的社会适应、社会认同、生活满意度、居留意愿、社会福利等方面开展研究，尽量描述其基本的群体特征，呈现出一些基本的流动事实。

（三）为改善"老漂族"的福利水平建言献策

"老漂族"的出现是社会现代化发展的必然结果。产业的集聚引起劳动年龄人口在城市之间、城乡之间频繁流动，青年劳动力离开父母到异地就业成为一种普遍现象。大量的青年劳动力离开父母所在地，青年人口在新的地方成家立业、结婚生子，已经进入中老年阶段的父母在老家遭遇到"空巢"甚至老无所养的境况。一个完整的家庭不仅在结构上分裂成两代人各自的核心家庭，而且在地理空间上也相隔两地。对于子女及其家庭来说，要在一个陌生的地方成家立业、结婚生子，在物质、身体和精神方面都要面临较大的压力，客观上需要逐渐退出劳动力市场的父母前来帮助照顾家庭和孙辈。对于父母来说，他们的潜意识里一般都遵循着照顾子女及其家庭的"责任伦理"，同时逐渐年迈的他们在经济上尤其是照料和精神上需要子女及其家庭的"反馈"和互动。可以说，"老漂族"是在我国当前亲子之间基于合作的理性选择的结果。

但是，已经逐渐退出劳动力市场、走向老年的父母，既要经历从主流的职业领域、公共领域的脱离，又要面对逐渐丧失各种社会性角色、回归家庭的转型调整，还要逆"落叶归根"而行，"背井离乡"地流动到另一个陌生的地方生活，其社会适应、社会认同、生活满意度、居留意愿、社会福利等方面都可能遇到新的问题。而且在城乡二元分割、区域间社会政策差异等结构性社会事实之下，上述问题可能会变得更复杂难解。本研究试图在上述方面呈现出基本事实、廓清一些变量的逻辑关系的基础上，为"老漂族"的有序流动和生活质量提升，向相关政府部门提出政策建议。

第一章

"老漂族":我们知道什么,还应该知道什么?

一 新闻媒介呈现的"老漂族"形象

对关于"老漂族"的新闻报道开展文献研究,来呈现大众传媒中"老漂族"的形象。首先以"老漂族"为关键词在百度、搜狗两个搜索引擎和中国知网报纸库进行预备搜索。预备搜索发现:国内大众传媒对"老漂族"报道的总量并不大;相关报道的绝大部分在人民网、新华网、新浪网等三个网站;相关报道的稿源几乎都来自中国知网报纸库所收集的报纸杂志。然后逐个以"老漂族""漂族老人""漂泊老人"为关键词,分别在人民网、新华网、新浪网进行正式搜索。剔除无效新闻和重复新闻之后,总共获得96条与"老漂族"相关的新闻报道。最后,在对上述新闻报道进行认真审阅的基础上,确定、抽取了45个变量,逐一编码并录入数据库,进行定量的内容分析。

相关报道起始于2011年,搜索时间为2011—2019年,在这近十年的时间里,有关"老漂族"的新闻报道总体上呈现逐年增加的趋势。而且每一年的3月、5月和10月,相关报道的数量会明显增加。这表明大众传媒在关注和报道"老漂族"的选题上具有明显的"应景性",因为这三个月份分别有妇女节、母亲节和重阳节,这些节日与女性、老人直接相关,容易联想到在性别、年龄等方面劣势重叠的流动老人。结合本研究的目的,呈现内容研究的部分结论:

其一,"老漂族"主要指为照顾子女家庭生活而从农村流动到城市的老年人。在提及户籍情况的21篇报道中,农业户口、非农业户口的"老漂族"分别占85.7%、14.3%。在提及流动原因的51篇报道中,支持帮助子女、投靠子女养老、提高老年生活品质的"老漂族"分别占94.1%、3.9%、2.0%。在提及年龄的14篇报道中,"老漂族"的平均年龄是63岁(方差为20.73)。上述三个变量的分析表明,在新闻媒介中"老漂族"具有来自农村、居留在城市、照顾子女家庭生活、老年人等特征。

其二,"老漂族"居留在城市只是暂时的。在提及流出地和流入地的36篇报道中,从东部、中部、西部、东北流出的"老漂族"分别占25.0%、50.0%、8.3%、16.7%,流入到东部、中部、西部、东北的"老漂族"分别占72.2%、16.7%、11.1%、0。在提及流动半径的52篇报道中,省内流动、跨省流动、跨国流动的"老漂族"分别占26.9%、69.2%、3.8%;在省内流动的"老漂族"中,县—市流动、市—市流动分别占57.1%、42.9%。在提及"漂龄"的17篇报道中,"老漂族"的平均"漂龄"为4.3年(方差为10.26)。在提及居留意愿的25篇报道中,表明要返回家乡、长期定居、不能确定的"老漂族"分别占80.0%、16.0%、4.0%。依据被提及的频次的多少,"老漂族"没有长期居留意愿的原因依次是想念老家亲友、环境不适应、老两口分居和叶落归根;"老漂族"愿意长期居留下来的原因依次是老家已无亲友、流入地医疗条件好和随子女养老。上述五个变量的情况表明,"老漂族"的主要特征就是"漂"在城市,他们流动到城市居住和生活的时间并不长,而且绝大多数都没有长期居留的意愿。

其三,"老漂族"会遇到众多有待解决的困难。在提及产生原因的78篇报道中,认为"老漂族"是由城市化、人口流动、老龄化、计划生育政策、城乡二元结构等原因引起的分别占34.6%、28.2%、17.9%、10.3%、9.0%。在总共96篇报道中,共有277次提及"老漂族"所遇到的困难,所提及困难的频次比例依次是:孤单和缺乏归属感24.9%,生活环境不适应19.5%,缺乏人际沟通交往19.1%,户籍限制造成不便14.8%,家庭代际冲突12.6%,缺乏社会参与8.3%;共有243次提及解决上述困难的措施,所提及措施的频次比例依次是:加强精神关爱23.0%,提高医疗统筹水平18.5%,增加社会参与16.9%,本地居民与外来人口的公共服务均等化16.5%,深化户籍制度改革11.9%。

总的来说,新闻媒介的报道呈现出"老漂族"的处境是不乐观的:他们主要是一群来自农村、暂时"漂"在城市、最终要返回家乡、会遇到诸多困难并且一时难以得到解决的老年人。从报道的标题选择和内容安排也可以证实这一点：如果将价值取向分为积极、消极和中立三类，全部96篇报道的标题措辞占上述分类的比例分别是9.4%、64.6%、26.0%；内容陈述占上述分类的比例分别是9.4%、61.5%、29.2%。对于"老漂族"，新闻媒介的功劳主要在于通过逐年增加的报道加快了这一群体进入公众视野的速度，引起社会各界的关注。但是新闻媒介的报道带有比较明显的价值倾向，在个案、事实、措施等方面具有比较明显的选择性，因而所呈现的"老漂族"形象既不一定是全面的，也不一定是客观真实的。

二 国内"老漂族"研究的文献述评

与新闻媒介开始关注"老漂族"的时间相一致，学术界也是从2011年开始关注"老漂族"的[①]。客观上说，有个别学者在此之前就已经注意到"老漂族"的存在，只是没有使用"老漂族"这个称谓，而是将其归于"老年流动人口"这个总的群体一并加以研究[②]。自2011年开始至今，与"老漂族"相关的论文逐年增加。相关文献主要分布在社会学、人口学、公共管理等学科，涉及以下主题：

其一，"老漂族"的城市社会适应与融入。王建平等人利用"上海都市社区调查"数据，从居住状况、家务劳动结构、健康现状、社会网络结构以及生活满意度等维度，探讨上海市"老漂族"的社会适应问题，发现上海市的"老漂族"虽然与户籍人口存在一定的社交隔离，但是总体社会适应状况良好；相对于务工"老漂族"（该研究将流动到城市务工的老人也归为"老漂族"），随迁"老漂族"来自城镇的女性居多，与子女同住的比例更高，对社区的满意度更高，精神健康和心理适应情况更好，但家

---

① 唐钧：《关注"老漂"一族》，《中国社会保障》2011年第11期；王婷：《在城市的夹缝中生存——透视"老漂族"的社会状况》，《2011年贵州省社会科学学术年会论文集》2011年，第211—214页。

② 周皓：《省际人口迁移中的老年人口》，《中国人口科学》2002年第2期；苗瑞凤：《农村进城老年流动人口的城市适应性研究》，《上海市社会科学界第七届学术年会文集》2009年，第547—551页。

务劳动的时间更长，对住房的满意度更低①。陈盛淦运用调查研究和个案研究相结合的方法，发现随迁老人的城市适应程度介于比较不适应和一般适应之间，语言交流流利程度、家庭代际关系、随迁老人夫妇有无一起随迁与其城市适应水平密切相关，生平情境是影响随迁老人城市适应的重要因素②。

王丽英通过对北京市9位"老漂"的个案研究，发现他们在心理、生活、人际关系、社会环境等四个适应维度都有一个从不适应到基本适应的过程，而且健康状况、气质类型、代沟、婆媳关系、社会资本等因素会影响到他们的社会适应③。王颖等人采用上述四个适应维度的框架，通过对北京市5位"老漂"的个案研究，也得出了类似的结论④。何惠亭通过对上海市20位"老漂"的个案研究，发现代际关系是影响他们城市适应的重要因素，消费、孙辈教育等方面的代际冲突减缓他们的适应进程；面对代际冲突，部分"老漂"调整适应策略，而另一部分"老漂"则会中断适应进程⑤。江立华等人则认为精神层面的社会适应是"老漂族"社会适应的关键，迁居所导致的空间变动给"老漂族"的日常生活带来消极情感和社会区隔，影响"老漂族"精神层面的社会适应⑥。

李静雅利用对上海市25位"老漂"的访谈资料，发现因为福利制度性壁垒、社会资本不足以及老化阶段的能力缺陷，老年阶段的迁移行为会使他们在经济生活、文化生活、社会生活以及心理认同等方面遭遇社会融入困境⑦。刘亚娜从心理、生活、关系、社会环境融入等方面，对北京市五个社区24位"老漂"进行深度访谈，发现"老漂"的社会融入过程和

---

① 王建平、叶锦涛：《大都市老漂族生存和社会适应现状初探——一项来自上海的实证研究》，《华中科技大学学报》（社会科学版）2018年第2期。

② 陈盛淦：《随迁老人城市适应影响因素的实证研究》，《福建农林大学学报》（哲学社会科学版）2015年第6期。

③ 王丽英：《"老漂"的社会适应研究——以北京市9位"老漂"为例》，硕士学位论文，中国青年政治学院，2013年，第32页。

④ 王颖、黄迪：《"老漂族"社会适应研究——以北京市某社区为例》，《老龄科学研究》2016年第7期。

⑤ 何惠亭：《代际关系视角下老漂族的城市适应研究》，《前沿》2014年第9期。

⑥ 江立华、王寓凡：《空间变动与"老漂族"的社会适应》，《中国特色社会主义研究》2016年第5期。

⑦ 李静雅：《"老漂族"的城市社会融入问题研究——基于上海M社区25位老人的访谈》，硕士学位论文，华东理工大学，2015年，第84页。

程度存在个体差异,其个人因素、代际关系、社会资本影响着他们社会融入的过程与结果①。郑佳然通过对北京市 6 位"老漂"的深度访谈研究,发现"老漂"来北京后的生活幸福感与情感体验会影响其身心健康及定居意愿,来自农村的"老漂"的生活会受到更多影响,其面临的社会融入困境也更明显②。张新文等人利用社会记忆功能与社区融入的分析框架,通过对南京市三个社区的随迁老人以及社区工作人员的深度访谈,分析发现随迁老人的传统乡村社会记忆不利于其融入城市社区,增强随迁老人城市社区融入可以从经济整合、文化接纳、行为适应、身份认同四个维度入手③。

其二,"老漂族"的生活状况和身心健康。张红霞利用对石家庄市 Y 小区 15 位研究对象的访谈资料,分析老人来到子代家庭所组成的"临时主干家庭"的代际关系及家庭生活实践,发现这种家庭形态一方面勾勒出当代中国家庭在变动中的一种结构形式,另一方面也可以看出老人在双方互动中权威地位的衰落④。吴祁通过对江苏省南通市崇川区 180 位"老漂"的问卷调查,探索性地呈现"老漂族"在照顾孩子及料理家务、闲暇时间及活动、与子女关系、与老家关系四个方面的生活场景⑤。易艳阳等人认为,异地养老给"老漂族"带来基础福利不健全的困境,其主要症结在于户籍制度不完善、社保体系不健全和社区服务不完善⑥。霍海燕等人利用对郑州市金水区 H 社区 15 位"老漂"的访谈资料,分析发现"老漂族"在经济保障、社会团结、社会融合、社会赋权四个维度的生活质量总体上

---

① 刘亚娜:《社区视角下老漂族社会融入困境及对策——基于北京社区"北漂老人"的质性研究》,《社会保障研究》2016 年第 4 期。
② 郑佳然:《流动老年人口社会融入困境及对策研究——基于 6 位"北漂老人"流迁经历的质性分析》,《宁夏社会科学》2016 年第 1 期。
③ 张新文、杜春林、赵婕:《城市社区中随迁老人的融入问题研究——基于社会记忆与社区融入的二维分析框架》,《青海社会科学》2014 年第 6 期。
④ 张红霞:《城市"孙代照顾"与临时主干家庭生活:石家庄个案》,《重庆社会科学》2014 年第 3 期。
⑤ 吴祁:《农村进城照顾孙辈的"候鸟式"老人在城生活状况调查——一项探索性研究》,《南方人口》2014 年第 3 期。
⑥ 易艳阳、周沛:《城市"老漂"群体实态:一个副省级城市证据》,《重庆社会科学》2016 年第 12 期。

都不高①。王心羽通过对南京、苏州、无锡、南通 4 市 381 名"老漂"的问卷调查,发现"老漂族"大部分的生存状况堪忧,而收入、养老金、在当地享有医疗保障、政府政策关怀等因素与其幸福感密切相关②。

龙理良等人采用世界卫生组织的生存质量简表对无锡市 568 位"老漂"进行生命质量调查,发现"老漂族"的生命质量整体较低,性别、年龄、婚姻状况、业余爱好和是否患慢性疾病等变量能较好地解释"老漂"之间的生命质量差异③。姚兆余等人利用对南京市 3 个社区 18 位"老漂"的访谈资料,分析发现"老漂族"精神生活单调,少有参与社区活动,对城市社区的认同度低④。刘庆等人对深圳市 4 个城区的问卷调查,研究发现随迁老人的精神健康状况不佳,相对经济社会地位、迁移后的压力显著影响其精神健康,社会资本既能促进也可能削弱随迁老人的精神健康⑤。

其三,"老漂族"的流动机制和居留意愿。许加明等人分析认为,"老漂族"的形成是市场经济的冲击、社会保障的倒逼、传统文化的推拉和国家制度的规制等结构性力量交互影响的结果,其人户分离的状态会导致多重角色困境⑥。他们还通过对江苏省 H 市 X 社区 18 位"老漂"的深入访谈发现,"老漂族"是子代的需求和父代的回应两种力量互动而形成的,其流动既反映工业社会传统家庭性别分工的消弭,又以"父代投奔子代"的独特方式重塑着转型期中国的代际关系⑦。郭治谦对陕西省窑村 3 位"老漂"开展个案研究,发现流动使"老漂"被动地由乡村卷入城市,生活重心由土地转向儿孙,并会陷入走或者留的纠结之中;"老漂"的流动

---

① 霍海燕、魏婷婷:《社会质量视域下"老漂族"生活现状探究——基于郑州市金水区 H 社区的实证分析》,《学习论坛》2016 年第 10 期。
② 王心羽:《社会转型期政策视角下"老漂族"幸福指数研究》,《河北经贸大学学报》2017 年第 6 期。
③ 胡艳霞、龙理良、尹亦清:《城市老漂族的生命质量及其影响因素分析》,《中国现代医生》2013 年第 3 期。
④ 姚兆余等:《城市随迁老人的精神生活与社区融入》,《社会工作(下半月)》2010 年第 9 期。
⑤ 刘庆、陈世海:《随迁老人精神健康状况及影响因素分析——基于深圳市的调查》,《中州学刊》2015 年第 11 期。
⑥ 许加明、华学成:《流动的老年:"老漂族"的形成机制与多重角色困境》,《华中农业大学学报》(社会科学版)2018 年第 5 期。
⑦ 许加明、华学成:《乡村"老漂族"的流动机理与生存图景》,《西北农林科技大学学报》(社会科学版)2018 年第 4 期。

特质既隐射着现代性、城镇化对乡村的席卷，又体现着"老漂族"的主体性抗争与自我再造①。

景晓芬等人以西安市农村迁移老人的调查数据为基础，分析发现有超过一半的农村迁移老人具有定居城市养老的意愿，年龄、健康状况、居住模式、住房条件、与同住子女的关系、社区参与、配偶是否随迁，对农村迁移老人的城市定居意愿有显著影响②。陈盛淦等人对福建省福州、莆田、南平3市随迁老人的调查表明，随迁老人总体上留居城市的意愿不高，但女性、高龄、生活自理能力差、语言沟通较强的随迁老人的居留意愿较高③，家庭成员因素对随迁老人留居城市的意愿差异具有显著的解释力④。

其四，"老漂族"的社会保障。王心羽等人通过对江苏省南京、苏州、无锡、南通4个城市的调查发现，"老漂族"的异地养老存在社会保障落实不到位、精神孤独、心理亚健康、收入水平和消费能力低、社会福利未全面落实且有失公平等问题⑤。杨芳等人通过对广州市H社区10位"老漂"的质性访谈，分析发现"老漂"在养老金领取、医保报销、社会融入等方面受到户籍政策的限制⑥。孙凌杉运用定量与定性相结合的方法，通过对苏州工业园区L社区"老漂族"的调查分析，认为"老漂族"存在医疗保障权的实现困境：资格准入差别化，公共卫生服务可及性弱；就医服务不公平，医疗卫生服务可得性弱；报销结算碎片化，医疗保障统筹层次低⑦。芦恒等人则认为，要治理"老漂族"所遇到的社会保障缺失、社会融入难等问题，第一点是要在理念上由"静态的公共性"向"流动的公共

---

① 郭治谦：《"漂泊"：乡村"老漂族"的流动实践——基于山西窑村的个案研究》，《山西农业大学学报》（社会科学版）2016年第2期。
② 景晓芬等：《农村迁移老人的城市定居意愿研究》，《四川农业大学学报》2015年第1期。
③ 陈盛淦：《人口迁移视角下的随迁老人城市居留意愿研究》，《长春大学学报》2016年第3期。
④ 陈盛淦、吴宏洛：《随迁老人的城市定居意愿及其影响因素分析——以福建省为例》，《晋阳学刊》2016年第2期。
⑤ 王心羽等：《城市化进程中"老漂族"异地养老问题》，《人口与社会》2017年第4期。
⑥ 杨芳、张佩琪：《"老漂族"面临的政策瓶颈与突破路径——基于广州H社区的实证分析》，《社会保障研究》2015年第3期。
⑦ 孙凌杉：《"老漂族"医疗保障权实现困境的实证研究——以苏州工业园区L社区为例》，硕士学位论文，苏州大学，2017年，第56—57页。

性"转换,第二点是要对"老漂族"进行类型化分析,有的放矢地精准治理①。

在"老漂族"现有研究的四个主题当中,城市社会适应与融入的研究是最多的,其次是生活状况和身心健康的研究,而流动机制和居留意愿的研究以及社会保障的研究还比较少。前两个研究主题的文献要占到已有"老漂族"研究文献总量的三分之二。这些研究多数是由学习做研究的研究生和处于开始寻找研究方向的年轻学者做的,他们敏感地捕捉到了"老漂"这种比较新的人口流动现象。只是对"老漂族"的研究还处在初步探索阶段,还存在一些欠科学的地方。相对于事实描述、知识积累、机制剖析、概念提出和理论建构等方面的意义,目前关于"老漂族"研究的最大意义在于把"老漂族"这一群体或现象拉入了学术界的视野。目前对"老漂族"的研究表现出以下特征:

其一,对"老漂族"概念的界定重外延轻内涵。在内涵的把握上不完整。在上述综述中出现的 30 篇中文文献中,有 21 篇文献直接对"老漂族"进行了界定,另外有 6 篇文献以"随迁老人"的称谓定义"老漂族"。这些界定当中,对"老漂族"的特征达成最广泛共识的是"老",即老人。所有的文献都认为"老漂族"首先是老人,只是对"老"的操作化定义有差别:多数文献并没有用具体的年龄界限来定义这个"老",而是直接用"老人"或成年子女的"父母"加以说明;少数文献则用了具体的年龄来界定这个"老",比如 50 周岁以上、55 周岁以上、60 周岁以上,或者男性 60 岁以上、女性 55 岁以上。

年龄是一个比较复杂的概念,"老"还是"不老"并非两个非此即彼的概念,并没有一个明确的分界线,因此判定一个人是"老"还是"不老"并不容易,而且人们对一个人是"老"还是"不老"的判定标准也不一致。对于"老漂族"的"老",可以用生活中的感官经验指标去衡量,比如自身已经退休,或者子女已经工作,甚至是已经结婚生子等。但是在经验研究中,这个"老"的特征,最好是要有一个具体的年龄界限,这样便于选择研究对象和做数据分析,而且这个年龄界限最好是认可度比较高

---

① 芦恒、郑超月:《"流动的公共性"视角下老年流动群体的类型与精准治理——以城市"老漂族"为中心》,《江海学刊》2016 年第 2 期。

的标准，比如55周岁及以上，这样才符合日常生活经验中对"老"的认知。

上述文献中对"老漂族"认可度比较高的另一个特征是空间上的流动。只是在流动的具体维度上有差别：在流动的方向上，多数文献认为"老漂族"的流动是从农村流向城市、从户籍地流向暂住地，个别文献也认为"老漂族"的流动还包括从城市流向城市和迁移户口的流动；在流动的半径上，一般的作者用跨省、跨市、跨省市或者用流动到陌生的地方来表示；在流动的时长上，一般的文献用半年以上或一年以上来判定；在流动的动机上，绝大多数文献都认为"老漂族"的流动是为了照顾成年子女的家庭生活及幼年孙辈，也有个别文献认为自主异地养老、随成年子女异地养老、异地就业等动机的老年流动也属于"老漂"。

不同的研究者对"老漂族"流动的具体维度的理解存在差异，这既是正常的，也不是问题的关键所在。问题的关键在于"老漂族"的"漂"，不只是空间上的"漂"，还有不可忽略的心理上的"漂"，即空间上的流动和因此而带来的心理上的不稳定感。不同的研究者在定义"老漂族"时，多数都停留在空间流动的方向、半径、时长等维度的具体指标层面，其实这些具体的指标的背后试图要反映的就是那种因为老年人在空间上的流动而带来的心理上的不稳定感。不同的研究者在研究"老漂族"时，多数都会强调流动动机的非自愿性、环境的陌生、适应的困难、居留意愿不强以及社会保障统筹层次过低等，其实这些具体的研究内容也是来源于老年人在空间上的流动而带来的心理上的不稳定感。

因此，对于"老漂族"这个概念，不能只是从外延上去列举哪些群体属于"老漂族"，哪些群体又不属于"老漂族"，因为概念的内涵如果不明确，不同的研究者对概念的外延的理解就会存在偏差；也不能只停留在空间层面去分析"老漂族"的属性，而不通过空间的流动去进一步揭示"老漂族"心理层面的不稳定感。对事物属性的认识越深入，对概念内涵的认识就越抽象，进而对概念的操作化定义和测量指标选择的边界就会越清晰。所谓"老漂族"，就是进入老年以后还非自愿地流动到异地、在心理上具有较强的不稳定感的人口。依据这个定义，那些自主流动到异地养老的老人、自愿到异地就业的老人、还没有进入老年阶段的流动人口均不属于"老漂族"，否则"老漂族"就和老年流动人口在外延上没有区别了。

其二，在研究问题上重现实难题轻学术问题。改革开放四十多年来，我国在经济市场化、人口城镇化、家庭小型化等方面发生了急剧的变化，在劳动人口大规模流动、家庭规模变小、家庭养老传统等现实交互影响的背景下，流动人口当中除了劳动人口外，老年人也逐渐加入进来，且规模日益扩大，成为一种不可回避的人口流动现象，社会和学术界所关注到的"老漂族"就是老年流动人口的一个重要组成部分。学术界关注"老漂族"的城市社会适应与融入、生活状况和身心健康、流动机制和居留意愿、社会保障等议题，这是正常的，因为这些议题是流动人口研究的重要内容。而且"老漂族"不仅仅是流动人口，还是老年流动人口，更是老年流动人口中特殊的那部分，因而他们在上述议题上可能会经历更多的困难，体验到更多的现实难题。研究者从现实难题这个视角去研究"老漂族"在上述议题上所遇到的困难、所经历的困顿、所体验的漂浮状态，这既是研究"老漂族"应有内容，也体现了研究者对"老漂族"浓郁的人文关怀。

但目前的情形是厚此薄彼了，绝大多数研究关注的是"老漂族"所遇到的现实难题，极少有研究关注"老漂族"这一现象所折现出的学术问题。目前的研究中，学术问题倾向浓一些的是张红霞用"临时主干家庭"概念去分析"老漂族"的代际关系及家庭生活实践[1]，以及许加明等人从社会结构层面分析"老漂族"的流出机制[2]。除了研究"老漂族"的现实难题外，"老漂族"在城市社会适应与融入、生活状况和身心健康、流动机制和居留意愿、社会保障等方面所表现出来的事实及其变化规律是什么？在个人、家庭和社会结构层面引起这些事实及其变化的因素及其机制是什么？这些事实的产生及其变化又会在个人、家庭和社会结构层面引发什么连锁反应？在上述问题上，"老漂族"与其他老年流动人口之间以及"老漂族"内部各种类型之间的共性、差异性是什么？对这些学术问题所涉及的现象、事实、过程的描述和解释，既是科学地研究"老漂族"所遇到的各种现实难题、提出解决这些难题的对策的基础，又是概括概念、提出命题甚至建构理论的前提。因而，就目前的研究状况来看，要加强对

---

[1] 张红霞：《城市"孙代照顾"与临时主干家庭生活：石家庄个案》，《重庆社会科学》2014年第3期。
[2] 许加明、华学成：《流动的老年："老漂族"的形成机制与多重角色困境》，《华中农业大学学报》（社会科学版）2018年第5期。

"老漂族"的学术研究，进一步推进"老漂族"的现实难题研究，争取做到相互促进。

其三，在研究方法上重个案研究轻调查研究。上述纳入综述的30篇文献中，除了5篇是提出"老漂族"这个概念或者是对"老漂族"做理论分析外，其余25篇都运用了实证研究方法，其中13篇运用个案研究方法，10篇运用调查研究方法，还有2篇运用调查研究与个案研究相结合的方法。还有更多关于"老漂族"的文章都只是运用直接的或间接地经验泛泛而谈，纳入综述的这些文献是质量比较好的，能够运用实证的研究方法，有明确的研究问题，有一定的研究设计，能够收集第一手的研究数据或资料，能够呈现关于"老漂族"在个人、家庭和政策层面的一些现象、事实和难题。

但是，不管是采用个案研究还是调查研究，都有三个共同的特点。首先是对"老漂族"这一群体有较强的负面预设，即提前假定"老漂族"在城市社会适应与融入、生活状况和身心健康、流动机制和居留意愿、社会保障等方面会面临、经历众多难题。这种负面的价值预设既会延续到研究者对研究问题、测量指标、研究个案的选择，也会导致研究的结论的负面性。相比较定量的调查研究，这种情况在定性的个案研究中体现地更加明显。虽然"老漂族"在上述方面或多或少都存在一些难题，但难题肯定不是问题的全部，困难的程度也不一定都有那么严重，坚持用价值中立的态度对"老漂族"开展科学研究，才可能发现更多元的更客观的知识与事实。

其次是研究还不深入。在一篇文献里，研究的问题比较大，研究的内容比较广，涉及的概念、变量、指标比较多，提出一揽子的对策建议。这样的研究涉及的面比较广，但对某个具体内容的研究就会欠缺一些深度。对"老漂族"的研究起初阶段可以笼统和粗放一些，但要进一步将相关研究推向深入，则需要将研究问题聚焦到一项具体的研究能够做得深入的范围，然后逐项研究慢慢累积起来，最终达到对"老漂族"现象更科学地理解。

最后是研究样本的代表性不足。在14篇报告了个案数量的文献中，研究个案的数量平均达到了16.4个，但研究者是沿着价值预设去选取典型的研究个案的逻辑思路，而不是基于研究个案的情况逐渐归纳、抽象而得到研究结论。因为对"老漂族"有较强的价值预设，因而所选择的研究个案大多具有明显的负面性，这应该不符合"老漂族"的一般情况。在10篇报告了调查样本量的文献中，调查的样本量平均达到了396.4，但只有4篇文献的调查样本分布达到了一个省的范围（其中有3篇文献运用的数据来自一项调查），其余的文献的调查样本均来自某一个城市，甚至是来自某个城区或者某个工业园区。显然，通过这种局部性的调查样本远远不能推论整个"老漂族"的情况。

三　国外老年人口迁移研究文献述评

"老漂族"是老年流动人口的一部分。国外已有的关于老年人口迁移的研究能够为"老漂族"研究积累了一些知识，并能提供经验借鉴。国外相关研究主要集中在以下两个主题：

其一，老年人口迁移的动机类型。研究发现健康、归属感、经济安全、舒适度、功能独立以及家庭变故是老年人发生迁移的基本动机[1]。老年人对舒适性、种族相似性、距离衰减效应等比较敏感，不同年龄阶段的老年人迁移动机有所差异，低龄老年人更容易受到舒适性、教育水平、婚姻状况等个人特征的影响[2]。老年人口迁移的动机及基本类型大致可以归为以下四类：

第一类是基于健康状况的受援型迁移。这种迁移动机来自于个人身体健康状况下降时需要援助的愿望，多数是丧偶和身体健康状况较差的老人。这可能与其配偶死亡、子女结婚有关系，因为缺乏的帮助和支持多由配偶和子女提供[3]，一旦配偶身亡或子女离开身边，老年人由于缺乏帮助便会产生迁移的念头。身体残疾的老年人更倾向于社区援助，随着残疾程

---

[1] De Jong G. F., Wilmoth J. M., Angel J. L. and Cornwell G. T. Motives and the Geographic Mobility of Very Old Americans [J]. *Journal of Gerontology*: *Social Sciences*, 1995, 50 (6): pp. 395 – 404.

[2] Newbold K. B. Determinants of Elderly Interstate Migration in the United States, 1985 – 1990 [J]. *Research on Aging*, 1996, 18 (4): pp. 451 –476.

[3] Colsher, P. L. and R. B. Wallace. Health and Social Antecedents of Relocation in Rural Elderly Persons [J]. *Journal of Gerontology*, 1990, (1): pp. 32 –38.

度的加深向社区迁移的可能性逐渐增大，这不仅是出于对于社会交往和生活舒适性的需求，更重要是由于健康问题所导致的生活照料需求①。较低的经济社会地位、较差的身心健康状况的老人迁移的可能性更大，妇女、84 岁以上、独居、收入较低和受教育程度较低的老人采取非机构性迁移的比例更高②，许多老年人因日常生活能力（ADL）和工具性日常生活能力（IADL）的困难而改变了生活安排，ADL／IADL 分数越高越有可能进入机构养老③。

第二类是基于家庭亲情的"靠亲"型迁移。退休老人迁移的三个影响因素：移民前对迁入地比较熟悉，迁入地具有老年移民期望的各种便利条件，在迁入地可以与原住地保持联系④。丧偶是老年人迁移的一种触发机制，丧偶期间老年人迁移的因素复杂多样，但丧偶本身就会增加迁移的可能性，迁移高峰往往发生在丧偶的第一年⑤。此外，"距离"是一个不可忽视的影响因子。有研究者发现，随着与子女、兄弟姐妹之间距离的增加，老年人更倾向于迁移到与子女、兄弟姐妹距离近的地方生活，靠近子女居住的可能性要高于靠近兄弟姐妹居住的可能性，有孙辈的老年人在这一点上表现更加明显⑥。深入分析发现"距离"背后隐藏的更深层次原因是与子女的关系，与其他亲属和非亲属关系相比，亲子关系具有特殊性质。⑦与白人和男性相比，黑人和女性更倾向于搬到与自己的亲人比较近的地

---

① Silverstein, M. and Zablotsky, D. L. Health and social precursors of later life retirement – community migration [J]. *Journals of Gerontology Series B: Psychological Sciences & Social Sciences*, 1996, (3): pp. s150 – 156.

② Colsher, P. L. and R. B. Wallace. Health and Social Antecedents of Relocation in Rural Elderly Persons [J]. *Journal of Gerontology*, 1990, 45 (1): pp. 32 – 38.

③ Alden Speare. Jr., Roger Avery, Leora Lawton. Disability, residential mobility, and changes in living arrangements [J]. *Journal of Gerontology: Social Sciences*, 1991, 46 (3): pp. 133 – 142.

④ L Cuba and C F Longino. Regional Retirement Migration: The Case of Cape Cod [J]. *Journal of Gerontology: Social Sciences*, 1991, 46 (1): pp. 33 – 42.

⑤ Albert Chevan. Holding on and Letting Go: Residential Mobility During widowhood [J]. *Research on Aging*, 1995, 17 (3): pp. 278 – 302.

⑥ Diepen, Albertine M. and Mulder, Clara Mulder. Distance to family members and relocations of older adults [J]. *Journal of Housing and the Built Environment*, 2009, (24): pp. 31 – 46.

⑦ Al – Hamad. A., Flowerdew. R., Migration of elderly people to join existing households: some evidence from the 1991 Household Sample of Anonymised Records [J]. *Environment and Planning A*, 1997, (7): pp. 243 – 255

方,因为他们更渴望建立亲密关系。①。出于得到帮扶的目的,年龄较大的老年人更希望靠近成年子女居住,并倾向于选择更有能力提供支持的子女②。在子女与兄弟姐妹之间,老年人更可能迁往子女家中而不是兄弟姐妹家中,与子女的关系是影响老年人"靠亲"型迁移的重要因素③。但靠亲型迁移真的会提高老年人的生活质量吗?在一项研究中发现靠亲型迁移并不能有效缓解老年人身体健康状况的恶化,甚至会进一步加重④。

第三类是基于生活成本考虑的经济型迁移。这类迁移老人中,经济性因素,比如收入、住房成本等更可能会影响他们的迁移,而一般人群的迁移受到居住质量的影响更大⑤。低龄老年人受经济性因素的影响要大于高龄老年人,随着年龄的增大,经济因素的影响越来越小,而非经济因素的影响则越来越大⑥。经济条件既可以通过收入的高低直接影响迁移,也可以通过住房成本、居住期限间接影响,迁移到中心城区的老年人年龄较大、收入较低,而迁移到郊区的老年人更加年轻、经济状况更好⑦。研究发现退休人员和其他非劳动力人员的迁移更容易受到低工资目的地的吸引,低收入的非劳动力人员更可能选择租金低的目的地,而中高收入的非劳动力人员在选择目的地时受到租金水平的影响较小⑧。除了租金,生活

---

① Namkee G. Choi. Older Persons Who Move: Reasons and Health Consequences [J]. *The Journal of Applied Gerontology*, 1996, (3): pp. 325 – 344.

② Merril Silverstein and Joseph J. Angelelli. Older Parents′ Expectations of Moving Closer to Their Children [J]. *Journal of Gerontology*: Social Sciences, 1998, 53B (3): pp. SI53 – S163.

③ Al – hamad A. , Flowerdew R. , Hayes L. Migration of elderly people to join existing households: some evidence from the 1991 Household Sample of Anonymised Records [J]. *Environment and Planning A*, 1997, 29 (7): pp. 1243 – 1255.

④ Choi, Namkee G. , Older Persons Who Move: Reasons and Health Consequences [J]. *The Journal of Applied Gerontology*, 1996, 15 (3): pp. 325 – 344.

⑤ W. A. V. Clark, K. White. Modeling elderly mobility [J]. *Environment and Planning A*, 1990, 22 (7): pp. 909 – 924.

⑥ Heaton, Tim B. , Clifford, William B. , Fuguitt, Glenn V. , Temporal Shifts in the Determinants of Young and Elderly Migration in Non – metropolitan Areas [J]. *Social Forces*, 1981, 60 (1): pp. 41 – 60.

⑦ W. A. V. Clark, Suzanne Davies. Elderly Mobility and Mobility Outcomes: Households an the Later Stages of the Life Course [J]. *Research on Aging*. 1990, 12 (4): pp. 430 – 462.

⑧ Christiane von Reichert, Gundars Rudzitis. , Rent And Wage Effects on The Choice of Amenity Destinations of Labor Force and Non – labor Force Migrants: A Note [J]. *Journal of Regional Science*, 1994, 34 (3): pp. 445 – 455.

成本也会影响老年人的迁移。较高的成本降低了对移民的相对吸引力，特别是在老年人占移民总数很大的地区，老年人更倾向于选择生活费用低的地方作为迁移目的地①，原住地的高生活成本和迁移目的地的低生活成本共同作用促进老年人迁移的发生。

第四类是基于气候和环境体验的舒适型迁移。往往退休老年人迁移的推力因素有迁出地的气候、犯罪率、交通拥堵、污染等，拉力因素有风景、温和季节、娱乐机会、文化设施、适度税率、较低的生活成本、较低的住房成本等②。研究发现拉力因素更能够解释退休老人的迁移③。温和的冬季和晴朗的夏季是迁移目的地最具吸引力的特征，年轻、健康、收入较高的退休人员受吸引力驱动迁移，而收入较低的老年人更多的是随着健康状况的下降或原居住地不令人满意的条件而进行迁移④。除了气候，地理位置也会对迁移产生重要影响。有学者在研究爱荷华州老年人迁移时发现，该地的老年人更容易受到气候温暖、靠近湖泊、临近亲戚的美国西南地区城市的吸引，当然如果老年人对自己所在社区的满意度较高则迁移的动机将会大大降低⑤。

舒适型迁移中最具代表性的是季节性迁移。季节性迁移通常指非南方尤其是北方的老年人冬天迁往南方过冬，南方被称为"阳光地带"，冬天气候宜人，比如美国的佛罗里达、德克萨斯、亚利桑那、加利福尼亚等州，以及中国的海南省，迁移的老年人被形象地称为"雪鸟"。"雪鸟"大多已退休、有配偶、身体健康、收入和文化水平较高。气候适宜、探亲访友、娱乐机会和较低的生活成本是吸引"雪鸟"进行季节性迁移的原因⑥。

---

① Fournier G. M. Elderly Migration: for Sun and Money [J]. *Population Research and Policy Review*, 1988, 7 (2): pp. 189-199.

② William H. Haas, William J. Serow. Amenity Retirement Migration Process: A Model and Preliminary Evidence [J]. *The Cerontologist*, 1993, 33 (2): pp. 212-220.

③ John E. Carlson, Virginia W. Junk, et al., Factors Affecting Retirement Migration to Idaho: An Adaptation of the Amenity Retirement Migration Model [J]. *The Cerontologist*, 1998, 38 (1): pp. 18-24.

④ William H. Walters. Climate and U. S. elderly migration rates [J]. *Papers in Regional Science*, 1994, 73 (3): pp. 309-329.

⑤ Pampel F. C., Levin I. P., et al. Retirement Migration Decision Making [J]. *Research on Aging*, 1984, 6 (2): pp. 139-162.

⑥ Charles F. Longino, Victor W. Marshall. North American Research on Seasonal Migration [J]. *Ageing and Society*, 1990, 10 (02): pp. 229-235.

研究发现大多数"雪鸟"生活在房车、可移动房屋里而不是高档的退休社区,老年人季节性迁移的时间会增加但并不会发生永久性迁移①。房车型"雪鸟"和可移动房屋型"雪鸟"存在异质性,前者往往更年轻、健康但经济条件稍差,后者更年长一些、经济状况更好一些、逗留时间会更长,这两类"雪鸟"丰富、发展了"阳光地带"季节性老年移民的活动模式②。季节性迁移和永久性迁移存在差异。同样是迁移到"阳光地带",季节性老年移民和永久性老年移民既相互关联又相互独立。季节性迁移是否可以作为永久迁移的替代或前兆是一个随时间推移而展开的决策过程,年长、与家庭有深厚联系等因素会抑制季节性迁移向永久性迁移转化③。除了本国之内的季节性迁移,老年人还存在跨国性的季节性迁移。研究表明季节性跨国迁移老人在流动性、多地域依恋、文化适应程度等方面会存在差异,但季节性跨国迁移很可能是一种积极的生活体验,能提高他们的生活质量④。

其二,老年人口迁移对迁入地的影响。迁移老人对迁入地的公共服务、医疗卫生会产生影响。研究发现迁移老人的公共医疗健康服务、公园和娱乐服务、公共文化项目的使用率要明显高于本地长期居住的老人⑤。越来越多富裕的老年人迁往"阳光地带"各州,无疑将促进当地的经济发展,这些移民的人口素质和社会经济条件对当地尤其有利⑥。迁移国家或地区的医疗保健利用率更高,季节性移民对于迁入地医疗保健的利用具有重要影响。有学者在比较美国和加拿大医疗保健方面的差异时发现,作为重要的迁移目的地国家,美国的医疗保健利用率更高,美国人中近三分

---

① Kristine E. Bjelde, Gregory F. Sanders. Change and Continuity: Experiences of Midwestern Snowbirds [J]. *Journal of Applied Gerontology*, 2012, 31 (3): pp. 314 – 335.

② Deborah A. Sullivan, Sylvia A. Stevens. Snowbirds: Seasonal Migrants to the Sunbelt [J]. Research on Aging, 1982, 4 (2): pp. 159 – 177.

③ McHugh, KE. Seasonal Migration as a Substitute for, or precursor to permanent Migration [J]. *Research on Aging*, 1990, 12 (2): pp. 229 – 245.

④ Per Gustafson. Retirement migration and transnational lifestyles [J]. *Ageing and Society*, 2001, 21 (04): pp. 371 – 394.

⑤ Nina Glasgow. Retirement Migration and the Use of Services in Nonmetropolitan Counties [J]. *Rural Sociology*, 1995, (2): pp. 224 – 243.

⑥ Charles F. Longino, Jeanne C. Biggar. The Impact of Retirement Migration on the South [J]. *The Gerontologist*, 1981, 21 (3): pp. 283 – 290.

一的人有家庭医生，五分之一的人有定期巡诊的专科医生，而加拿大人与医疗体系的融合程度较低，约四分之一的人有家庭医生，十分之一的人有专科医生①。还有研究还发现，退休移民在住房、公用事业、大额购买、外出就餐、食品杂货、娱乐、俱乐部和组织活动等方面的收入和支出要更高，这有助于带动迁入地经济的发展。沿海和阳光地带的退休区受退休移民的经济影响更大，虽然山区和东南沿海的非大都会县都被认为是有吸引力的退休区，但后者的退休移民更富裕，这些新移民也比这个沿海地区的一般人口富裕得多。② 阳光地带的移民在社会经济水平上也要高于雪原地带的移民，总体看人口再分配中阳光地带似乎受益于迁移老人的增加，③这些都有助于带动迁入地经济的发展。

在国外老年人口迁移研究的两大主题当中，老年人口迁移动机的研究超过80%，而老年人口迁移对迁入地影响的研究不到20%；这些研究起始于20世纪80年代，相关文献占到接近20%，在20世纪90年代达到一个顶峰，相关文献占比超过70%，而进入新世纪后，相关研究明显减少，少有研究者再关注这个研究领域；这些研究绝大多数由美国的研究者开展，以美国的老年迁移人口为研究对象，其他国家包括欧美其他发达国家的学者都少有关注这一群体。人口流动是以经济社会发展为引擎的，不同的经济社会发展阶段，人口流动的主体、过程和结果都会有差异。美国学者在关注了老年人口流动20年后，进入新世纪之后就少有关注这一现象和群体，可能与美国的经济社会发展已经走过了老年人流动由无到有、由少到多的阶段，进入了老年人的流动成为普遍现象的阶段有关，也可能与美国的研究者在持续关注老年人口流动20年后出现了研究疲劳有关。欧美其他发达国家的研究者少有关注老年人口流动现象，这可能与这些国家人口数量较少或者国土面积较小有关。尽管国外的相关研究主要是在20年以前开展的，但对我国开展包括"老漂族"在内的老年人口流动研究还是有借鉴和启发意义的。

---

① McHugh K. E., Mings R. C., Seasonal Migration and Health Care [J]. *Journal of Aging and Health*, 1994, (1): pp. 111 – 132.

② D. Gordon Bennett. Retirement Migration and Economic Development in High – Amenity, Non-metropolitan Areas [J]. *The Journal of Applied Gerontology*, 1993, 12 (04): pp. 466 – 481.

③ Jeanne C. Blggar. Reassessing elderly sunbelt migration [J]. *Research on Aging*, 1980, 2 (2): pp. 177 – 190

首先，国外相关研究的对象既更宽泛，又突出重点。国外相关研究是放在"老年人口迁移"这个领域中开展的，受援型、靠亲型、经济型、舒适型等各种类型的老年迁移人口都有所涉及，其中舒适型和靠亲型这两类老年人口迁移研究较多。这种研究对象的选择与国内相关研究既有相同之处，又有不同之处。相同之处表现在重点研究对象的选择上：靠亲型老年人口迁移是国外相关研究中比较重要的研究类型，属于这一类型的老年迁移人口具有与中国的"老漂族"相类似的特征。不同之处在于：国外相关研究最主要的对象不是靠亲型老年人口迁移，而是舒适型老年人口迁移，而"老漂族"却是国内老年人口流动研究的重中之重。改革开放以来，人口流动就是人口学、社会学、经济学等学科的重要研究议题，但研究对象基本上集中在劳动年龄人口，对老年流动人口研究很少，在这个受关注度不高的领域里，对"老漂族"的研究是最多的。

其次，国外相关研究在方法上主要是定量研究，数据质量比较好。主要利用政府职能部门或者大型研究机构所收集的数据开展二手资料研究。这样做的优势在于研究样本量大，对象分布广泛，样本的代表性强。虽然二手资料分析也有研究变量的数量不够、测量不符合后续研究要求等局限，只能将就第一手数据去开展研究设计，但从已有研究所使用的数据来看，政府职能部门或者大型研究机构在做人口、老年、营养等方面的行政调查和数据库建设的时候，已经将老年人口迁移列入调查内容，为相关研究的开展提供了宝贵的数据资源。相比较而言，国内在这方面做得还不够。国内也有人口、老年、营养等方面的行政调查和学术调查，但涉及老年人口流动的变量很少，没有给研究者留下太多利用二手数据开展研究的空间，而面对人口流动这样的研究问题，一般的研究机构或者个人根本没有条件去收集质量过硬的第一手数据。当前国内对老年人口流动研究不够，"老漂族"研究的样本过小、分布不广、较多地采用个案研究，其根本原因就在于国内没有质量较好的二手数据可用，只能在研究者自身有限的能力和条件下收集第一手数据资料。

最后，国外相关研究在内容上关注点不多，但研究比较深入。从大的方面来看，国外相关研究基本上只关注老年人口迁移的动机和对迁入地的影响两个方面。前者是相对微观的研究，后者则是相对宏观的研究。既能运用调查数据进行比较全面的描述，或者探讨变量之间的关系，又能采用典型的案例来剖析过程和机制。而国内对"老漂族"的研究基本上与此相反。一方面是关注的点比较多。社会适应、社会融入、生活状况、身心健康、流动机制、居留意愿、社会保障等方面的研究在短时间里全面开花，但每一个方面的研究都是点到即止，并没有沿着已开辟的研究路径继续深入，因而也就难以形成知识的积累。另一方面针对相关现实难题提出对策建议比较多。很多研究主要不是从研究问题出发，而是从现实难题出发，以发表观点和提对策建议为取向，但是基础性的描述研究和解释性研究没有做到位，发表的观点只能用经验判断去验证，提出的对策建议在逻辑上也缺少事实依据，对于推进该领域的科学研究并无益处。

四 当前"老漂族"值得研究的问题

老年人口流动并不是国内学术界当前研究的热点。"老漂族"虽然是老年流动人口研究中着重点，但受整个大的研究领域比较平淡的影响，国内学术界也没有给予足够的重视。整体来说，"老漂族"的研究时间比较短，成果质量不算高，还处于比较浅显的初级阶段。但是作为一个流动人口群体，"老漂族"是存在的，规模不小，而且会越来越大，这是学术界和政府部门不可回避的事实。目前，对于"老漂族"的研究，可以从以下几个方面去探讨。

第一，"老漂族"概念研究。"老漂族"这一称谓出现时间尚短，至今也不过十年时间。对于什么是"老漂族"，学术界还没有达成共识。至少有三点是值得讨论的。一是对"老漂族"的"老"的认识。虽然不同的研究者在具体的研究测量中，对"老漂族"的年龄下限的规定并不一致，但一致的理解是："老漂族"是年纪比较大的人。这个"老"的含义主要不是指定量上的：年纪一定要在60岁及以上，而是指定性上的：自己已经退休，或者子女已经成年，甚至已经成了祖辈。可以说，"老"是"老漂族"的一个本质特征。二是对"老漂族"的"漂"的认识。现实当中，"老漂族"多数都是流动到成年子女所在地，多数研究者也将流动到成年子女所在地作为"老漂族"的本质特征，但是这里的"漂"所指的主要是漂泊不定、心无所依的状态，而不是单纯的空间上的流动过程。三是"老漂族"

的流动目的地是成年子女所在地。一般的研究者都认为，老年人成为"老漂"的动机是照顾成年子女及其第三代。或许这个特点符合当前很多"老漂族"流动的经验事实，但照顾成年子女及其第三代并不是"老漂族"的本质特征，如果将照顾成年子女及其第三代为"老漂族"的本质特征，就将为了提高生活质量或者养老而投靠子女的流动老人排除在"老漂族"之外了，而事实上他们也应属于"老漂族"。所以，流向成年子女所在地才是"老漂族"的本质特征。老、漂、流向成年子女所在地这些特征是相互关联、不可分割的。当然，在经验研究当中，逻辑上的归纳与演绎还需要以事实为依据，现实中的"老漂族"客观上具有哪些本质特征，他们身上的事实特质是不是支撑上述逻辑推论，"老漂族"群体的外延在现实中究竟包含哪些类型，这些问题都是值得研究的。

第二，"老漂族"形象研究。新闻媒介通过报道给"老漂族"建构了一幅负面的、消极的图像，这可能揭示出一些客观事实，但很可能不是事实的全部。在某种程度上，新闻媒介甚至生活经验把"老漂族"问题化了。其实，"老漂族"的出现，对父母和子女来说都是具有积极意义的。对于成年子女来说，父母来到自身身边可以说是两全其美：既可以近距离关心照顾年事已高的父母，免去对远在老家的父母的担忧之情，还可以借助父母料理家务和照顾小孩，减缓家务负担。对于父母来说，来到子女身边也会是两全其美：既可以帮子女照料家庭，含饴弄孙，享受儿孙绕膝的幸福，又可以近距离地得到子女关心和照顾。劳动年龄人口的流动让父母与子女之间、父母家庭和子女家庭之间在地理空间上拉开距离，但"老漂族"的出现又让这种距离得以弥合，使我们习惯的家庭文化和亲情伦理得以延续下去。再者，老年人口流动是变化的，"老漂族"也是不断变化的。社会适应、生活状况、居留意愿、社会保障等问题，随着流动的频率日渐增加、流动的时间逐渐延长，都可能得到自我化解或者在制度改革中消除。"老漂族"究竟是什么样的形象，这种形象包含哪些维度，这种形象随着时间的变化会发生什么样的改变，这些问题都是值得研究的。

第三，老漂族的居留意愿研究。居留意愿包括在流出地居住的意愿和在流入地居住的意愿。居留意愿是流动意愿的一种反映，会影响着流动的决策，也和"漂"的心理相互作用，决定在流入地是走还是留。老人是不是要流动到成年子女所在地，在成年子女所在地是居留一定时间之后返回还是长时间居留下去，这些决策是具有深远影响的。在微观上看，决定着老人的生活习惯、生活节奏、生活质量是否被改变，意味着家庭规模、家庭结构、家庭生活是否发生变化；在宏观上看，甚至意味着居民福利、社会保障等与老人生活相关的社会政策是否需要改变。对新闻报道进行内容分析表明，多数"老漂族"的意愿是在照顾完孙辈之后要返回老家。这种意愿在一部分"老漂族"身上肯定存在，甚至还会比较强烈，但是他们的居留意愿究竟是什么状况，随着时间的推移会发生什么变化，哪些因素影响着他们的居留意愿，不同的居留意愿会给他们带来什么等，这些问题的答案不可能从新闻报道中得出，而已有的相关研究却少有涉及这一议题。

第四，"老漂族"的社会参与研究。就现有的新闻报道和学术研究结论来看，"老漂族"在流入地的社会参与是严重不足的，其主要原因是语言障碍和缺乏归属感，使得他们不能、不愿甚至不敢参加社区活动。客观上说，原因肯定不是如此简单。在个人层面，比如他们可能需要忙于料理家务而减少了参与活动的时间；对于周围的人和事他们缺乏共同的经验和知识因而减少了参与活动的机会；他们来到流入地的时间不长而且也没有打算长期居留下去因而参与活动的意愿不强。在家庭层面，比如承担过多的家庭责任会抑制他们参与社会活动；家庭成员之间的过密互动会降低参与社会交往的意愿。在社区层面，城市里单元楼房的居住模式有效阻隔人与人之间的交往；城市社区空间的公共事务本身就不多还往往由社区或者物业公司代劳；他们不是流入地的正式居民因而没有资格参与一些公共事务。所有这些原因都是有可能的，也肯定是未穷尽的，而且都是需要经验研究去验证的。

对现在的城市社区来说，公共性的空间和活动本来就很少，除了职业活动，人们一般都是开展一些私人性的社交活动。而对于上了年纪的初来乍到的"老漂"来说，其参加社会性活动的机会就可想而知了。不管是学术研究还是新闻媒介报道，都有一种预设，那就是"老漂族"需要和渴望社区参与和社会交往，但现实上他们欲而不能。这有可能只是研究者或者新闻记者这些局外人的想法，我们所有的担心和顾虑都可能是多余的。作为局内人的"老漂族"的生活世界尚未呈现出来，他们的社会参与需求、状况及载体，等等，研究者都不得而知，都是有待研究的课题。

第五，"老漂族"的社会适应研究。在人口迁移、人口流动研究中，社会适应是一个重要的关注点，因为人口在不同的地域、不同的经济结构、不同的社会文化之间流动，最先遇到的重要问题就是社会适应。对于老年流动人口来说，由于既有的生活模式已经形成，而且接受新事物与新文化的意愿与能力相对较弱，在流入地的适应问题就显得更突出。正因为如此，"老漂族"的社会适应已经得到较多研究者的关注。相关研究主要运用定量研究方法，少有运用定性的研究方法。社会适应问题既可以用定量研究又可以用定性研究。只不过不同的研究方法所能够起到的作用不一样。定量研究在描述现状、探讨变量之间的关系方面具有优势，定性研究在把握事务演变的过程、概念与命题的提炼以及在微观的分析单位中分析宏观结构的影响方面具有优势。就目前的情况来看，对"老漂族"的社会适应研究，不管是定量研究还是定性研究，都是不够的。

第六，"老漂族"的家庭关系研究。中国的社会文化中有大家庭的理想，但实际上家庭的分化却是普遍现象。在传统的社会，分家只是在结构上从父母原生家庭分化出子女的核心家庭，在居住空间上并不会分离得太远。人口流动，尤其是劳动年龄人口的就业性流动，一般都会导致父母家庭和子女家庭分隔两地，这从家庭结构和空间距离上都分开了。父母的单方或者双方流动到子女家庭所在地，很可能引起"临时主干家庭"的出现。家庭结构的改变、空间距离的缩小会让亲子关系之间滋生之前所没有的新现象和新问题。这些新现象和新问题，既有利于促进亲子关系健康发展的一面，也有增加亲子之间摩擦和冲突的一面。这对于子女家庭的和谐发展、父母的身心健康和生活质量都至关重要。而且，这种"临时主干家庭"，作为一种新的家庭结构形态，受家庭研究所关注的时间并不长，只有极个别研究者注意到了这种新的家庭结构形态。在社会流动的大背景下，这种新的家庭结构形态无疑是一种重要的家庭现象，但我们对其中所蕴含的事实和逻辑却知之甚少。

第七，"老漂族"的社会福利研究。"老漂族"的流动往往是人流动到了子女所在地，但户口并没有随迁。而众多社会福利的设置与户口紧密相关，往往只有在户口所在地才能兑现各种福利。流动到外地的"老漂族"，在流入地没有身份条件享受各种福利，而在流出地则因为空间距离阻隔也不能享受应有的福利，从而陷入两头不靠的窘境。"老漂族"在流入地利用公共场所、基础设施一般都不存在问题，但是对于非普惠性的福利，往往受到政策和制度的阻隔，比如公交出行、医疗报销等方面就会受到户口、医保统筹水平的影响。对于"老漂族"的社会福利和社会保障问题，学术界的研究还很少，但对于这个群体来说，这意味着其老年的生活质量能否得到保证，尤为重要。

第二章

"老漂族"的群体特征及其城乡差异

一 "老漂族"的群体特征尚未明晰

人口流动是现代社会的基本特征。在传统社会向现代社会的转型中，首先获得流动机会的往往是劳动年龄人口，但是，随着劳动年龄人口流动的频率越高、流动的距离越远、流动的时间越长，流动的形式会逐渐由"候鸟式"向定居式转变，流动的形态也会由个人向家庭转变。改革开放以来，在经历了劳动年龄人口跨城乡、跨区域的频繁流动之后，非劳动年龄人口加入流动人口大军，定居式、家庭式流动逐渐增加。在非劳动年龄人口当中，首先得到流动机会的是儿童，其次是老人。近些年流动人口构成中流动儿童和"老漂族"逐渐增加就表明这一点。

2017年的数据显示，四人户及以上家庭中有父母随迁的占37.85%[1]。2015年的数据表明，流动人口中老年人占7.2%，其中31.3%为照顾孙辈而流动，11.7%为照顾子女而流动，25.4%为养老而流动，22.5%为务工经商而流动[2]，与子女密切相关的流动比例达43%，那些为养老而流动的老人很多也是迁往子女所在地养老。这些流动老人被称之为"老漂族"。在城市社区日常生活中，此类老人经常可见。从外貌形态上看，他们明显不属于本地社区的常住居民，但是，他们又和本地居民一样生活在社区之

---

[1] 国家卫生和计划生育委员会流动人口司：《中国流动人口发展报告2017》，中国人口出版社2017年版，第63页。
[2] 国家卫生和计划生育委员会流动人口司：《中国流动人口发展报告2016》，中国人口出版社2016年版，第170页。

中。很明显,有一部分是从其他城市迁居而来,更多的则是从农村流动到城市。

"老漂族"究竟是一些什么人?他们具有什么特征?目前关于"老漂族"的研究还没有提供清晰的答案。在中国知网数据库中,以"老漂族"为主题的文献最早出现在2011年,截至2020年7月共收录文献213篇。这些文献中有60%为期刊文献,不足20%为硕博学位论文,剩下的多为新闻报道以及零星几篇会议论文;研究内容多为现实问题取向,涉及社会适应、社会融入、异地养老等;研究方法多数都采用定性研究,开展定量研究的很少,少有的定量研究中样本量也比较小。一个虽然可以理解但对研究的推进并无益处的现象,是几乎没有描述性的研究去了解"老漂族"的基本特征。因为难以开展大样本量的抽样调查,也没有描述指标全面的大样本的二手数据可以利用,或者觉得描述性研究欠深入、技术含量不高且费力不讨好,目前很少有针对"老漂族"开展描述性研究,但是一些基本事实没有搞清楚,更深一步的旨在剖析关系、探讨规律、分析机制的研究就会成为无源之水。

目前仅发现杨菊花分析过老年流动人口的特征[①]。该研究描述的是老年流动人口的特征,"老漂族"属于老年流动人口的重要组成部分,在处于转型期的我国社会尤其如此,但"老漂族"并非老年流动人口的全部。也可以说,目前国内尚没有专门描述"老漂族"特征的研究。国外针对老年人口迁移的描述性研究多为分析迁移老人的迁移动机[②],比如舒适体验的季节性迁移[③]、经济型迁移[④]、受援型迁移[⑤]、靠亲型迁移[⑥]等。这些研

---

① 杨菊华:《流动时代中的流动世代:老年流动人口的多维特征分析》,《人口学刊》2018年第4期。

② Gordon F. De Jong, Janet M. Wilmoth, et al. Motives and the geographic mobility of very old Americans [J]. Journal of Gerontology: Social Sciences, 1995, 50 (6): pp. 395 – 404.

③ Litwak E, Longino C. F. Jr. Migration patterns among the elderly: a developmental perspective [J]. The Gerontologist, 1983, 27 (3): pp. 266 – 272.

④ Serow W. J., Charity D. A., et al. Cost of Living Differentials and Elderly Interstate Migration [J]. Research on Aging, 1986, 8 (2): pp. 317 – 327.

⑤ P. L. Colsher, R. B. Wallace. Health and Social Antecedents of Relocation in Rural Elderly Persons [J]. Journal of Gerontology, 1990, 45 (1): pp. 32 – 38.

⑥ Namkee G. Choi. Older persons who move: Reasons and health consequences [J]. The Journal of Applied Gerontology, 1996, 15 (3): pp. 325 – 344.

究一般都是利用国家行政部门的统计数据做的二次数据分析,指标设计并不全面,但数据质量可靠。

学术界对"老漂族"的研究目前可归为两种路径:一是考察"老漂族"从农村流动到城市的生动实践;二是分析"老漂族"对成年子女城市化的支持[1]。这些研究多为现实问题取向,关注"老漂族"面临的诸多困境,比如经济供养水平低、生活照料资源少、精神慰藉遭忽视、医疗保障不健全[2];经济困窘、信息贫乏、制度排斥、文化隔离[3];社保制度"壁垒"、代际间矛盾冲突[4]。无论上述哪种研究路径,研究的对象多为从农村流动到城市的"老漂族",很少有关注从城市流动到城市的"老漂族"。而后者也是"老漂族"的重要组成部分。

由于城乡二元结构的存在,我国农村与城市之间广泛存在着结构性的发展差异。农村以传统自给自足的农业生产为主,而城市则以现代化的工业生产为主。在收入水平、基础设施、公共服务等方面,农村都要落后于城市。在城乡二元的结构性框架之中,农村老人与城市老人拥有不同的身份,占据不同的社会地位,享有不同的社会福利。虽然随着现代化与城镇化的发展城乡之间的差距逐渐缩小,但城乡差异非短期可以消弭,因此乡—城流动的农村"老漂族"与城—城流动的城市"老漂族"之间可能存在较大差异。相比较而言,乡—城流动的"老漂族"所经历的流动体验、所遇到的现实困难会更多一些,毕竟城乡差异比城城差异要大得多。这也是现有研究关注乡—城流动的"老漂族"要明显多于城—城流动的"老漂族"的现实原因。对于城乡二元结构积重深远、至今尚未消弭的我国来说,城乡二元结构是分析人口流动现象的基本视角。本章试图解决两个问题:一是"老漂族"有哪些基本特征,二是"老漂族"的特征是否存在城乡差异。通过对这两个问题的回答,来增进对"老漂族"形象的描述性的认识。

---

[1] 黄丽芬:《进城还是返乡?——社会空间与"老漂族"的自我实现》,《北京社会科学》2019年第11期。

[2] 许加明、夏蓓蕾:《农村"老漂族"的异地养老困境及应对策略探析》,《云南农业大学学报》(社会科学版)2019年第4期。

[3] 史国君、黄海:《"老漂族"市民化机制研究》,《南京社会学》2019年第12期。

[4] 鲁兴虎、兰青:《融合与排斥:都市"老漂族"代际关系矛盾心境分析》,《人口与社会》2019年第2期。

二 研究思路与设计

(一) 分析思路

本章的目的是描述"老漂族"的群体特征及其城乡差异,分为两个步骤:一是描述"老漂族"的群体特征;二是通过对比来揭示乡—城流动"老漂族"与城—城流动"老漂族"之间的特征差异。因为明显的城乡二元结构的存在,乡—城流动"老漂族"和城—城流动"老漂族"是"老漂族"的基本分类。用流动前的户口性质和流动的方向来判断是乡—城流动"老漂族"还是城—城流动"老漂族":前者指流动前的户口在农村,流动的方向是由农村向城市流动;后者指流动前的户口在城市,流动的方向是从城市向城市流动。

描述群体特征的指标分为人口学特征、流动特征、心理特征三类。人口学统计特征指标包括性别、年龄、户口性质、婚姻状况、受教育程度、健康状况。流动特征指标包括老漂族的"漂龄"、流动半径、流动目的、流动意愿。心理特征分为心理适应、地域融入两个维度,地域融入进一步分为社会距离和归属感指标。通过交互分类、均值比较两种描述统计方法,描述"老漂族"、乡—城流动"老漂族"与城—城流动"老漂族"的上述三类特征。

(二) 变量及其测量

在人口学特征变量中,户口性质分为农业户口和非农业户口两类,婚姻状况分为在婚、离异、丧偶三类,受教育程度分为初中及以下、高中/中职/中专、专科及以上三个层次,健康状况用工具性日常生活活动量表测量。工具性日常生活活动量表的英文全称为 Instrumental Activity of Daily Scale,简写成 IADL,由劳顿 (Lawton) 和布罗迪 (Brody) 制定并推广使用,用来测量老年人的日常活动能力,评价老年人的生理健康状况[①]。该

[①] Lawton, M. P., Brody, E. M. Assessment of older people: self-maintaining and instrumental activities of daily living [J]. *Gerontologist*, 1969, 9: pp. 179–186.

量表共有八个条目,分别是做饭、做重活、乘坐交通工具、做家务、打电话、外出购物、管理自己的财物、就诊用药。答案选项分为完全不需要协助、有些需要协助、需要协助、完全需要协助四项,分别赋值1、2、3、4,量表得分的区间是8—32。本研究将原量表的四项答案修改成完全不需要协助、部分需要协助、完全需要协助三项答案,分别赋值1、2、3,量表得分区间为8—24。被调查对象根据自身的实际情况选择一个答案,量表得分越高就表明身体越健康,相反,就表明身体健康状况越糟糕。

在流动特征变量中,"漂龄"指从流出地迁移到流入地的时间长度,以"年"为单位。流动半径指流动范围,或者流动的空间距离,分为市内流动、市际流动、省际流动三个层次,虽然这三个层次与空间距离的大小不完全一致,但是也有较强的相关性,而且再考虑到不同行政区域之间的社会交往和文化方面的差异,这样划分就具有了合理性。在已有研究中,多数都将"老漂族"的流动目的归为支援子女。"老漂族"确实是跟随子女而流动的,但是其流动目的不只局限于支援子女。本研究将"老漂族"的流动目的分为了五种,其中前四种是主要的:支援子女是指老年人为照顾子女或者孙辈而跟随子女流动;提高生活品质是指老年人为了追求更高质量的生活而跟随子女流动;投靠子女是指老年人因为需要得到子女的帮扶而跟随子女流动;随孩返乡是指出生在流入地的老年人,大半生定居在其他城市,年老时跟随子女回到出生地,而此时出生地对于老人来说已是物是人非、难以适应了。流动意愿是指老漂族自身是否愿意流动,分为主动流动和被动流动两类,前者包括自己提出、子女提出且主动接受,后者包括配偶提出、子女提出且被动接受、其他人提出流动五类。

在心理特征变量中,心理适应是指"老漂族"对子女所在地的认知、调试和满意感。通过三个陈述进行心理适应测量:"想念以前居住地方的熟人""怀念原来的生活""想要回老家";答案为完全不符合、不怎么符合、说不清、有点符合、完全符合。数据分析时,将五个答案合并为三个:不符合、说不清、符合。量表得分越高,表明心理适应越好。地域融入是指"老漂族"对流入地的群体生活和社会关系的融入情况,在本研究中分为社会距离和归属感两个维度。社会距离最早由派克和浦兹斯提出,表示交往双方接近或躲避的行为倾向,表明社会上人与人间社会关系方面彼此感觉到的距离[①]。测量量表中，通过"您愿意和当地人聊天、成为亲密朋友吗？""您愿意和当地人成为邻居一起参与社区管理吗？""您愿意您的亲人和当地人通婚或结成亲戚吗？"三个问题来测量老漂族的社会距离，答案设为不愿意、愿意，按1、2赋值，量表得分越高，表明与当地人的社会距离越小。归属感是指"老漂族"将自己纳入当地人的意愿程度，用"您经常意识到本地人与外地人的不同吗？""您认为自己是本地人还是外地人？"两个问题进行测量；第一个问题的答案选项为很不符合、不太符合、说不清、比较符合、很符合，将前两个答案归类为未意识到，后三个答案归类为意识到，按2、1进行赋值；第二个问题的答案选项为外地人、本地人，按1、2进行赋值；量表得分越高，表明归宿感越强。

各类变量的基本情况见表2-1。

表2-1　　　　　　各类变量的基本情况描述（N=503）

维度	变量	变量取值	百分比	维度	变量	变量取值	百分比
人口学特征	性别	男性	49.90	流动特征	流动半径	市内流动	20.10
		女性	50.10			市际流动	49.30
	年龄	均值	61.78			省际流动	30.60
	户口性质	农业户口	57.10		流动意愿	自己	33.00
		非农业户口	42.90			配偶	4.60
	婚姻状况	在婚	63.40			子女提出主动接受	51.10
		离异	12.30			子女提出被动接受	7.60
		丧偶	24.30			其他	3.80
	受教育程度	初中及以下	34.40		流动目的	投靠子女	29.80
		高中、中职、中专	48.10			支援子女	39.80
		专科及以上	17.50			提高生活品质	22.30
	IADL	（均值）	11.43			随孩返乡	2.60
心理特征	心理适应	（均值）	7.07			其他	5.60
	地域融入	（均值）	8.51		漂龄	（均值）	2.96
	归属感	（均值）	2.67				
	社会距离	（均值）	11.79				

[①] 时蓉华主编：《社会心理学词典》，四川人民出版社1988年版，第216页。

三 数据统计结果与分析

(一)"老漂族"人口学特征及其城乡差异

1. "老漂族"男女比例相当且城乡"老漂族"的性别分布不存在差异

表2-2呈现的是"老漂族"的性别分布情况。从总体看,在"老漂族"当中,男性仅比女性低0.2个百分点,男女两性的分布比例相当。这一结果与我国流动人口的性别变化相一致,有数据显示2011—2016年,我国流动人口的女性比重有所上升,而男性比重略有下降,性别比趋于平衡[①]。这一结果也与我国老年人口的性别比例大致一致,在第四次中国城乡老年人生活状况抽样调查中,老年人的男女性别比为47.8∶52.2[②]。但是这一结果与我们的日常生活经验和传统认知有一些出入,日常生活经验中我们感觉到"老漂族"中女性似乎要多一些,而且"老漂族"都是流向子女所在地,有相当一部分是为了照顾子女及其家庭才流动的,流动的事实总体上局限于家庭层面,根据传统的"男主外、女主内"的性别分工,"老漂族"中女性也应该要多一些,然而事实上二者的比例却不相上下。导致这种结果的可能性有二。一是本研究的样本抽取出现了随机误差,出现了男性偏多的情况,毕竟描述人口性别比这样的变量,对样本量以及抽样的随机性要求比较高,严格上说本研究的调查数据离这种要求还是有差距的。二是老年男性比老年女性拥有更丰富的社会阅历和经验,更容易克服流动当中的困难,进而增加流动而成为"老漂族"的可能性。

进一步的分析发现,在乡—城"老漂族"中,男性比女性要多6个百分点,而在城—城"老漂族"中,男性却比女性少8.4个百分点。虽然从百分比上看,农村男性和城市女性更可能成为"老漂族",但卡方检验显示,这种差别并不具有显著意义,或者说不管是乡—城"老漂族"还是城

---

① 国家卫生和计划生育委员会流动人口司:《中国流动人口发展报告2017》,中国人口出版社2017年版,第4页。

② 党俊武:《中国城乡老年人生活状况调查报告2018》,社会科学文献出版社2018年版,第57页。

—城"老漂族",其中的男女性别构成总体上差不多。

表2-2 老漂族的性别比及与城乡背景的交互分类结果 (N=503) 单位:%

	男性	女性	样本量(人)	卡方值及显著水平
"老漂族"	49.90	50.10	503	
乡—城"老漂族"	53.00	47.00	287	2.505
城—城"老漂族"	45.80	54.20	216	

注:* $P<0.05$,** $P<0.01$,*** $P<0.001$。

2. "老漂族"多为低龄老人且城乡"老漂族"的年龄分布不存在差异

表2-3呈现的是"老漂族"的年龄分布情况。本研究中,"老漂族"的最低年龄是50岁,最高年龄是75岁,平均年龄为61.78岁。这一结果说明两个问题。其一是"老漂族"总体上是低龄老人。平均年龄61.78岁,刚刚跨过60岁、成为老年人的门槛。这个年龄分布与孟向京、姜向群等人的研究结论一致,他们的研究发现老年流动人口大多为低龄老年人[①]。其二是判断是否为"老漂族"的年龄标准是概数而不是一个具体数字。本研究中,"老漂族"的最小年龄是50岁,最大年龄是75岁,二者相差25岁。顾名思义,"老漂族"在年龄上应该是"老人",但这里的"老人"不能用定量的具体数据去衡量,如果按照现在通用的60岁及以上算做老年人的标准去衡量,显然会把一些年龄未到60岁的"老漂族"排斥在外了。有些研究在给"老漂族"下定义时,会确定一个具体年龄的下限,比如,55岁或60岁,如果不是为了方便抽样时操作的需要,这样的规定都不符合实际情况。这里的"老人"适合用定性的标准去衡量,比如自身接近或已经退休、子女已经成年、已经成为祖辈等。当然,"老漂族"在年龄上既不能太小也不能太大,太小了无论从定量还是定性都不具备"老"的规定性,太大了就不具备实现"老漂族"功能的体格机能了。

表2-4呈现的是乡—城与城—城"老漂族"年龄的独立样本T检验结果。乡—城"老漂族"的平均年龄是61.66岁,城—城"老漂族"的平均年龄是61.94,二者的年龄相差无几。无论是乡—城"老漂族"还是城—城"老漂族",平均年龄都超过了61岁,但都不到62岁,都是刚刚跨

---

① 孟向京等:《北京市流动老年人口特征及成因分析》,《人口研究》2004年第6期。

入老年人行列的年龄。这个年龄的老人,刚刚退出劳动力市场,在时间上比较充裕,身体还比较健康,能够做一些力所能及的事情,除了自我生活自理外,还可以支援子女及其家庭。

表2-3　　　　"老漂族"的年龄分布情况（N=503）　　　　单位：岁

	最小值	最大值	平均数	样本量（人）
年龄	50	75	61.78	503

表2-4　　乡—城与城—城"老漂族"年龄的独立样本T检验结果
（N=503）　　　　单位：岁

	乡—城"老漂族"	城—城"老漂族"	均值差	样本量（人）	T值及显著水平
年龄	61.66	61.94	-0.28	287/216	-0.602

注：* $P<0.05$，** $P<0.01$，*** $P<0.001$。

3. 乡—城"老漂族"明显多于城—城"老漂族"

表2-5呈现的是"老漂族"的户口性质情况。农业户口的"老漂族"占57.10%，非农业户口的"老漂族"占42.90%，前者比后者高14.2个百分点。这说明在本研究的调查样本中，乡—城"老漂族"明显多于城—城"老漂族"。本研究的结果与李芳的研究结果相类似，但是与孟向京等人的研究结果却相反。李芳在研究流动老人时发现，53.88%的流动老人是农业户口，46.12%的流动老人是非农业户口[①]。而孟向京等人在研究北京市的老年流动人口时发现，超过八成的流动老人是非农业户口，仅有不足两成的流动老人为农业户口[②]。

导致"老漂族"的户口性质分布差异过大的原因，很有可能源于样本来源的差异。本研究的样本来自北京、南京、郑州、佛山、绵阳五个城市，李芳的研究的样本来自浙江省的杭州、宁波、金华、衢州四个城市，而孟向京等人的研究的样本来自北京市。就样本的异质性来说，本研究选取的城市是最具有多样性的，包含各个区域、各个级别和各种经济社会发

---

① 李芳：《老年人的"留"与"流"城镇化进程中特殊老年群体研究》，中国社会科学出版社2017年版，第218页。

② 孟向京等：《北京市流动老年人口特征及成因分析》，《人口研究》2004年第6期。

展水平的城市，选择浙江的这四个层级不同的城市做调查，其样本的代表性也要高于局限于在北京市做调查，毕竟我国绝大多数城市都是类似于浙江的上述城市，而北京市则是国家政治经济文化中心的首都、超大城市。对于流动人口来说，自身的经济社会地位具有层次性，流入地的经济社会发展也具有层次性，二者之间很可能具有某种相对应的次序性。农村人流动到中小城市的可能性更大，而城市人流动到大城市、特大城市的可能性更大。这也可能就是北京的流动老人来自城市的明显更多而浙江四个城市的流动老人来自城市的明显要少的重要原因。

表 2-5　　　　　　　"老漂族"的户口性质情况　　　　　　　单位:%

	农业户口	非农业户口
百分比	57.10	42.90
样本量	287	216

就数字上来看，本研究的"老漂族"的城乡来源分布与上述分析是矛盾的：按照上述分析，本研究样本中城—城"老漂族"占比应该高于浙江省四个城市中来自城市的流动老人占比，而要低于北京市来自城市的流动老人占比。而实际情况和后者相吻合，与前者却是相反的。其中的原因可以理解，因为本研究的对象与其他两项研究的对象并不完全一样，其他两项研究的对象是流动老人，而本研究的对象是流动老人当中的一部分，即"老漂族"，而"老漂族"来自农村的可能性更大一些。

4. 超六成"老漂族"为在婚状态且城乡"老漂族"的婚姻状况存在差异

表 2-6 呈现的是"老漂族"的婚姻状况。63.40%的"老漂族"是有配偶的，处于在婚状态；36.60%的"老漂族"没有配偶，其中 12.30%为离异，24.30%为丧偶。这一结果与中国老年人整体婚姻状况的大致方向一致，但"老漂族"有配偶的可能性要低于全国老年人。2015 年的数据显示，在全国老年人口中，71.60%有配偶，26.10%丧偶，0.80%离异[1]。"老漂族"跟全国老年人口一样，有配偶的占多数，但是无配偶的"老漂

---

[1] 党俊武：《中国城乡老年人生活状况调查报告 2018》，社会科学文献出版社 2018 年版，第 23 页。

族"占36.60%，无配偶的老年人只占26.90%。这说明"老漂族"比一般的老年人没有配偶的可能性更大。或者说没有配偶的老人更可能成为"老漂族"。

表2-6　　"老漂族"的婚姻状况及与城乡背景的交互分类结果
（N=503）
单位：%

	在婚	离异	丧偶	样本量（人）	卡方值及显著水平
总百分比	63.40	12.30	24.30	503	
乡—城"老漂族"	59.30	15.30	25.40	287	7.127*
城—城"老漂族"	69.00	8.30	22.70	216	

注：1. *P<0.05，**P<0.01，***P<0.001；2. 在婚，即有配偶，包括第一次婚姻、再婚、复婚、同居；离异、丧偶视为无配偶。

表2-6还表明乡—城"老漂族"与城—城"老漂族"在婚姻状况上存在明显差异。在乡—城"老漂族"中，59.30%处于在婚状态，40.70%处于无配偶状态。而在城—城"老漂族"中，69.00%处于在婚状态，无配偶的只占31.00%。统计检验显示，二者之间具有明显的差异。城—城"老漂族"有配偶的可能性明显高于乡—城"老漂族"。前面说到"老漂族"比一般的老年人没有配偶的可能性更大，这种可能性主要发生在乡—城"老漂族"而不是城—城"老漂族"身上。

5. "老漂族"受教育程度呈峰度偏左的倒"U"型分布且城乡"老漂族"受教育程度存在差异

表2-7呈现的是"老漂族"的受教育程度情况。在"老漂族"中，高中学历的人数最多，占比29.80%，如果把中专/中技/高职这个学历层次归为高中学历这一类，这类学历层次的"老漂族"要占到48.10%；其次是初中学历和大专学历，分别占到25.00%、12.50%；最少的是小学及以下、大学本科及以上，分别只占到9.30%、5.00%。就整体来看，"老漂族"的学历分布有两个特点。一是总体上呈倒"U"型分布，即高中学历（含中专/中技/高职）的人数最多，然后随着学历提高或者降低，人数相应的减少。二是这个倒"U"型学历分布的峰度偏左。也就是说初中及以下学历的"老漂族"明显要多于大专及以上学历的"老漂族"。

依据本研究的数据，"老漂族"的受教育水平要高于全国老年人口的受教育水平。2015年的数据显示，我国老年人口中未上过学的比例占29.50%，初中和高中文化占26.00%，大专以上文化仅占3.10%[①]。出现这种结果的可能性有二。其一是"老漂族"的年龄整体上低于全国老年人口的平均年龄。本研究样本中"老漂族"属于低龄老人，平均年龄刚刚跨过"老年"的年龄门槛，比全国老年人的平均年龄要小，因而在学历上总体上要高一些。其二是学历高的人发生流动的可能性更大。或者说，"老漂族"在流动之前就和普通老人不一样，其文化水平可能更高，因而更可能流动，成为"老漂族"的可能性更大。

表2－7　　　　"老漂族"受教育程度情况及与城乡背景的
交互分类结果（N=503）　　　　单位:%

	小学及以下	初中	高中	中专/中技/高职	大专	本科及以上	样本量（人）	卡方值及显著水平
总百分比	9.30	25.00	29.80	18.30	12.50	5.00	503	
乡—城"老漂族"	10.10	32.40	37.30	18.80	1.40	0.00	287	126.755***
城—城"老漂族"	8.30	15.30	19.90	17.60	27.30	11.60	216	

注：* $P<0.05$，** $P<0.01$，*** $P<0.001$。

表2－7还表明，乡—城"老漂族"与城—城"老漂族"在学历上存在明显差异，前者的学历层次低于后者。乡—城"老漂族"中42.50%为初中及以下学历，其中小学及以下学历为10.10%，初中学历为25.00%；城—城"老漂族"中初中及以下学历为23.60%，其中小学及以下学历为8.30%，初中学历为15.30%。乡—城"老漂族"具有高中、中专、中技、高职学历的占56.10%，而来自城镇的"老漂族"具有相应学历的只占37.50%。相反，在大专及以上学历层次上，乡—城"老漂族"只占1.40%，城—城"老漂族"却高达38.90%。卡方检验显示二者之间在学历上差距明显。乡—城"老漂族"更多地只有高中及以下学历，城—城"老漂族"更可能有大专及以上学历。

[①] 党俊武：《中国城乡老年人生活状况调查报告2018》，社会科学文献出版社2018年版，第58页。

6. "老漂族"身体比较健康且城乡"老漂族"健康状况不存在差异

本研究采用工具性日常生活活动量表来测量老漂族的身体健康状况。首先对该量表进行信度检验。该量表的克隆巴赫系数（Cronbach's Alpha）为0.829，表明量表具有较高的内在一致性。其次对该量表进行效度检验。该量表的KMO值为0.855，Bartlett球形度检验值为1310.124（自由度为28），显著度为0.000，说明适合进行因子分析。通过因子分析，提取两个特征值大于1的因子，特征根分别为3.752、1.121，可以解释总变异的60.919%。

表2-8　　工具性日常生活活动量表的因子分析结果（N=503）

	因子1	因子2	共同性
做饭	0.832		0.712
做家务	0.517		0.495
打电话	0.824		0.687
管理自己的财物	0.697		0.603
外出购物		0.561	0.554
做重活		0.871	0.764
乘坐交通工具		0.652	0.563
就诊用药		0.651	0.497
特征值	3.752	1.121	
解释变异量	32.227	28.692	
累计解释变异量	32.227	60.919	

KMO：0.855　　Bartlett球形度检验：1310.124　　df：28　　显著性：0.000

表2-9呈现的是工具性日常生活活动量表各条目所占百分比。八成以上的"老漂族"在做饭、打电话等活动上完全不需要别人协助，七成以上的"老漂族"在管理自己的财务方面完全不需要别人协助，六成以上的"老漂族"在乘坐交通工具、做家务、外出购物等活动上完全不需要协助。超过半数的"老漂族"做部分重活时需要协助，还有近两成"老漂族"做重活时完全需要协助。近半数的"老漂族"在就诊问药时需要一定的协助，还有超过一成的"老漂族"就诊问药时完全需要协助。可以说，除了做重活和就诊问药这两项活动，大部分"老漂族"完成一般的日常活动是

不需要别人协助的。这与以往研究中得出的大多数流动老人的身体比较健康的结论相一致①。"老漂族"多为低龄老人,身体还比较健康硬朗,绝大多数不仅能生活自理,还能帮助照顾子女及其家庭。

表2-9　**工具性日常生活活动量表各条目百分比**（N=503）　　单位:%

	完全不需要协助	部分需要协助	完全需要协助
做饭	86.90	9.90	3.20
做重活	32.40	51.70	15.90
乘坐交通工具	63.60	30.80	5.60
做家务	67.20	28.60	4.20
打电话	81.90	15.30	2.80
外出购物	63.60	30.20	6.20
管理自己的财物	72.40	23.10	4.60
就诊用药	42.90	45.90	11.10

进一步比较乡—城"老漂族"与城—城"老漂族"的身体健康状况。表2-10呈现的是两类"老漂族"在工具性日常生活活动量表上的得分均值比较结果。

表2-10　**城乡背景与工具性日常生活活动量表得分的独立样本T检验结果**（N=503）

	乡—城"老漂族"	城—城"老漂族"	均值差	T值及显著水平
IADL	11.2997	11.5926	-0.2929	-1.017

注:* $P<0.05$,** $P<0.01$,*** $P<0.001$。

乡—城"老漂族"比城—城"老漂族"在工具性日常生活活动量表上的得分要低0.2929。这说明前者在健康状况、身体机能上比后者要好一些,但是这种差异并没有很显著。有数据显示农村老年人的自评身体健康状况要低于城镇老年人②。那如何去理解本研究的上述结果呢？其实,这

---

① 李芳:《老年人的"留"与"流"城镇化进程中特殊老年群体研究》,中国社会科学出版社2017年版,第219页。

② 党俊武:《中国城乡老年人生活状况调查报告2018》,社会科学文献出版社2018年版,第113页。

两个结论并不冲突。乡—城"老漂族"只是农村老人的一部分,这一部分恰恰是农村老人中年龄偏低、身体比较健康的那部分。已有的研究结论也表明,迁移老人的身体健康状况要好于非迁移的老人①。如果拿农村老人和城市老人相比,前者整体上的身体健康状况要差一些,但拿乡—城"老漂族"和城—城"老漂族"相比,二者的身体健康状况会差不多,因为这两类人都还比较年轻,还只是低龄老人,总体上还没有到身体健康状况出现较严重的分化的时候。

(二)"老漂族"的流动特征及其城乡差异

1. 支援子女的"老漂族"最多且城乡"老漂族"的流动目的不存在差异

表 2-11 呈现的是"老漂族"的流动目的分布。近七成的"老漂族"的流动与子女密切相关:因支援子女而流动的"老漂族"占 39.80%,因投靠子女而流动的"老漂族"占 29.80%;为提高生活品质而流动的"老漂族"占 22.30%;而为随孩返乡的"老漂族"数量只占 2.60%。前两种流动目的更多的是为了子女及其家庭,后两种流动目的更多的是为了自身。不管流动的目的是什么,在形式上都是流向子女所在地。老年人的生活一般都深深地嵌入了地方文化环境,一般都不愿离开业已习惯了的地方,只有当自己被需要时,比如帮扶子女、照顾孙辈,流动的可能性才会大大增加,而如果只是满足自身的需要,比如提高生活品质,其流动的可能性就会明显降低。

表 2-11 城乡背景与"老漂族"流动目的的交互分类结果(N=503) 单位:%

	投靠子女	支援子女	提高生活品质	随孩返乡	其他	样本量(人)	卡方值及显著水平
乡—城"老漂族"	31.40	40.80	19.20	2.10	6.60	287	5.553
城—城"老漂族"	27.80	38.40	26.40	3.20	4.20	216	
合计	29.80	39.80	22.30	2.60	5.60	503	

注:* P<0.05,** P<0.01,*** P<0.001。

---

① 刘颖:《中国老年人口迁移特征与影响的实证研究》,硕士学位论文,首都经济贸易大学,2014,第 21 页。

由表 2-11 还表明，乡—城"老漂族"与城—城"老漂族"在流动目的上不存在明显差异。虽然从数值上看，乡—城"老漂族"更可能是因为支援子女和投靠子女而流动，城—城"老漂族"更可能是因为提高生活品质和随孩返乡而流动，但统计检验显示这种差异在统计上并不明显。从总体上看，不管是乡—城"老漂族"还是城—城"老漂族"，支援子女的最多，投靠子女的次之，提高生活品质的排第三，而随孩返乡的最少。

2."老漂族"的"漂龄"较短且城乡"老漂族"的"漂龄"有明显差异

表 2-12 呈现的是"老漂族"的"漂龄"情况。"漂龄"指"老漂族"从流出地流动到流入地生活的时间的长度。虽然关于"老漂族"的研究是近十年才开始的，但"老漂族"在十年之前已经存在。本研究样本中，"漂龄"最长的达到 20 年，"漂龄"最短的不够 1 年，平均长度为 2.97 年。这说明"老漂族"整体的"漂龄"比较短。导致"漂龄"较短的原因应该有两个。其一是老年人近几年才较大规模地成为"老漂族"。在改革开放的大背景下，"80 后""90 后"获得了前所未有的流动空间。同时，"80 后""90 后"是在计划生育政策下出生的一代人。当流动空间大增、子女数量减少、家庭结构简化、父母进入老年等因素重叠在一起，老人流向作为"80 后""90 后"子女的可能性明显会增加。其二是"老漂族"这一身份多数是暂时性的。当子女不需要帮扶了，当孙辈逐渐长大上学了，有相当一部分"老漂族"会返回老家，而真正留下来成为资深"老漂族"的情况倒是在少数。

表 2-12　　　　　"老漂族""漂龄"的描述　　　　　单位：年

	均值	最大值	最小值	样本量（人）
"漂龄"	2.97	20.00	0.75	503

表 2-13 呈现的是乡—城"老漂族"与城—城"老漂族"在"漂龄"上的差异。乡—城"老漂族"的平均"漂龄"是 2.50 年，城—城"老漂族"的平均"漂龄"是 3.60 年，二者相差 1.10 年，统计检验显示这种差异是显著的。乡—城"老漂族"的"漂龄"明显比城—城"老漂族"的"漂龄"要短。"漂龄"的长短，既受子女的需求及对父母的情义的影响，

又受自身的需求及适应性的影响,还会受到流动前后区域的差异性程度的影响。将这些因素综合考虑进来,乡—城"老漂族"的"漂龄"短于城—城"老漂族"就是可以理解的了。

表2-13 "老漂族"的城乡背景与"漂龄"的独立样本T检验结果（N=503） 单位:年

	乡—城"老漂族"	城—城"老漂族"	均值差	样本量（人）	T值及显著水平
"漂龄"	2.50	3.60	-1.10	287/126	-3.391***

注:* $P<0.05$,** $P<0.01$,*** $P<0.001$。

3. "老漂族"以省内流动为主且城乡"老漂族"流动半径存在差异

流动半径分为省内流动和省际流动,其中省内流动又划分为市内流动和市际流动。市内流动指在同一个市内老年人在县区之间的流动。市际流动指在同一个省内老年人在不同的市之间的流动。省际流动是指老人在省级行政区之间的流动。表2-14呈现的是"老漂族"的流动半径情况。总体上看,近七成"老漂族"为省内流动,其中有两成左右是市内流动,近一半是市际流动;省际流动的"老漂族"达到近三分之一。这说明"老漂族"主要是省内流动,尤其是市际流动,几乎占到一半。

表2-14 城乡背景与"老漂族"流动半径的交互分类结果（N=503） 单位:%

变量	省内流动		省际流动	样本量（人）	卡方值及显著水平
	市内流动	市际流动			
乡—城"老漂族"	23.70	46.70	29.60	287	5.491*
城—城"老漂族"	15.30	52.80	31.90	216	
合计	20.10	49.30	30.60	503	

注:* $P<0.05$,** $P<0.01$,*** $P<0.001$。

人口学家雷文斯坦提出人口的迁移率往往与迁移距离成反比,多数的迁移往往是短距离迁移[①]。这种迁移规律针对的是劳动年龄人口的流动而言的,但是"老漂族"流动的方向和半径与其作为劳动年龄人口的子女的

---

① E. G. Ravenstein. The Laws of Migration [J]. *Journal of the Statistical Society of London*, 1885, 48 (2): pp. 167-235.

流动方向和半径大致是一致的，前者是随后者流动而流动，因而这一迁移规律也适用于"老漂族"。

进一步分析城乡"老漂族"的流动半径差异。由表2-14可知，乡—城"老漂族"在省内流动占七成以上，其中市内流动占两成以上，市际流动占四成以上。城—城"老漂族"在省内流动也接近70%，比乡—城"老漂族"的省内流动低2.3%，其中市内流动比乡—城"老漂族"低8.4%，市际流动则比来自农村"老漂族"高6.1%；前者在省际流动上也低于后者2.3个百分点。卡方检验显示城乡"老漂族"在流动半径上存在明显差异：乡—城"老漂族"的流动半径明显小于来自城镇的"老漂族"。这种流动半径上的差异虽然发生在"老漂族"身上，但直接的原因在于他们的子女：城市劳动力的流动半径要大于农村劳动力。受社会资本、人力资本等因素的影响，城镇子女比农村子女更有可能发生远距离流动，而老漂族的流动半径由其子女的流动半径决定，因此农村"老漂族"的流动半径可能要小于城镇"老漂族"。

4."老漂族"流动意愿强且城乡"老漂族"的流动意愿存在差异

表2-15呈现的是"老漂族"的流动意愿情况。总体上看，八成以上的"老漂族"是主动流动，不到两成的"老漂族"是被动流动，这说明"老漂族"的流动意愿是比较强的。根据新移民理论，"老漂族"做出流动的决策很可能不是基于个人效用的最大化，而是出于对家庭效用最大化的综合考虑。"老漂族"自身的流动意愿可能并不强，在一定程度上是顾及家庭效用的最大化而发生流动。人生进入老年，从一个工作、生活了大半辈子的地方，流动到一个陌生的地方，按照常理他们流动的意愿不会那么强烈，但是统计数据显示他们当中有超过80%是愿意流动的。这很可能与他们的流动的价值感和满足感有关。一方面是老人对子女及其家庭的价值。有接近40%的老人流动到子女所在地的目的是帮扶子女及其家庭，即使是那些以投靠子女为目的的"老漂族"，也有相当一部分是要帮扶子女及其家庭的。对于已经退休、回归家庭的他们来说，这是一种重要的价值体现。另一方面是老人对子女及其家庭的满足感。有超过一半以上的老人是出于投靠子女或者提高生活品质而流动的。和子女生活在一起，享有子女的赡养，享受子女、孙辈的亲情相伴，对于老人来说，无疑会是满足和幸福的。当然，在这种价值感和满足感中，有多少是出于血脉亲情的责任，又有多少

是发自内心的真正的满足，是值得探讨的。

表 2-15 还表明乡—城流动"老漂族"和城—城流动"老漂族"在流动意愿上的区别。乡—城流动"老漂族"主动流动、被动流动的分别占 80.80%、19.20%，城—城流动"老漂族"主动流动、被动流动的分别占 88.40%、11.60。前者主动流动的比例比后者低 7.60%，后者被动流动的比例比前者低 7.60%，统计检验显示这种差异是明显的。城—城"老漂族"比乡—城"老漂族"在流动意愿上更主动一些。这两类"老漂族"，一类长期生活在农村，一类长期生活在城市，在城乡二元结构框架下，这两类人的知识、经验、能力总体存在较大差异。与从城市流动到城市的老人相比，从农村流动到城市的老人会经历更大的差异，体验更大的困难，遇到更多的障碍，因而其主动流动的意愿弱一些也是可以理解的。

表 2-15 城乡背景与"老漂族"流动意愿的交互分类结果（N = 503） 单位:%

	主动流动	被动流动	样本量（人）	卡方值及显著水平
乡—城"老漂族"	80.80	19.20	287	5.308*
城—城"老漂族"	88.40	11.60	216	
合计	84.10	15.90	503	

注：* $P < 0.05$，** $P < 0.01$，*** $P < 0.001$。

流动意愿也不是一成不变的，会随着年龄的变化而有所变化。表 2-16 显示，无论是整个"老漂族"，还是乡—城流动"老漂族"、城—城流动"老漂族"，随着年龄的增加，其主动流动的比例会逐渐降低，而被动流动的可能性会逐渐增加，而且这种变化是很明显的。一方面，自身的年龄增大，也意味着子女家庭走向正规、孙辈逐渐长大，对老人的"需求"在降低，"老漂族"流动的价值感在下降。

表 2-16 控制城乡背景后流动意愿与年龄的交互分类结果（N = 503） 单位:%

城乡背景	年龄	主动流动	被动流动	样本量（人）	卡方值及显著水平
乡—城"老漂族"	60 岁以下	89.70	10.30	107	8.81*
	60—65 岁	76.40	23.60	110	
	65 岁以上	74.30	25.70	70	

续表

城乡背景	年龄	主动流动	被动流动	样本量（人）	卡方值及显著水平
城—城"老漂族"	60岁以下	92.50	7.50	80	4.283*
	60—65岁	90.00	10.00	70	
	65岁以上	81.80	18.20	66	
总百分比	60岁以下	90.90	9.10	187	11.136**
	60—65岁	81.70	18.30	180	
	65岁以上	77.90	22.10	136	

注：* $P<0.05$，** $P<0.01$，*** $P<0.001$。

另一方面，随着年龄的增大，自身的身体机能逐渐衰退，需要子女帮扶和照料的可能性增加。正因为如此，随着年龄的增大，主动流动的"老漂族"会减少，而被动流动的"老漂族"会增加。

(三)"老漂族"的心理特征及其城乡差异

1. "老漂族"心理适应较弱且城乡"老漂族"的心理适应不存在差异

表2-17呈现的是"老漂族"的心理适应情况。分别有63.40%、64.50%的"老漂族"表示想念以前居住地方的熟人、怀念原来的生活，有57.90%的"老漂族"表示想要回老家生活。只有11.80%、17.10%的"老漂族"表示并不想念以前居住地方的熟人、不怀念原来的生活，表示不想要回老家的"老漂族"也只有18.10%。这表明大多数"老漂族"在心理上都处于"漂泊"的状态，对于流入地在心理上适应性较差。老人们从农村进入城市或者从城市流动到其他城市，外在环境是陌生的，不仅生活环境、行为规范、社会习俗存在差异，而且还要从长时间建立起来的人际关系网络中抽离出去，撞入一个陌生的社会情境之中，因而在心理上感觉不适应、怀念家乡的人和事也就属人之常情。

表2-18呈现的是乡—城"老漂族"与城—城"老漂族"在心理适应上的比较情况。从数值上看，来自农村的"老漂族"在心理适应上要好于城—城"老漂族"，但统计检验显示二者之间的这种差异并不显著。这一结果与预料之中的结果并不相同。一般会认为，老人从农村流动到城市，比起在城市之间的流动，其心理适应会更难一些，因为要面临着更大的差

异,但是统计情况表明,二者之间并不存在明显差异。或许,"老漂族"的"漂龄"总体上都不长,乡—城"老漂族"对于城市的生活环境感受更新鲜一些,可以冲淡一些心理不适;乡—城"老漂族"从子女及其家庭获得的价值感和满足感或许更强一些,也可以冲淡一些心理上的不适。正是有上述可以中和乡—城"老漂族"心理不适应的因素,因而在统计结果上与城—城"老漂族"不相上下。

表2-17　　　　　"老漂族"心理适应情况描述　　　　　　单位:%

	想念以前居住地方的熟人			怀念原来的生活			想要回老家		
	不符合	说不准	符合	不符合	说不准	符合	不符合	说不准	符合
百分比	11.80	24.90	63.40	17.10	18.50	64.50	18.10	22.30	59.70
样本量(人)	59	125	319	86	93	324	91	112	300

表2-18　"老漂族"城乡背景与心理适应的独立样本T检验结果

	乡—城"老漂族"	城—城"老漂族"	均值差	样本量(人)	T值及显著水平
心理适应	7.150	6.958	0.192	287/216	0.799

注:$^*P<0.05$,$^{**}P<0.01$,$^{***}P<0.001$。

2. "老漂族"的社会距离较小、归属感较低且城乡"老漂族"的地域融入存在差异

表2-19呈现的是地域融入量表的因子分析结果。分析结果显示,KMO值为0.620,Bartlett的球形度检验值为154.161(自由度为20),显著度为0.000,说明该量表效度较高,变量间具有的共同因素多,适合进行因子分析。用主成分分析法提取两个特征值大于1的因素,特征根分别为1.678、1.043,可以解释总变异的54.421%。提取的因子分别为社会距离和归属感。

表2-19　　　地域融入量表的因子分析结果(N=503)

	因素1:社会距离	因素2:归属感	共同性
愿意和当地人聊天、成为亲密朋友	0.745		0.555
愿意和当地人成为邻居一起参与社区管理	0.795		0.636
愿意您的亲人和当地人通婚或结成亲戚	0.619		0.396

续表

	因素1：社会距离	因素2：归属感	共同性
经常意识到本地人与外地人的不同		0.829	0.694
认为自己是本地人还是外地人		-0.633	0.441
特征值	1.678	1.043	
解释变异量	32.311	22.11	
累计解释变异量	32.311	54.421	
KMO：0.620　Bartlett球形度检验：154.161　df：20　显著性：0.000			

表2-20呈现的是"老漂族"的地域融入的两个因子的描述性结果。从社会距离来看，超过九成的"老漂族"愿意自己的亲人与本地人通婚或结为亲戚，愿意与本地人成为亲密朋友，也愿意与本地人成为邻居一起参与社区管理，这说明"老漂族"与本地人之间的社会距离比较小。他们流动到陌生的社会环境当中，愿意以一种积极的、乐观的、友好的态度与当地人进行沟通交往，愿意融入流入地的日常社会生活之中去。从归属感来看，有六成以上的"老漂族"表示经常意识到本地人与外地人的区别，有近七成的"老漂族"认为对于流入地来说自己是外地人，这说明"老漂族"对于流入地来说其归宿感是比较低的。

表2-20　"老漂族"地域融入量表两个因子的描述性结果　　　单位：%

变量名	陈述		百分比	样本量（人）
社会距离	是否愿意和本地人成为亲密朋友	不愿意	4.20	21
		愿意	95.80	482
	是否愿意和本地人成为邻居一起参与社区管理	不愿意	6.40	32
		愿意	93.60	471
	是否愿意亲人和本地人通婚或结为亲戚	不愿意	5.60	28
		愿意	94.40	475
归属感	是否经常意识到本地人与外地人的区别	常意识到	65.40	329
		未意识到	34.60	174
	觉得自己是本地人还是外地人	外地人	67.60	340
		本地人	32.40	163

"老漂族"从农村来到城市,或者从城市流动到其他城市,虽然存在城乡差异和地域差异,但与当地人之间并没有社会文化、制度规范、民族种族方面的隔阂,因而与当地人之间的社会距离比较小,愿意以积极的态度融入流入地的日常社会生活,但是又毕竟还是存在城乡差异和地域差异,在语言沟通、饮食习惯、行为方式、价值观念等方面存在差异,对于"老漂族"来说,一时还难以形成较高的归宿感。再者,多数"老漂族"来到流入地的时间并不长,而且并没有在流入地长期生活下去的意愿或者条件,因而没有较强的归宿感也在情理之中。

表2-21呈现的是乡—城"老漂族"与城—城"老漂族"在地域融入上的差异。首先看两类"老漂族"在地域融入上的总差异。数据显示,乡—城"老漂族"在地域融入量表上的总得分比来自城镇的"老漂族"要低0.130,统计检验显示这种差异具有显著性。这表明乡—城"老漂族"融入流入地的程度明显不如城—城"老漂族"。

表2-21 "老漂族"城乡背景与地域融入及其各维度的独立样本T检验结果

	乡—城"老漂族"	城—城"老漂族"	均值差	样本量(人)	T值及显著水平
地域融入	8.453	8.583	-0.130	287/216	-1.735*
社会距离	5.868	5.801	0.067	287/216	1.495
归宿感	2.585	2.782	-0.197	287/216	-3.493***

注:1. *P<0.05,**P<0.01,***P<0.001;2. 社会距离中数值越大社会距离越小。

其次看两类"老漂族"在地域融入两个维度上的差异情况。数据显示,两类"老漂族"在社会距离维度上并无明显差异,但在归属感维度上,乡—城"老漂族"明显要低于城—城"老漂族"。两类"老漂族"在地域融入上的明显差异,主要不在于社会距离维度上,而是来自于归宿感维度:乡—城"老漂族"因为对流入地的归宿感比较低,导致在整个社会融入上不如城—城"老漂族"。城—城"老漂族"只是在不同的城市之间流动,而乡—城"老漂族"则是从农村流动到城市,城市与城市之间同质性更强,而农村与城市之间则异质性更强,因而乡—城"老漂族"对流入地的归属感弱一些,融入流入地的程度也差一些。

四 "老漂族"的群体特征及城乡差异

本章运用问卷调查数据,描述"老漂族"的基本特征,呈现出乡—城"老漂族"与城—城"老漂族"在基本特征指标上的差异,得出如下结论:

(一)"老漂族"的群体特征

1. 人口学特征。在"老漂族"当中,性别比例基本持平,男性"老漂族"与女性"老漂族"在数量上相差不大;低龄、农业户口、在婚、身体比较健康的老人占多数:平均年龄为61.78岁,57.10%具有农业户口,63.40%为在婚状态,80%以上都未接受大专及以上教育,多数为中学文化程度,文化水平呈峰度偏左的倒"U"型分布。

2. 流动特征。"老漂族"的流动与子女密切相关,69.6%的"老漂族"是为了支援子女或者投靠子女而流动,而为了提高生活品质和随孩返乡而流动的"老漂族"只占少数,而且无论是哪种流动目的"老漂族",在不同程度上都需要承担照顾子女及其家庭的责任。"老漂族"早就存在,近些年数量增长较快,平均"漂龄"较短,只有2.97年。69.40%的"老漂族"在省内流动,其中市际流动几乎占到一半,而省际流动只占30.60%。"老漂族"的流动意愿较高,84.10%是主动流动,完全处于被动流动的"老漂族"比较少,但是随着年龄的增长,主动流动的"老漂族"会减少,被动流动的"老漂族"会增加。

3. 心理特征。"老漂族"的心理适应较弱。分别有63.40%、64.50%的"老漂族"表示想念以前居住地方的熟人、怀念原来的生活,有57.90%的"老漂族"表示想要回老家生活。只有11.80%、17.10%的"老漂族"表示并不想念以前居住地方的熟人、不怀念原来的生活,表示不想回老家的"老漂族"也只有18.10%。"老漂族"与本地人之间的社会距离比较小,超过九成的"老漂族"愿意自己的亲人与本地人通婚或结为亲戚,愿意与本地人成为亲密朋友,也愿意与本地人成为邻居一起参与社区管理。但"老漂族"对流入地的归属感较低,有六成以上的"老漂族"表示经常意识到本地人与外地人的区别,有近七成的"老漂族"认为对于流入地来说自己是外地人。

(二) 乡—城"老漂族"与城—城"老漂族"的特征差异

1. 人口学特征比较。两类"老漂族"在性别、年龄、身体健康状况等方面不存在明显差异,但在婚姻状况、受教育程度等方面存在显著差异:城—城"老漂族"有配偶的可能性更大,乡—城"老漂族"离异或丧偶的可能性更大;城—城"老漂族"的文化水平也明显要高于乡—城"老漂族"。

2. 流动特征比较。相对于城—城"老漂族",乡—城"老漂族"的"漂龄"明显要短,流动半径明显要小,流动意愿也明显要低。但二者在流动目的上并不存在明显差异:无论是城—城"老漂族",还是乡—城"老漂族",他们流动的目的按照重要性程度依次是支援子女、投靠子女、提高生活品质、随孩返乡。

3. 心理特征比较。乡—城"老漂族"在心理适应上与城—城"老漂族"之间没有明显差异,但乡—城"老漂族"在流入地的融入程度上要明显低于城—城"老漂族":虽然二者与流入地人们的社会距离并不存在明显差异,但乡—城"老漂族"对流入地的归属感要明显弱于城—城"老漂族"。

(三) 对研究结论的说明

本章的主要目的是将"老漂族"置于城乡二元结构的框架下,描述"老漂族"的基本特征,为"老漂族"的研究提供一些基础性的事实。通过对人口学特征(性别、年龄、户口性质、婚姻状况、受教育程度、健康状况)、流动特征("漂龄"、流动半径、流动目的、流动意愿)、心理特征(心理适应、地域融入)三个维度的描述和比较,呈现出"老漂族"及其城乡"老漂族"两种类型的基本特征。这种描述性的研究是把"老漂族"的研究推上纵深的基础。但是值得注意的是,真正科学合理的描述性研究要求比较大的样本量和随机性的样本选取方法,很显然本研究的数据在这两点上都存在不足,课题组在"老漂族"问题上不具备开展完全随机的、大样本的数据收集的客观条件,因而样本数据的结果相对于总体的参数值是否存在偏差,是要持谨慎态度的。当然,正如在本书的绪论部分"研究方法与数据收集"中所论及的那样,本研究尽力通过提高样本来源的地域分布多元性来增加样本的代表性,尽力增加样本量以减少抽样误差的可能性,进而提高调查数据的质量和研究结论的可靠性。

第三章

流动意愿对"老漂族"社会适应的影响

一 "老漂族"的社会适应与流动意愿

社会的现代化进程中，人口流动会逐渐发生劳动年龄人口流动向劳动年龄人口和非劳动年龄人口一并流动、个人流动向家庭流动、"候鸟式"流动向定居式流动等变化。改革开放以来，随着时间的推移，我国的人口流动中以家庭为单位的流动日益增加。有数据表明，近七成的流动人口是与配偶、子女或父母一起流动的，主干家庭的比重有所上升，2010年主干家庭总数为9240万户，比1980年增加了93.10%，比2000年增加了24.90%[①]。一般而言，跟随劳动年龄人口流动的家庭成员的次序应该是配偶、子女、父母，父母并非率先获得跟随劳动年龄人口流动机会的家庭成员。但现实中主干家庭比例的上升，除了非流动人口中主干家庭数量的增加，流动人口中老年人流动到子女所在地组成临时或永久的主干家庭也是一个重要原因。

这些流动到作为劳动年龄人口的子女的所在地的老人称之为"老漂族"。近些年来"老漂族"在城市日常生活中可以说是司空见惯。在街头巷尾随处可见操着异地口音、照料孙辈、操持着家务或在社区公共场所溜达歇息的"老漂族"。这些人与本地老年人是不同的，有时会被贴上"外来""流动""弱势"等标签。各类新闻媒介有意无意地将"老漂族"问

[①] 国家卫生和计划生育委员会编：《中国家庭发展报告2014》，中国人口出版社2014年版，第10页、第37页。

题化,报道他们来到城市后有"囚禁"之感①、没人唠嗑心里闷得直发慌②、医疗不便③、对家乡的人和事魂牵梦萦④、缺乏归属感⑤、孤单抑郁⑥等,他们流动到城市、和子女生活在一起,感觉到的并不是称心如意,而是体验到困难重重。实际情况是否真的如此?

流动人口的社会适应一直是人口研究中的经典命题。对于流动人口来说,社会适应是一个重要问题。从一个地方流动到另一个陌生的地方,面对新的生产和生活方式,经历不同的环境和文化,体验着不同的规则与习惯,他们都需要一个适应的过程。而且"老漂族"又是流动人口中比较特殊的一个群体。一方面,"老漂族"不同于年轻的流动人口,他们的年龄偏大,基本的社会化阶段早已结束,对新环境的接纳和对新事物的学习能力都有所下降。另一方面,"老漂族"也不同于以就业为目的的老年流动人口,他们并不参与到劳动力市场中去,社会流动的事实基本上都发生在私人性的家庭领域。"老漂族"这个称谓中,"漂"字本身就含有适应不佳的意思。这或许是客观事实,因为他们要从一个各方面都已习惯成自然的环境中进入一个陌生的环境,而且并不清楚在这个陌生的环境中需要生活多久,心理上的漂泊不定无疑是存在的。这在一定程度上或许又是一种刻板印象,毕竟他们是流动到子女所在地,是和子女生活在一起,并不会卷入流入地的经济社会生活太多。

学术界对"老漂族"的研究,首先关注的就是他们的社会适应问题。刘庆认为,"老漂族"的适应问题主要体现在社会和心理两个层面⑦。有研

---

① 人民网:《老漂族生活现状:不适应异乡生活 医保待遇难享受》(2018-06-20)http://society.people.com.cn/n1/2018/0620/c1008-30067145.html.
② 人民网:《团圆中的留守之困:"老漂族"亟待制度解围》(2013-10-13)http://finance.people.com.cn/n/2013/1013/c1004-23183178.html.
③ 人民网:《去年中国"老漂族"近1800万:诊不便住不惯》(2016-11-22)http://politics.people.com.cn/n1/2016/1122/c1001-28886338.html.
④ 人民网:《变革时代下的中国家庭:漂泊、留守致亲情消逝》(2014-2-12)http://gongyi.people.com.cn/n/2014/0212/c152511-24336188.html.
⑤ 人民网:《"老漂族"缺乏归属感何处安放晚年?》http://ccn.people.com.cn/n/2015/0226/c366510-26600043.html.
⑥ 新浪网:《走出孤独抑郁这个难题应该怎么解?》(2012-11-18)http://news.sina.com.cn/o/2012-11-18/103925604620.shtml.
⑦ 刘庆:《"老漂族"的城市社会适应问题研究——社会工作介入的策略》,《西北人口》2012年第4期。

究者将社会适应分为心理适应、关系适应、生活方式适应和生活环境适应四个维度,认为个人因素、代际关系因素和社会因素影响着"老漂族"的适应过程和适应程度①。何惠亭将"老漂族"的城市适应置于代际关系的视角下,研究发现"老漂族"的心理适应最难完成,而代际冲突会减缓适应进程、调整适应策略或者中断适应进程②。陈盛淦指出,随迁老人的城市适应与其语言交流的流利程度和随迁老人夫妇有无一起随迁存在强相关关系③。此外,"老漂族"自身适应行为、家庭关系、社区环境、政府政策支持等因素会影响他们的适应程度④,空间变动也会对"老漂族"的社会适应产生影响⑤。也有研究认为,"老漂族"的社会适应状况是比较好的。比如,王建平等人对上海市务工"老漂族"和随迁"老漂族"开展调查研究,发现在居住状况、家务劳动结构、健康现状、社会网络结构和生活满意度等方面,他们的生存和社会适应状况是良好的⑥。

上述关于"老漂族"的社会适应的研究,呈现了"老漂族"社会适应的一些事实,但是也存在一些不足。一是研究方法上重定性轻定量。上述研究多为定性研究,采用访谈的方式收集个案资料,虽然收集到的定性资料可以丰富生动,使研究问题的分析可以比较深入,但社会适应研究首先需要的是大样本的描述性的调查研究,以呈现社会适应的基本状况。二是对社会适应的测量过于笼统和主观。社会适应是一个复杂的内涵丰富的概念。个别研究将社会适应划分为心理适应、关系适应、生活方式适应、环境适应等维度,这个思路是可取的,但相关研究并不是实证研究。而另一些研究则直接通过询问"你是否适应流入地的生活?"这样的问题,去收

---

① 王颖、黄迪:《"老漂族"社会适应研究——以北京市某社区为例》,《老龄科学研究》2016 年第 7 期;王丽英:《"老漂"的社会适应研究》,硕士学位论文,中国青年政治学院,2013 年,第 32 页;张苹、胡琪:《在沪"老漂族"的社会适应问题及其对策研究》,《城市观察》2016 年第 3 期。
② 何惠亭:《代际关系视角下老漂族的城市适应研究》,《前沿》2014 年第 9 期。
③ 陈盛淦:《随迁老人城市适应影响因素的实证研究》,《福建农林大学学报》(哲学社会科学版) 2015 年第 6 期。
④ 香雪、李诗韩等:《"老漂族"城市适应困境与帮扶对策研究》,《重庆工商大学学报》(社会科学版) 2021 年第 4 期。
⑤ 江立华、王寓凡:《空间变动与"老漂族"的社会适应》,《中国特色社会主义研究》2016 年第 5 期。
⑥ 王建平、叶锦涛:《大都市老漂族生存和社会适应现状初探——一项来自上海的实证研究》,《华中科技大学学报》(社会科学版) 2018 年第 2 期。

集数据资料,提供两种答案选项:适应、不适应,或者提供五种答案选项:很适应、比较适应、一般、不太适应、很不适应。对于社会适应这种抽象的复杂的概念,需要用量表来测量,用这种笼统的直接询问方式,并没有将抽象的概念操作化为经验指标,测量的过程和结果自然也就是大而无当的。

三是相关研究在分析影响社会适应的因素的时候没有考虑到流动意愿这一重要因素。"老漂族"的流动可能是被动的,也可能是主动的,更可能是被动和主动兼而有之。在生意率低、子女数量有限且很可能流动到异地就业的情形下,老年人的家庭养老资源是不足的。只有流动到子女所在地,才可能更方便地获得子女的物质供养尤其是生活照料和精神互动这些非物质的养老资源。这一类"老漂族"的流动很可能是被动的,只是出于投靠子女养老的客观需要。而另一类"老漂族"的流动则可能是主动的。比如,那些身体健康、经济条件较好尤其是亲子关系和睦的老人,出于提高生活品质而流动到子女所在地,这种流动的主动性就比较强。当然,更多的"老漂族"的流动是主动和被动兼而有之的。多数"老漂族"的流动决策,不只是基于老人自身需要和意愿的考虑,更多的是考虑到家庭资源的优化配置。一方面出于对子女及其家庭的伦理责任,老人流动到子女所在地,为料理子女的家庭事务、照料未成年的孙辈、减轻子女的家庭负担做贡献。另一方面与此同时老人也可以得到子女更多的帮扶照顾,享受家庭亲情的天伦之乐。这两个方面综合起来,虽然不能在主动和被动之间划出一条明确的界限,但老人流动的意愿是主动与被动并存的。流动的意愿不同,既反映老人们自身及家庭的条件不同,也预示着老人对待流动的态度不同,还可能预示老人对流入地的认同不同,进而影响他们的社会适应。

基于以上分析,本章试图讨论如下三个问题。一是"老漂族"的流动意愿究竟如何。"老漂族"的流动经历在新闻媒介当中往往是悲情的,被塑造成一种不得已而为之的无奈选择,而实际情况到底怎么样呢?本章将对此做一个探讨。二是"老漂族"的社会适应状况如何。从一个地方流动到另一个地方,经历社会适应的过程和问题是毫无疑问的。对于一般人来说是这样,对于老年人来说就更是如此。何况他们不仅仅是流动到不同的地方,而且还要进入子女的家庭一起生活,这种亲子关系在空间距离上的拉近会引起复杂的人际关系反应。他们的社会适应状况究竟怎么样呢？是像已有的多数研究所表明的或者新闻媒介所报道的那样糟糕呢，还是存在没有被发现的另外的可能性，这是需要进一步探讨的。三是流动意愿的不同是否会对"老漂族"社会适应产生影响。按照常理，这种影响是很可能存在的，但是究竟是不是存在，已有的相关研究还没给出答案。

二 研究思路与设计

（一）分析思路

为了回答本章提出的三个具体问题，将作为自变量的流动意愿划分为主动流动、被动流动两种类型，将作为因变量的社会适应划分为心理适应、环境适应、人际关系适应、家庭生活适应、老年角色适应五个维度，分三个步骤进行分析。首先是描述"老漂族"的流动意愿。运用百分比的形式描述"老漂族"的流动意愿是主动还是被动的比例分布。其次是描述"老漂族"的社会适应水平。为了更加直观地呈现"老漂族"的社会适应水平，将"老漂族"在社会适应量表及其各维度上的得分换算成百分制。

最后是探讨"老漂族"的流动意愿对其社会适应的影响。在主动流动的"老漂族"和被动流动的"老漂族"之间，对社会适应及其各维度进行均值比较，初步明确不同意愿的两类"老漂族"在社会适应及其各维度上是否有差异。以流动意愿作为自变量，以社会适应及其各个维度作为因变量，引入控制变量，进行回归分析，进一步明确不同的流动意愿对"老漂族"社会适应及其各个维度是否存在影响。分别以主动流动"老漂族"的总社会适应和被动流动"老漂族"的总社会适应为因变量，将可能影响其社会适应的因素作为自变量，进行回归分析，分析不同意愿的两类"老漂族"的社会适应的影响因素差异。

(二)变量说明

1. 因变量

社会适应是一个复杂的概念,广泛应用于生物学、社会学、心理学、社会心理学等学科领域。在生物学中,适应是指一切生物所特有的普遍存在的一种现象,表现为物竞天择、适者生存;在心理学中,社会适应是指人类能够适应自己所处的社会环境,并且能够满足社会的条件和要求,是个体逐渐地接受现存社会的道德规范与行为规范的过程,对于环境中的一切社会刺激能够在规范允许的范围内做出反应的过程[①]。在社会学中,社会适应是指个体或群体去积极习惯他们感受到的新的社会环境的过程。在马克思主义社会学中,社会适应被理解为个体和社会环境是适应—被适应的系统,即两者发生积极的相互影响,在这个改变过程中个体就是一个积极因素,他既要去习惯,又要去改变社会环境[②]。在社会心理学中社会适应指个体为了适应社会生活环境而调整自己的行为习惯或态度的过程,只有较全面地了解了社会条件、社会规范,而且角色知觉、人际知觉及自我知觉较准确,才能有效地进行社会适应,个体的社会适应包括一系列自主的适应性行为,通常表现为顺应、自制、同化、遵从、服从等具体的适应方式[③]。

本书中的社会适应偏向于社会心理学对社会适应的分析和界定,认为"老漂族"的社会适应是指"老漂族"为适应流入地的社会生活环境而调整自己原有的行为习惯或态度的过程。"老漂族"身处已经变化了的环境,首先会了解流入地的社会条件、社会规范,当现有的社会条件、社会规范与原来有所不同时,他们就可能产生不适感。在环境方面,他们会面临居住条件、居住方式的变化,尤其对于乡—城流动的"老漂族"来说,居住条件和生活设施都与原来有较大差异。在人际交往方面,从原来人际关系网络抽离出来的他们,短期内难以在新的环境中建立起新的人际关系网络,在人际交往上可能会存在较大的问题。在家庭生活方面,他们迁居到子女家庭,组成临时性的主干家庭,亲子之间、家庭成员之间空间距离的

[①] 李鑫生、蒋宝德:《人类学辞典》,华艺出版社1990年版,第396—397页。
[②] [苏]达维久克:《应用社会学词典》,黑龙江人民出版社1988年版,第187—190页。
[③] 时蓉华:《社会心理学词典》,四川人民出版社1988年版,第219页。

缩小可能会增加相互之间的心理张力，也需要一个逐渐调适的过程。在老年角色方面，很多老人在成为"老漂族"之前，都是刚刚从工作岗位上退休，开始适应老人这个角色，这也需要一个过程。在心理方面，因为环境的变化"老漂族"可能产生孤单、抑郁、想家等情绪，心理适应是最深层、最难调整的层面，是"老漂族"能否真正融入子女所在地的深层根源。

采用李克特量表来测量"老漂族"的社会适应。该量表共包含12条陈述，分别是"想念以前居住地方的熟人""怀念原来的生活""经常想要回到老家""流入地环境优美、交通便利""流入地很繁华""流入地的邻里非常值得信赖、邻里关系好""在流入地有困难大部分的邻里愿意帮助您""在流入地生活上您和您的子女总是互相帮助""在流入地您与您的子女经常交流""在流入地您和您的家人相互理解""很习惯别人把您当成老年人""现在的社会变化对老年人来说是越来越有利"；答案选项分别为很不符合、不太符合、一般、比较符合、很符合五项；对前三项陈述进行反向赋值，分别赋值为5、4、3、2、1，对其余陈述正向赋值为1、2、3、4、5；个案在量表上的得分越高，表明社会适应的水平越高。

对社会适应量表的制定，除了借鉴已有研究测量老年人社会适应的做法外，还多次咨询社会学、社会心理学领域的专家，以增加量表的内容效度。用因子分析来检验量表的结构效度。表3-1呈现的是社会适应量表的因子分析结果。KMO值为0.808，Bartlett的球形度检验值为1842.663（自由度为66），显著度为0.000。这说明量表的各条陈述之间具有较多的共同因素，适合进行因子分析。用主成分分析法提取五个特征值大于1的因子。这五个因子与制作量表时所设想的维度相一致，分别可以命名为心理适应因子、环境适应因子、人际关系适应因子、老年角色适应因子、家庭生活适应因子。这五个因子的特征值分别为2.233、1.691、1.649、1.591、1.570，解释变异量分别为18.605%、14.092%、13.744%、13.261%、13.086%，累计解释变异量为72.878%。采用克隆巴赫一致性系数（Cronbach's Alpha）来检验社会适应量表的信度。通常情况下该系数达到0.6以上，表示数据结果具有较好的一致性。"老漂族"社会适应量表中，该系数在心理适应、环境适应、人际关系适应、老年角色适应、家庭关系适应等维度上分别为 0.800、0.707、0.706、0.615、0.605，在社会适应总量表上为 0.822，这说明该量表较高的内在一致性。

表3-1　"老漂族"社会适应量表的因子分析结果（N=503）

	1 心理 适应	2 环境 适应	3 人际关 系适应	4 老年角 色适应	5 家庭生 活适应	共同性
想念以前居住地方的熟人	0.754					0.708
怀念原来的生活	0.868					0.802
经常想要回到老家	0.818					0.728
流入地环境优美、交通便利		0.745				0.723
流入地很繁华		0.858				0.795
流入地的邻里非常值得信赖、邻里关系好			0.672			0.709
在流入地有困难大部分邻里愿意帮助您			0.831			0.769
在流入地生活上您和子女总是互相帮助					0.670	0.716
在流入地您与您的子女经常交流					0.624	0.628
在流入地您和您的家人相互理解					0.711	0.802
很习惯别人把您当成老年人				0.855		0.763
现在社会变化对老年人来说越来越有利				0.634		0.592
特征值	2.233	1.691	1.649	1.591	1.570	
解释变异量	18.605	14.092	13.744	13.261	13.086	
累计解释变异量	18.605	32.697	46.441	59.702	72.787	
Kaiser-Meyer-Olkin	0.808					
Bartlett 的球形度检验值	1842.663					
df	66					
显著性	0.000					

2. 自变量

本章的自变量是流动意愿。意愿通常指个人对事物所产生的看法或想法，并因此而产生的个人主观性思维，是想要达到某个特定的目标和方向，然后用尽自己的能力去达成那个目标和方向。用提出流动的想法和做出流动的决策时是主动的还是被动的来测量"老漂族"的流动意愿。如果是老人自己提出或者别人提出而自己主动接受,就表明流动的意愿较强,相反,如果是别人提出而自己被动接受,就表明流动的意愿较弱。问卷中的问题是"您的流动是谁提出?",答案选项分别为:自己主动提出、子女提出自己主动接受、配偶提出、子女提出自己被动接受、其他人提出五种,在数据分析时将自己主动提出和子女提出自己主动接受归类为主动流动,将配偶提出、子女提出自己被动接受、其他人提出归类为被动流动。就社会适应来说,不管内心是否心甘情愿,是主动选择流动还是被动接受流动,很可能会影响他们在流入地的适应。

3. 控制变量

本章设置的控制变量主要有性别、城乡背景、受教育程度、年龄、流动半径、"漂龄"、是否照料孙辈、社区参与、外界联系、归属感。其中,流动半径根据"老漂族"跨越的行政区划的大小划分为市内流动、市际流动和省际流动;"漂龄"指"老漂族"流动时间的长短;社区参与通过参与社区周围活动的频率来测量;外界联系通过"老漂族"与外界联系的频率来测量。归属感是指个体是否认为自己属于某一个团体。"老漂族"的归属感是指"老漂族"个人将自己归属为当地人的程度。在问卷中通过"在子女所在地您觉得您是哪里人?""经常意识到本地人与外地人的区别的程度"这两个问题来测量。前者的答案分别为本地人、外地人、既不是本地人也不是外地人、说不清四类,将后三类合并为外地人,即将答案进一步分为本地人、外地人两类,按2、1进行赋值。后者的答案分别为很不符合、不太符合、说不清、比较符合、很符合,按5、4、3、2、1进行赋值。将这两个问题合二为一,得到"老漂族"的归属感的测量量表,个案的量表得分越高,说明对流入地的归属感越强。

表3-2呈现的是上述各类变量的基本情况。

表3-2 各变量的基本情况(N=503)

变量	变量取值/维度	百分比(%)
性别	男性	49.90
	女性	50.10
城乡背景	农村	57.10
	城镇	42.90

续表

变量	变量取值/维度	百分比（%）
受教育程度	初中及以下	34.40
	高中/中职/中专	48.10
	专科及以上	17.50
流动半径	市内流动	20.10
	市际流动	49.30
	省际流动	30.60
是否照料孙辈	是	51.10
	否	48.90
社区参与频率	经常参加	28.80
	偶尔参加	59.00
	从不参加	12.10
社会适应	心理适应	7.0676
	环境适应	7.8171
	人际关系适应	7.6759
	家庭生活适应	11.8131
	老年角色适应	7.6322
	总社会适应	42.006
"漂龄"	（均值）	2.9647
年龄	（均值）	61.78
归属感	（均值）	2.67
流动意愿	主动流动	84.10
	被动流动	15.90
外界联系频率	很少	24.90
	偶尔	39.60
	经常	35.60

三 "老漂族"流动意愿和社会适应的基本状况

（一）对"老漂族"流动意愿的描述

表3-3呈现的是"老漂族"的流动意愿情况。具体来看，有51.10%

的"老漂族"是由子女提出而自己主动接受流动的,有33.0%的"老漂族"是自己主动提出流动的,由配偶提出、子女提出自己被动接受、他人提出而流动的情况比较少,分别只占4.60%、7.60%、3.80%。根据前面的归类方法,前两项属于主动流动,后三项属于被动流动,我们发现主动流动的"老漂族"占84.10%,被动流动的"老漂族"占15.90%。这说明有超过八成的"老漂族"对于流动是主动的,具有很强的流动意愿。用流动意愿和是否需要照顾孙辈做交互分类,分析结果如表3-4。数据表明,由"老漂族"自己或配偶提出流动的,分别有63.90%、69.60%不需要照顾孙辈,而由子女提出流动的两种情况中,自己主动接受的有63.00%需要照顾孙辈,自己被动接受的也有44.70%需要照顾孙辈。

表3-3　　　　　"老漂族"的流动意愿分布（N=503）　　　　　单位:%

	主动流动		被动流动		
	自己主动提出	子女提出主动接受	配偶提出	子女提出被动接受	其他人提出
百分比	33.00	51.10	4.60	7.60	3.80
样本量（人）	166	257	23	38	19

表3-4　"老漂族"流动意愿与是否照料孙辈的交互分类结果（N=503）　单位:%

	自己主动提出	子女提出主动接受	配偶提出	子女提出被动接受	其他人提出	卡方检验
是	36.10	63.00	30.40	44.70	57.90	34.406***
否	63.90	37.00	69.60	55.30	42.10	
样本量（人）	166	257	23	38	19	

注:* $P<0.05$, ** $P<0.01$, *** $P<0.001$。

这一结果与新闻媒介所呈现出来的万般无奈而为之的"老漂族"形象是不一样的。值得注意的是,被动流动意味着"老漂族"对于流动在一定程度上的不情愿,但主动流动并不意味着"老漂族"对于流动就是发自内心自愿的。"老漂族"做出流动的决策,既有自身的个人原因,也有家庭效用最大化的考虑。如果是出于对子女家庭的照顾帮扶而流动,这种流动很可能是主动的,但这种主动的出发点既可能是发自内心的自愿,也可能是基于对子女及其家庭的责任感。即便是基于自身养老和提高生活品质的需要,也可能是基于无奈的选择,毕竟在低生育率状态下,可供选择的家庭养老资源有限。"老漂族"之所以对流动持积极主动态度,既可能与在物质和非物质方面改善自身老年生活有关,更可能与在照顾和帮扶子女及其家庭所带来的价值感有关。

(二) 对"老漂族"社会适应的描述

采用社会适应量表测量"老漂族"的社会适应水平。为了更直观地呈现"老漂族"的社会适应水平,将量表中各个陈述的得分相加然后除以量表理论上的得分上限,得到百分制的个案量表得分。得分60分以下表示社会适应较差,得分在60—70分的表示社会适应及格,得分在70—80分的表示社会适应中等,得分在80—90分的表示社会适应良好,得分在90—100的表示社会适应非常好。

表3-5呈现的是"老漂族"在社会适应量表上的百分制得分情况。从社会适应总体情况看,他们在社会适应量表上的平均得分为70.0099,刚刚达到中等程度的水平,说明他们在子女所在地的适应水平一般。从社会适应的具体维度看,均值得分比较高的是家庭生活适应、环境适应、人际关系适应、老年角色适,得分分别达到了78.7541、78.1710、76.7594、76.3221,都达到了中等水平,但是都没有达到良好水平。需要注意的是,得分最低的是心理适应,仅仅只有47.1173,远低于及格线,这说明在流入地"老漂族"心理适应比较糟糕。心理适应是社会适应的深层次内容,心理适应差说明"老漂族"与本地人、流入地之间存在较大的隔阂,还没有形成较好的认同感,离融入流入地的社会生活还有较大的距离。

表3-5　　"老漂族"社会适应及各维度的均值描述（N=503）

	总社会适应	环境适应	人际关系适应	老年角色适应	家庭生活适应	心理适应
平均数	70.0099	78.1710	76.7594	76.3221	78.7541	47.1173
标准差	7.5116	16.5511	16.17988	14.72834	13.04615	17.7377

四 流动意愿对"老漂族"社会适应的影响

(一) 流动意愿对环境适应存在显著影响

环境适应主要是考察"老漂族"流入子女所在地以后对外在生活环境的适应情况。环境适应有两个指标:对流入地的交通便利程度和繁华程度的适应情况,可选答案为很不符合、不太符合、说不清、比较符合、非常符合,分别按1、2、3、4、5赋值,漏选项赋值为0。个案的得分越高,说明其环境适应越好。表3-6呈现的是"老漂族"的流动意愿与环境适应的独立样本T检验结果。数据表明,主动流动的"老漂族"的环境适应平均得分为7.9787,被动流动的"老漂族"的相应平均得分为6.9625,两者相差1.0162,独立样本T检验显示二者之间的差异具有统计显著性。这表明,主动流动的"老漂族"的环境适应要好于被动流动的"老漂族","老漂族"的环境适应水平可能受其流动意愿差异的影响。

表3-6 流动意愿与环境适应的独立样本T检验结果 (N=503)

	主动流动	被动流动	均值差	T值及显著性水平
环境适应	7.9787	6.9625	1.0162	4.249***

注:*P<0.05,**P<0.01,***P<0.001。

为了进一步验证流动意愿对"老漂族"的环境适应的影响,将环境适应作为因变量,流动意愿作为自变量,引入性别、年龄、城乡背景、"漂龄"、流动半径等可能影响环境适应的变量作为控制变量,进行回归分析,所得结果见表3-7。数据显示,在引入控制变量后,"老漂族"的流动意愿与环境适应之间的关系依然存在。与被动流动的"老漂族"相比,主动流动的"老漂族"的环境适应要高0.195个标准单位,且这种差异具有统计显著性。可见,"老漂族"对于流动的心态是否积极和主动,对他们在流入地的环境适应是很重要的。如果是积极主动地面对这种流动,对流入地的环境适应会更好一些;如果是消极被动地面对这种流动,就不利于他们适应流入地的外在环境。

表3-7 "老漂族"的流动意愿与环境适应的回归分析结果

变量		B	Beta	T值及显著性水平	允差	VIF
（常数）		9.416		10.318***		
流动意愿（被动流动=0）		0.882	0.195	4.478***	0.945	1.059
性别（女性=0）		-0.356	-0.108	-2.483*	0.953	1.049
城乡背景（农村=0）		-0.034	-0.01	-0.231	0.944	1.059
"漂龄"		0.067	0.139	3.215***	0.954	1.049
流动半径（市内流动=0）	省际流动	-0.0276	-0.077	-1.699	0.875	1.142
	市际流动	-0.212	-0.051	-1.127*	0.864	1.157
年龄		-0.04	-0.126	-2.889**	0.94	1.063
R	R^2	调整后R^2	F	DW		
0.334	0.112	0.099	8.897***	1.678		

注：* $P<0.05$，** $P<0.01$，*** $P<0.001$。

除了流动意愿外，数据表明还有其他因素会影响到"老漂族"的环境适应。性别、年龄、"漂龄"、流动半径等因素对环境适应的影响较大。男性"老漂族"的环境适应要逊色于女性"老漂族"，这或许与"老漂族"的流动是生活性的流动而不是职业性的流动有关，女性可能更有优势。流动半径大的"老漂族"的环境适应要逊色于流动半径小的"老漂族"，虽然跨省流动的"老漂族"与市内流动的"老漂族"在环境适应上不具有显著差异，但是跨市流动的"老漂族"的环境适应要明显差于市内流动的"老漂族"，而且从回归系数来看随着流动半径的增大，"老漂族"的环境适应会逐渐变差。"老漂族"的年龄越大，其环境适应水平就会越低。值得注意的是，一般认为来自农村的"老漂族"在环境适应方面会不如来自城市的"老漂族"，因为前者在流动前和流动后要面临更大的环境变化，但是统计结果表明二者在环境适应上并不存在显著差异。或许流动前后的环境差异具有双重意义：既可能是一种挑战，也可能是一种新鲜感。

（二）流动意愿对人际关系适应存在显著影响

人际关系是指人与人之间通过交往与相互作用而形成的直接的心理关系，主要表现为人们心理上的距离远近、个人对他人的心理倾向及相应行为等①。"老漂族"的人际关系适应是指他们在流入地与家庭成员以外的其他人的交往过程中的适应情况。通过"您认为流入地的邻里非常值得信赖、邻里关系好"、"您认为在流入地有困难大部分的邻里愿意帮助您"两个问题来测量人际关系适应，可选答案有很不符合、不太符合、说不清、比较符合、非常符合五项，按1、2、3、4、5赋值，漏选项赋值为0。个案的得分越高，说明人际关系适应越好。表3-8呈现的是"老漂族"的流动意愿与人际关系适应的独立样本T检验结果。数据表明，主动流动的"老漂族"的人际关系适应的平均得分为7.7541，被动流动的"老漂族"的相应平均得分为7.2625，二者平均得分差0.4916，统计检验显示二者之间具有显著差异。或者说，主动流动的"老漂族"的人际关系适应水平要明显好于被动流动的"老漂族"，"老漂族"的流动意愿可能影响到他们的人际关系适应。

表3-8　　"老漂族"的流动意愿与人际关系适应的
独立样本T检验结果（N=503）

	主动流动	被动流动	均值差	T值及显著性水平
人际关系适应	7.7541	7.2625	0.4916	2.505*

注：* $P<0.05$，** $P<0.01$，*** $P<0.001$。

为了进一步检验"老漂族"的流动意愿对其人际关系适应的影响，以人际关系适应为因变量，以流动意愿为自变量，引入性别、城乡背景、是否需要照料孙辈、社区参与频率、外界联系频率等变量为控制变量，进行回归分析，分析结果见表3-9。数据表明，主动流动的"老漂族"比被动流动的"老漂族"在人际关系适应上要高0.106个标准单位，统计检验显示二者之间具有明显差异。这说明即便在控制了一些可能影响"老漂族"人际关系适应的变量之后，流动意愿与人际关系适应之间的相关性依然存在，或者说流动意愿的不同很可能影响到"老漂族"的人际关系适应，越是主动地流动，其在人际关系上就可能适应得越好。

在上述被引入的控制变量中，除了城乡背景对人际关系适应没有显著影响外，其他变量都会影响到人际关系适应。从性别看，男性"老漂族"

---

① 车文博：《当代西方心理学新词典》，吉林人民出版社2001年出版，第294—295页。

的人际关系适应要弱于女性"老漂族",这和日常生活经验中的印象一致,"老漂族"的流动是生活性流动,男性老人的日常人际交往总体上赶不上女性老人。是否需要照顾孙辈对"老漂族"人际关系适应影响比较大,但是值得注意的是,影响的方向与常理却不一致:需要照顾孙辈的"老漂族"会有更多的时间和机会在居住区、公园等户外场所活动,与外界交往的时间和机会也就更多,人际关系适应应该更好,而数据结果却表明他们的人际关系适应还不如不需要照顾孙辈的"老漂族"。要理解这个结果,需要注意到两点:一是需要照顾孙辈的"老漂族"虽然出现在户外公共场所的时间与机会更多,但他们的活动是围绕孙辈转的,与外界的交往并不会太多;二是即使与外界有了交往,但因为语言和习惯的不同,交往的深度很有限,很难较好地适应。社区参与频率、外界联系频率也会影响到"老漂族"的人际关系适应:频率越高,他们的人际关系适应就会越好。

表3-9 "老漂族"的流动意愿与人际关系适应的回归分析结果(N=503)

变量		B	Beta	T值及显著性水平	允差	VIF
(常数)		7.514		31.275***		
流动意愿(被动流动=0)		0.470	0.106	2.509*	0.971	1.030
性别(女性=0)		-0.367	-0.113	-2.662**	0.960	1.042
城乡背景(农村=0)		0.016	0.005	0.112	0.954	1.049
是否需要照顾孙辈(不需要=0)		-0.595	-0.184	-4.252***	0.931	1.074
社区参与频率(偶尔参与=0)	经常参与	0.742	0.208	4.61***	0.857	1.167
	从不参与	-0.819	-0.165	-3.786***	0.912	1.096
外界联系频率(偶尔=0)	很少	0.103	0.028	0.59	0.793	1.262
	经常	0.295	0.087	1.812*	0.750	1.333
R		R^2	调整后R^2	F	DW	
0.373		0.139	0.125	9.964***	1.484	

注:* $P<0.05$,** $P<0.01$,*** $P<0.001$。

(三)流动意愿对家庭生活适应存在显著影响

"老漂族"的流动是生活性的流动,形式上表现为从父辈家庭流入子女家庭,对于退出劳动力市场的"老漂族"来说,家庭就是他们的主要活动场所。"老漂族"的家庭生活适应主要是探讨家庭成员之间的适应。通过"在流入地您与您的子女经常交流""在流入地您和您的子女在生活上总是互相帮助""在流入地您和您的家人相互理解"三个问题来测量"老漂族"的家庭生活适应。可供选择的答案为很不符合、不太符合、说不清、比较符合、非常符合,按1、2、3、4、5赋值,对遗漏项按0赋值。个案的得分越高,说明其家庭生活适应得越好。表3-10呈现的是"老漂族"的流动意愿与家庭生活适应的独立样本T检验结果。数据表明,主动流动的"老漂族"的家庭生活适应的平均得分为11.9362,高于被动流动的"老漂族"的家庭生活适应的平均得分0.7737,而且统计检验显示这种差别是显著的。这说明主动流动的"老漂族"的家庭生活适应比被动流动的"老漂族"的家庭生活适应要更好,或者说流动意愿的不同可能影响家庭关系适应。

表3-10　　　　"老漂族"的流动意愿与家庭生活适应的
独立样本T检验结果（N=503）

	主动流动	被动流动	均值差	T值及显著性水平
家庭生活适应	11.9362	11.1625	0.7737	3.274***

注：* $P<0.05$，** $P<0.01$，*** $P<0.001$。

为了进一步检验"老漂族"的流动意愿对其家庭生活适应的影响,以家庭生活适应为因变量,以流动意愿为自变量,引入城乡背景、性别、"漂龄"、是否需要照料孙辈、社区参与频率等可能影响家庭生活适应的因素为自变量,进行回归分析,分析结果见表3-11。数据结果表明,在控制了上述变量的基础上,主动流动的"老漂族"比被动流动的"老漂族"的家庭生活适应要高0.133个标准单位,二者之间具有明显差距。这进一步说明流动意愿的差异可能影响到"老飘族"的家庭生活适应:越是主动流动,家庭生活适应就越好。虽然流入到子女家庭,组成临时性主干家庭,家庭成员之间的空间距离变小,在享受生活互助和亲情互动之外,发生摩擦和不快的可能性也会增加,但如果能积极面对这种流动,主动对待在子女家庭中的各项事务和关系,家庭生活更和谐也在情理之中。

在被引入的控制变量中,也有一些能影响到"老漂族"的家庭生活适应。女性"老漂族"的家庭生活适应要高于男性"老漂族"家庭生活适应

0.074 个标准单位,这可能与女性更善于料理家务和处理家庭成员关系有关。"漂龄"越长的"老漂族",其家庭生活适应越好,这也不难理解,随着在一个家庭里相处的时间增加,家庭成员互动互助的机会增加,家庭关系可能磨合得更好一些。参加社区活动的频率越高,家庭关系适应得越好。这里可能有两方面的解释:一是流动到一个陌生的地方都能频繁参加社区活动的老人,本身就不是普通的老人,他们处理日常事务和人际关系的能力可能更强;二是参加社区的活动,能够使居家的退休生活更丰富,能够和家庭成员以外的人交流互动,释放压力,有利于身心健康,进而与家庭生活之间相互促进,形成良性循环。

表 3-11　"老漂族"的流动意愿与家庭生活适应的回归分析结果 (N = 503)

变量		B	Be	T 值及显著性水平	允差	VIF
(常数)		11.405		35.646***		
流动意愿(被动流动 = 0)		0.711	0.133	3.09**	0.971	1.03
城乡背景(城镇 = 0)		-0.026	-0.007	-0.152	0.948	1.055
性别(男性 = 0)		0.291	0.074	1.715*	0.953	1.049
"漂龄"		0.085	0.15	3.457***	0.954	1.048
是否需要照料孙辈(是 = 0)		0.268	0.069	1.579	0.955	1.047
社区参与频率(经常参与 = 0)	从不参与	-1.579	-0.264	-5.469***	0.774	1.293
	偶尔参与	-0.866	-0.218	-4.517***	0.773	1.293
R		R^2	调整后 R^2	F	DW	
0.332		0.11	0.097	8.736***	0.65	

注: * $P<0.05$, ** $P<0.01$, *** $P<0.001$。

(四) 流动意愿对老年角色适应不存在显著影响

角色是指社会规定的用于表现一个人的社会地位的行为模式①。老年角色适应是指老年人对自己的社会角色和变化规律的自觉认识,并在此基

---

① 吴忠观:《人口科学辞典》,西南财经大学出版社 1997 年版,第 320 页。

础上主动调适自己的心理和行为,以达到协调自身与家庭和社会关系的目的。对"老漂族"的老年角色适应的测量主要有两项指标:对年龄的适应和对社会变化的适应。通过"很习惯别人把您当成老年人""现在的社会变化对老年人来说是越来越有利"两个问题来测量,可选答案为很不符合、不太符合、说不清、比较符合、非常符合,按 1、2、3、4、5 赋值,对遗漏项按 0 赋值。个案的得分越高,说明其老年角色适应越好。

表 3 – 12　　"老漂族"的流动意愿和老年角色适应的
独立样本 T 检验结果　(N = 503)

	主动流动	被动流动	均值差	T 值及显著性水平
老年角色适应	7.6785	7.3875	0.2910	1.623

注:* $P < 0.05$,** $P < 0.01$,*** $P < 0.001$。

表 3 – 12 呈现的是"老漂族"的流动意愿与老年角色适应的独立样本 T 检验结果。从数据上看,主动流动的"老漂族"的老年角色适应的平均得分为 7.6785,被动流动的"老漂族"的老年角色适应的平均得分为 7.3875,后者比前者均值得分低 0.2910,但统计检验表明二者之间的差距并不显著。

虽然流动意愿与老年角色适应不存在显著的相关性,但为了探讨有哪些因素会影响到老年角色适应,以老年角色适应为因变量,以流动意愿、城乡背景、受教育程度、社区参与频率为影响因素变量,进行回归分析,分析结果如表 3 – 13。数据结果表明,流动意愿还是没有作为预测变量进入回归方程,进一步表明"老漂族"的流动意愿差异并不会明显到他们的老年角色适应。"老漂族"的老年生活适应与城乡背景、受教育程度、社区参与频率明显相关:来自农村的"老漂族"在老年角色适应上比来自城镇的"老漂族"明显要好;受教育程度越高的"老漂族",其老年角色适应也会越好;经常参与社区活动的"老漂族",其老年角色适应也明显好于不怎么参加社区活动的"老漂族"。农村老人一贯来生活在农村,更可能以恬淡自然的态度看待年老甚至生死等问题,因而其老年角色适应比城市老人更好。受教育程度更高的老人对待年龄、退休甚至生死等问题可能更理性和客观,更可能以积极的态度来面对,因而在这方面的适应总体上要好于受教育程度低的老人。能够经常参与社区活动的老人,很可能是身体比较健康、性格比较开朗、地域融入比较好的老人，而且在参加社区活动的过程中，老人们可以体验到日常家庭生活中难以体验到的过程和意义，因而他们的老年角色适应好于不怎么参与社区活动的老人就在情理之中。

表3-13　"老漂族"的流动意愿与老年角色适应的回归分析结果（N=503）

变量		B	Be	T值及显著性水平	允差	VIF
（常数）		6.512		8.18***		
流动意愿（主动流动=0）		-0.224	-0.056	-1.269	0.94	1.063
城乡背景（城镇=0）		0.501	0.168	3.384***	0.734	1.363
受教育程度（初中及以下=0）	高中/中职/中专	0.386	0.131	2.735**	0.791	1.264
	大专及以上	1.281	0.331	6.062***	0.61	1.639
社区参与频率（偶尔参与=0）	经常参与	0.415	0.128	2.847**	0.902	1.109
	从不参与	-0.118	-0.026	-0.59	0.923	1.083
年龄		0.006	0.02	0.458	0.935	1.069
R		R^2	调整后R^2	F	DW	
0.317		0.101	0.088	7.903***	1.614	

注：*P<0.05，**P<0.01，***P<0.001。

（五）流动意愿对心理适应存在显著影响

心理适应既指个体自身的各种心理资源组成的自我系统与各种刺激因素组成的社会情境系统的交互作用过程，又指个体从自在状态进入社会情境系统并最终达成适应状态。通过"想念以前居住地方的熟人""怀念原来的生活""经常想要回到老家"三个问题来测量"老漂族"的心理适应，可供选择的答案为很不符合、不太符合、说不清、比较符合、非常符合，按5、4、3、2、1进行赋值，遗漏项按0赋值。个案的得分越高，说明心理适应越好。表3-14呈现的是"老漂族"的流动意愿与心理适应的独立样本T检验结果。数据表明，主动流动的"老漂族"心理适应的平均得分为6.8794，被动流动的"老漂族"心理适应的平均得分为8.0625，前者比后者低1.1831，统计检验显示二者之间存在明显差距。这说明主动流动的"老漂族"的心理适应水平明显要低于被动流动的"老漂族"。

表 3-14　"老漂族"的流动意愿与心理适应的
独立样本 T 检验结果（N = 503）

	主动流动	被动流动	均值差	T 值及显著性水平
心理适应	6.8794	8.0625	-1.1831	-3.693***

注：* $P<0.05$，** $P<0.01$，*** $P<0.001$。

为了进一步检验流动意愿与心理适应之间的关系，以心理适应为因变量，以流动意愿为自变量，引入性别、城乡背景、"漂龄"、归属感为控制变量，进行回归分析，分析结果如表 3-15。数据显示，即使控制了上述可能影响心理适应的变量，"老漂族"的流动意愿与心理适应之间依旧具有明显的相关性，或者说流动意愿上的差异会明显影响到心理适应：主动流动的"老漂族"的心理适应水平比被动流动的"老漂族"要低 0.181 个标准单位。主动流动的"老漂族"在心理适应上怎么还不如被动流动的"老漂族"呢？主动流动的"老漂族"在做出流动的决策和照顾帮扶子女及其家庭方面是更积极主动的，但是这并不意味着他们不怀念家乡的人和事，这种积极主动的背后更可能是出于照顾帮扶子女及其家庭的责任感，而不是与之身后的故土和生活毅然完成切割，相反，这种积极主动下面可能掩盖着对过往更深切的心理关联。对于被动流动的"老漂族"来说，既然对于流动他们并非积极主动，但还是流动到了子女所在地，这表明他们自身或者子女及其家庭需要他们流动，在这种情况下，虽然他们不可能切断与过往的生活与情景的关联，但这份怀念在心理的预期上可能会降低一些。

性别、"漂龄"、归属感也会影响到"老漂族"的心理适应。女性"老漂族"的心理适应逊色于男性"老漂族"。这可能与他们的经历有关：在进入老年、成为"老漂族"之前，男性的流动经历比女性可能更多更频繁，因而在成为"老漂族"之后，他们比女性更容易做到心理上的调整。"漂龄"越长，心理适应就越差。多数"老漂族"的流动是暂时的，并不会在子女所在地长久定居，也不会打算完全融入当地的生活，家乡故土才是他们的根基所在，因而在外漂泊的时间越长，对家乡故土的怀念就会越强烈。归属感对"老漂族"的心理适应有积极影响，归属感越强，心理适应就越好。

表3-15 "老漂族"的流动意愿与心理适应的回归分析结果（N=503）

变量	B	Be	T值及显著性水平	允差	VIF
（常数）	6.962		11.784***		
流动意愿（被动流动=0）	-1.316	-0.181	-4.139***	0.967	1.034
性别（男性=0）	-0.865	-0.163	-3.735***	0.975	1.026
城乡背景（城镇=0）	0.097	0.018	0.408	0.946	1.057
"漂龄"	-0.058	-0.075	-1.713*	0.964	1.037
归属感	0.66	0.157	3.549***	0.946	1.057
R	R^2	调整后R^2	F	DW	
0.282	0.079	0.070	8.574***	1.487	

注：* P<0.05，** P<0.01，*** P<0.001。

（六）流动意愿对总的社会适应存在显著影响

上述数据分析发现，除了在老年角色适应方面不存在显著差异外，主动流动的"老漂族"与被动流动的"老漂族"在环境适应、人际关系适应、家庭生活适应、心理适应四个维度都存在明显差异，前者在环境适应、人际关系适应、家庭生活适应三个维度明显好于后者，但后者在心理适应维度则明显优于前者。或者说除了老年角色适应外，"老漂族"的流动意愿的差异可以影响到他们的环境适应、人际关系适应、家庭生活适应、心理适应，只是对心理适应的影响的方向与对其他三个维度的影响方向是相反的。下面用数据来检验"老漂族"的流动意愿与总的社会适应的关系。首先对两类"老漂族"的总社会适应进行均值比较，分析结果见表3-16。

表3-16　　"老漂族"的流动意愿与总社会适应的
独立样本T检验结果（N=503）

	主动流动	被动流动	均值差	T值及显著性水平
总社会适应	42.2270	40.8375	1.3895	2.542*

注：* P<0.05，** P<0.01，*** P<0.001。

数据表明，主动流动的"老漂族"的总社会适应平均得分为42.2270，被动流动的"老漂族"的总社会适应的平均得分为40.8375，前者得分比后者高 1.3895，统计检验显示二者之间具有明显差距。总体上看，主动流动的"老漂族"的总社会适应要明显好于被动流动的"老漂族"。

为了进一步检验"老漂族"的流动意愿与其总的社会适应之间的关系，以总社会适应为因变量，以流动意愿为自变量，引入城乡背景、性别、年龄、受教育程度、流动半径、是否照料孙辈、社区参与频率、外界联系频率以及归属感等可能影响社会适应的变量作为控制变量，进行回归分析，分析结果如表 3 – 17。

表 3 – 17 "老漂族"的流动意愿与总社会适应的回归分析结果（N = 503）

变量		B	Be	T 值及显著性水平	允差	VIF
（常数）		35.869		14.28 ***		
流动意愿（被动流动 = 0）		0.870	0.071	1.724 *	0.908	1.102
城乡背景（农村 = 0）		-1.315	-0.145	-3.078 **	0.692	1.445
性别（女性 = 0）		-0.13	-0.014	-0.349	0.898	1.114
年龄		0.033	0.038	0.923	0.900	1.112
受教育程度（初中及以下 = 0）	高中/中职/中专	0.968	0.107	2.414 *	0.771	1.298
	大专及以上	3.275	0.276	5.393 ***	0.581	1.721
"漂龄"		0.122	0.093	2.244 *	0.881	1.135
流动半径（省际流动 = 0）	市内流动	0.817	0.073	1.482	0.634	1.576
	市际流动	0.967	0.107	2.300 *	0.700	1.429
是否照料孙辈（否 = 0）		-1.14	-0.127	-3.08 **	0.904	1.106
社区参与（偶尔参与 = 0）	经常参与	2.160	0.217	5.037 ***	0.819	1.220
	从不参与	-1.164	-0.084	-2.024 *	0.877	1.140
外界联系（偶尔 = 0）	几乎没有	0.630	0.060	1.354	0.766	1.306
	经常	1.294	0.138	2.974 **	0.713	1.402
归属感		0.843	0.118	2.707 **	0.796	1.256
R		R^2	调整后 R^2	F	DW	
0.507		0.257	0.234	11.236 ***	1.394	

注：* P < 0.05，** P < 0.01，*** P < 0.001。

数据表明，即便是引入了上述控制变量，流动意愿对总的社会适应的影响依然存在，这两类"老漂族"的总社会适应存在明显差异：主动流动的"老漂族"的总社会适应比被动流动的"老漂族"要高 0.071 个标准单位,而且统计检验显示这种差异是明显的。除了流动意愿之外,城乡背景、受教育程度、流动半径、是否照料孙辈、社区参与频率、外界联系频率、归属感等变量都会影响"老漂族"的总社会适应:来自农村的"老漂族"的总社会适应好于来自城市的"老漂族",跨市流动的"老漂族"的总社会适应好于跨省流动的"老漂族",需要照顾孙辈的"老漂族"的总社会适应不如不需要照顾孙辈的"老漂族",经常参与社区活动、经常与外界联系的"老漂族"的总社会适应好于偶尔参与社区活动、偶尔与外界联系的"老漂族",归属感强的"老漂族"的总社会适应好于归属感弱的"老漂族",受教育程度越高的"老漂族"的总社会适应好于受教育程度低的"老漂族"。但是,性别、年龄并不是解释"老漂族"的总社会适应差异的有效变量。

(七) 主动或被动流动的"老漂族"社会适应的影响因素差异

上述数据分析表明,除了老年角色适应维度外,无论是对总的社会适应还是对社会适应的其他三个维度,"老漂族"的流动意愿都有明显影响。社会适应是"老漂族"需要经历的重要体验和问题,而流动意愿的不同就意味着社会适应水平的不同。在社会适应问题上,流动意愿差异是"老漂族"群体的重要分类标准。那么,对于流动的主动性不同的两类"老漂族"来说,影响各自社会适应的因素有什么不同呢?分别以两类"老漂族"的社会适应为因变量,引入城乡背景、性别、年龄、受教育程度、"漂龄"、流动半径、是否照料孙辈、社区参与频率、外界联系频率、归属感为影响因素变量,进行回归分析,分析结果见表3-18。

表 3-18 两类"老漂族"的社会适应的回归分析结果 (N=503)

变量	模型Ⅰ (被动流动的"老漂族")			模型Ⅱ (主动流动的"老漂族")		
	B	Beta	T值及显著性水平	B	Beta	T值及显著性水平
(常数)	27.677		3.169***	37.356		15.149***
城乡背景(农村=0)	-2.127	-0.218	-1.648*	-1.147	-0.128	-2.48*
性别(女性=0)	0.045	0.005	0.041	-0.055	-0.006	-0.136

续表

变量		模型 I (被动流动的"老漂族")			模型 II (主动流动的"老漂族")		
		B	Beta	T值及显著性水平	B	Beta	T值及显著性水平
年龄		0.167	0.17	1.337	0.005	0.006	0.137
受教育程度 (初中及以下=0)	高中/中职/中专	1.844	0.201	1.531	0.842	0.094	1.917*
	大专及以上	6.494	0.378	2.88**	2.973	0.263	4.604***
"漂龄"		0.091	0.071	0.493	0.133	0.103	2.284*
流动半径 (省际流动=0)	市内流动	2.002	0.152	1.294	0.626	0.057	1.047
	市际流动	1.477	0.161	1.244	0.832	0.093	1.79*
是否照顾孙辈 (否=0)		-0.785	-0.086	-0.671	-1.141	-0.128	-2.848**
社区参与频率 (偶尔参与=0)	经常参与	-1.721	-0.148	-1.139	2.632	0.272	5.822***
	从不参与	-2.828	-0.177	-1.411	-0.975	-0.073	-1.612
外界联系频率 (偶尔=0)	几乎没有	1.711	0.169	1.311	0.614	0.059	1.218
	经常	2.581	0.270	1.828**	1.259	0.135	2.714**
归属感		0.02	0.002	0.02	0.919	0.131	2.758**
调整后 R^2		0.121	0.245				
F		1.779***	10.775***				
DW		1.592	1.370				

注：* $P<0.05$，** $P<0.01$，*** $P<0.001$。

模型 I 呈现的是被动流动的"老漂族"社会适应的影响因素情况。数据表明，仅有城乡背景、受教育程度、外界联系频率三个因素会影响到被动流动"老漂族"的社会适应水平：来自城市的"老漂族"的社会适应水平不如来自农村的"老漂族"；受教育程度高的"老漂族"的社会适应水平好于受教育程度低的"老漂族"；经常与外界联系的"老漂族"的社会适应好于不怎么与外界联系的"老漂族"。

模型 II 呈现的是主动流动的"老漂族"社会适应的影响因素情况。数据表明城乡背景、受教育程度、"漂龄"、流动半径、是否照料孙辈、社区参与频率、外界联系频率、归属感等因素都会影响到主动流动的"老漂族"的社会适应。城乡背景、受教育程度、外界联系频率对主动流动的

"老漂族"的影响,在性质与方向上,都和对被动流动的"老漂族"的影响是一致的。可见,城乡背景、受教育程度、外界联系频率可能是影响"老漂族"的普遍因素。而"漂龄"、流动半径、参加社区活动频率、归属感、是否照料孙辈等因素只对主动流动的"老漂族"的社会适应有影响:"漂龄"越长,社会适应越好;省内流动的"老漂族"的社会适应比省际流动的"老漂族"要好,尤其是市际流动的"老漂族"的社会适应水平比省际流动的"老漂族"明显要高;经常参加社区活动有利于提高"老漂族"的社会适应水平;归属感增强,社会适应会越好;值得注意的是,对于主动流动的"老漂族"来说,照顾孙辈对其社会适应有负面影响。

五 影响"老漂族"社会适应的因素

本章利用来自全国五个城市的"老漂族"的调查数据,描述了"老漂族"的流动意愿和社会适应情况,着重分析了"老漂族"的流动意愿对其社会适应的影响,得出了一些结论。

(一)"老漂族"的流动意愿和社会适应状况

1. 主动流动的"老漂族"占多数。有33.0%的"老漂族"是自己主动提出流动的,还有51.10%的"老漂族"是由子女提出而自己主动接受流动的,也就是说主动流动的"老漂族"占到84.10%。"老漂族"如此主动地选择流动,主要有两个方面的原因。其一是基于家庭资源的优化配置考虑,主动承担对子女及其家庭的伦理责任。利用自身年龄不大、身体还比较健康、已经退休等条件,前往照顾在外地成家立业的子女及其家庭。其二是基于自身需求的考虑,主动流动到子女所在地,寻求物质、照顾、精神关怀等方面的养老资源,提高老年生活质量。这两方面的原因都存在,也难以有明确的分界线,但是对于作为低龄老人的"老漂族"来说,第一个原因是主要的。

2. "老漂族"的社会适应表现一般,心理适应表现最差。从社会适应总体情况看,他们在社会适应量表上的平均得分为70.0099,刚刚达到中等程度的水平。从社会适应的具体维度看,均值得分比较高的是家庭生活适应、环境适应、人际关系适应、老年角色适应，得分分别达到了78.7541、78.1710、76.7594、76.3221，都达到了中等水平，但是都没有达到良好水平；得分最低的是心理适应，仅仅只有47.1173，远低于及格线。糟糕的心理适应明显拉低了社会适应的整体水平。就社会适应来说，外在的生活、环境、人际关系等方面相对要容易一些，内在的深层次的心理适应要更困难，这符合社会适应发生的逻辑次序。

（二）流动意愿对"老漂族"社会适应的影响

流动意愿对社会适应及其主要维度存在明显影响。"老漂族"的流动意愿会对环境适应、人际关系适应、家庭生活适应、心理适应等维度产生明显影响：主动流动的"老漂族"在环境适应、人际关系适应、家庭生活适应方面明显要好于被动流动的"老漂族"，但是在心理适应方面却明显逊色于被动流动的"老漂族"，而二者在老年角色适应方面却表现相当，没有明显差异。在总的社会适应方面，主动流动的"老漂族"也要明显好于被动流动的"老漂族"。主动流动的"老漂族"在社会适应及其主要维度上相对于被动流动的"老漂族"占有优势，这种结论基本符合常规的生活经验和逻辑，但是其心理适应明显不如被动流动的"老漂族"这一结论表面上看却不符合常理。

（三）影响"老漂族"社会适应的因素具有多元性和差异性

除了流动意愿，性别、年龄、"漂龄"、流动半径会影响"老漂族"的环境适应，女性、年龄低、"漂龄"长、流动半径小的"老漂族"的环境适应水平更高；性别、是否照料孙辈、社区参与频率、外界联系频率会影响"老漂族"的人际关系适应，女性、经常参与社区活动、经常与外界联系的"老漂族"的人际关系适应更好，而照料孙辈对"老漂族"人际关系适应的影响是负面的；性别、"漂龄"、社区参与频率会影响"老漂族"的家庭生活适应，女性、"漂龄"长、经常参与社区活动的"老漂族"的家庭生活适应更好；城乡背景、受教育程度和社区参与频率会影响"老漂族"的老年角色适应，来自农村、受教育程度高、经常参与社区活动的"老漂族"的老年角色适应越好；性别、"漂龄"、归属感会影响"老漂族"的心理适应，女性、"漂龄"短、归属感差的"老漂族"的心理适应更差；城乡背景、受教育程度、"漂龄"、是否照料孙辈、社区参与频率、归属感会影响"老漂族"的总的社会适应，来自农村、不照料孙辈、受教育程度高、经常参与社区活动、"漂龄"长的"老漂族"的整体社会适应更好。"老漂族"流动的主动性不同，影响其社会适应的因素也有较大差异：只有城乡背景、受教育程度、外界联系频率会影响被动流动的"老漂族"的整体社会适应水平，来自农村、受教育程度高、经常与外界联系的被动流动的"老漂族"的总体社会适应更好；除了这三个因素在相同的性质和方向上会影响到主动流动的"老漂族"的社会适应外，主动流动的"老漂族"的社会适应还会受到"漂龄"、流动半径、是否照料孙辈、社区参与频率等因素的影响："漂龄"越长、流动半径越小、经常参与社区活动、不需要照料孙辈的主动流动的"老漂族"的社会适应越好。

第四章

流动目的对"老漂族"社会认同的影响

一 流动目的与"老漂族"社会认同之间的关联性

认同问题在人类历史上由来已久。对认同的研究涉及众多学科，从心理学、社会学、社会心理学，到哲学、政治学、文学、民族学等，都有所涉及。社会认同作为认同的重要组成部分，一直是移民研究的重要内容。在国内，学术界较早地关注到进城务工人员的社会认同。王春光在2001年发表题为"新生代农村流动人口的社会认同与城乡融合的关系"的文章，认为社会认同是对自我特性的一致性认可、对周围社会的信任和归属、对有关权威和权力的遵从，并从身份认同、社区认同、乡土认同三个方面阐述新生代农村流动人口的社会认同[1]。这些农村进城务工人员对当地社会的认同较低，导致他们难以融入当地社会。社会舆论的"妖魔化"和社会认同的"内卷化"[2]、"双重边缘人"和"他者话语"[3]等因素导致农村进城务工人员与城市之间存在较大社会距离。虽然新生代农民工并非既有研究中的"问题群体"，不会动辄转向"问题民工"[4]，但是在混乱的社会认

---

[1] 王春光：《新生代农村流动人口的社会认同与城乡融合的关系》，《社会学研究》2001年第3期。

[2] 王春光：《农村流动人口的"半城市化"问题研究》，《社会学研究》2006年第5期。

[3] 唐斌：《"双重边缘人"：城市农民工自我认同的形成及社会影响》，《中南民族学院学报》(人文社会科学版) 2002年第S1期；周明宝：《城市滞留型青年农民工的文化适应与身份认同》，《社会》2004年第5期；吴玉军等：《城市化进程中农民工的城市认同困境》，《浙江社会科学》2007年第4期。

[4] 王春光：《农村流动人口的"半城市化"问题研究》，《社会学研究》2006年第5期。

同状态下农民工很容易通过畸形的炫耀性消费建构新的社会认同①。

随着对社会认同研究的不断深入，研究对象也在不断扩展。郁晓晖、张海波在研究失地农民时发现，失地农民呈现出身份角色的错位性认同、土地情结的鸡肋性认同、经济生活的剥夺性认同和制度环境的失衡性认同②。张文宏、雷开春在对城市新移民这一群体进行研究时发现，其社会认同呈现出一致性认同与差异性认同并存的关系结构③，总体的社会认同程度并不高④。白文飞、徐玲则发现流动儿童和其他流动人口一样，身份认同容易陷入一种进退两难的尴尬状态⑤。

上述研究具有以下几个特点，从研究对象来看，无论是农村进城务工人员、失地农民，还是城市新移民（白领），他们基本上属于劳动年龄人口，其流动主要以获得收入和职业发展为目的。从研究主题来看，上述研究较多地关注研究对象的社会认同状态。从研究方法来看，上述研究既有定性研究也有定量研究，比较详细地阐述了研究对象的社会认同状况。但是，已有研究并没有关注到老年流动人口，尤其没有涉及不以就业为流动目的的"老漂族"。近年来我国流动人口的增速有所放缓，但规模还在持续扩大，2019 年全国的流动人口达到 2.36 亿人⑥。值得注意的是，老年流动人口将进入快速增长时期，而且随着独生子女父母逐渐进入老龄阶段，可能会有越来越多的独生子女父母跟随子女流动，进一步推动老年流动人口的增长⑦。对于"老漂族"来说，流动不只是一个简单的决策，更是一个时间、情感投入的过程，他们的流动是非营利性的，劳动年龄流动人口获得收入和职业发展的目的并不列入他们的决策考虑范畴。

"老漂族"可能一直处于对流出地的依恋与在流入地被需求的张力之下。

---

① 金晓彤、崔宏静：《新生代农民工社会认同建构与炫耀性消费的悖反性思考》，《社会科学研究》2013 年第 4 期。

② 郁晓晖等：《失地农民的社会认同与社会建构》，《中国农村观察》2006 年第 1 期。

③ 张文宏等：《城市新移民社会认同的结构模型》，《社会学研究》2009 年第 4 期。

④ 雷开春：《城市新移民的社会认同研究》，博士学位论文，上海大学，2009 年，第 192 页。

⑤ 白文飞、徐玲：《流动儿童社会融合的身份认同问题研究——以北京市为例》，《中国社会科学院研究生院学报》2009 年第 2 期。

⑥ 国家统计局：《2019 年国民经济和社会发展统计公报》（2020 – 02 – 28），详见 http://www.stats.gov.cn/tjsj/zxfb/202002/t20200228_1728913.html.

⑦ 国家卫生和计划生育委员会流动人口司编：《中国流动人口发展报告 2015》，中国人口出版社 2015 年版，第 3—10 页。

流动之前,"老漂族"生活在原住地,他们在既有的生活空间中获得了业已成为习惯的价值观念和行为模式,参与的社会活动、扮演的社会角色、进行的社会交往、发挥的社会作用都是相对稳定的,因而他们的生活体验是安全的,生活节奏也是可以预期的。基于对子女及其家庭的伦理责任,或者自身获得更好更多元的养老资源,他们流动到物理空间尤其是社会空间都与原住地有较大差异的子女所在地,容易形成物理空间上的陌生感和社会空间上的被排斥感。对原住地的社会认同越好,对流入地就越难产生好的社会认同,进而就更难融入流入地的社会生活,内心的"漂泊"感就会越强。

与劳动年龄人口以获得收入、职业发展为主要流动目的所不同,"老漂族"的流动目的更加多元一些。有的"老漂族"是为了照顾子女或者帮助子女照顾孙辈而流动,有的"老漂族"流动到子女所在地是为了得到生活照料、精神慰藉等养老资源,还有"老漂族"是为了享受更好的晚年生活而流动。老人的个人和家庭情况千差万别,他们流动的具体动机和目的也各不相同。不同的流动目的背后是不同需求、不同特征,不同的流动目的也意味着不同的流动态度、不同的流动行为,进而形成不同的社会认同。不同的流动目的与社会认同之间的关系是研究"老漂族"的重要内容。基于此,本章拟探讨三个问题:一是描述"老漂族"的流动目的,探讨其多元性;二是描述"老漂族"的社会认同,剖析其差异性;三是分析"老漂族"的流动目的与社会认同之间的关系。

二 研究思路与设计

(一)分析思路

本章拟探讨上述三个问题,采用以下三个步骤展开分析。其一是通过百分比的形式描述"老漂族"的流动目的,展现"老漂族"在流动目的上的特征。其二是描述"老漂族"的社会认同水平,将"老漂族"的社会认同及其具体维度的量表得分换算为百分制,更加直观地呈现"老漂族"的社会认同状况。其三是探讨不同的流动目的对"老漂族"社会认同的影响。对投靠子女、支援子女、提高生活品质及其他等不同流动目的的"老漂族"的社会认同及其具体维度进行比较,初步明确不同流动目的的"老漂族"在社会认同及其具体维度上是否存在差异。以流动目的作为自变量，以社会认同的具体维度分别作为因变量，引入相关的控制变量，进行多元回归分析，以进一步明确流动目的对社会认同的具体维度是否还存在影响。以流动目的为自变量，以"老漂族"的总社会认同为因变量，引入相关控制变量，以明确流动目的对总的社会认同是否存在影响。分别以投靠子女、支援子女、提高生活品质及其他流动目的的"老漂族"的总社会认同为因变量，将可能影响社会认同的因素作为自变量，进行多元线性回归分析，分析四种不同流动目的的"老漂族"社会认同的影响因素是否存在差异，并明确主要受哪些因素的影响。

（二）变量说明

1. 因变量

本章的因变量是社会认同。在社会科学研究中，社会认同概念更加强调身份、利益、归属等特征的一致性。本章采用张文宏、雷开春在城市新移民研究中对社会认同的定义，即社会认同（social identification）指个体对其社会身份（social identity）的主观确认[①]，同时借鉴亨廷顿关于身份的分类理论，认为人们有多种身份，其来源可能无限多，但主要有以下几个方面：一是归属性的，如年龄、性别、血缘；二是文化性的，如民族、语言、宗教、文明；三是疆域性的，如村庄、城镇、省份、国别；四是政治性的，如派别、党派；五是经济性的，如职业、产业、阶级；六是社会性的，如俱乐部、同事、休闲团体等[②]。对于"老漂族"来说，自身所浸润着的原住地文化是一种运用起来游刃有余的"知识库存"，引导和约束着他们的衣食住行，具有很强的路径依赖性。"老漂族"流入子女所在地之后，虽然不是跨种族跨国度的迁徙，但外在环境和文化惯习还是会有较大变化，原有的"知识库存"和生活经验不能完全满足在流入地的日常生活需要。

"老漂族"的流动一般都是从一个家庭进入另一个家庭，在社会公共空间里并未引起明显的人口变动，因而不会像劳动年龄人口的流动那样容

---

① 张文宏等：《城市新移民社会认同的结构模型》，《社会学研究》2009 年第 4 期。
② ［美］塞缪尔·亨廷顿：《谁是美国人？美国国民特性面临的挑战》，程克雄译，新华出版社 2010 年版，第 21 页。

易受到社会的关注，但是与劳动年龄人口一样，他们也是有思想、有情感的人，甚至他们在情感和价值方面的需求和要求比劳动年龄人口还要强。"老漂族"属于哪里呢？对于原住地来说，那里留下了他们大半辈子的生活和经历，但是现在他们已经流动到子女所在的城市。而对于流入地来说，他们只是一些暂时在当地居住和生活的老年人。"老漂族"属于哪个群体呢？对于原住地来说，他们已经从原有的人际交往和关系网络中抽离出去，而且这种缺席会持续比较长的时间。对于流入地来说，因为人生经历和生活方式的差异，很明显他们是外地人。显然，"老漂族"在心理上处在一种欲拒还迎、欲退还进的境地，他们在流入地需要对自己的社会身份进行主观上的确认。本章将社会认同分为文化认同、地域认同、群体认同和地位认同四个维度。

（1）文化认同。文化认同指文化群体承认群内新文化或者群外异文化的价值效用，以符合传统文化的价值标准[①]。文化认同是比较难测量的概念，本研究用文化认同量表来测量"老漂族"对流入地的文化认同，包括对语言、习俗、节日等文化元素的认可程度。量表共计六个题项，分别是"您会讲当地的语言""您与当地人沟通非常顺畅""您完全了解认可当地的风俗习惯""日常生活中您完全按当地的风俗习惯办事""您和家人很喜欢过当地的节日""会向您的朋友推荐当地人过的节日"；可供选择的答案为很不符合、不太符合、一般、比较符合、非常符合五项，按5、4、3、2、1赋值，漏选项按0赋值；个案的量表的得分区间为0—30，个案的量表得分越高，说明对流入地的文化认同程度越高。

采用因子分析来检验文化认同量表的效度。表4-1是文化认同量表的因子分析结果，只列出了大于0.7负荷量的因素。数据显示量表的KMO值为0.788，Bartlett的球形度检验值为1049.428（自由度为15），显著度为0.000，说明变量间具有较多的共同因素，适合进行因子分析。采用主成分分析法，提取三个特征值大于1的因子，分别命名为语言掌握因子、节日采纳因子、价值接受因子，这三个因子与原来设计量表时所设想的维度框架相一致，这也说明量表具有较好的建构效度。这三个因子的特征值分别为1.721、1.642、1.456，解释变异量分别为28.683%、27.364%、

---

① 冯天瑜：《中华文化辞典》，武汉大学出版社2001年版，第20页。

24.272%，累计解释变异量为80.320%，说明因子的效果比较理想。采用克隆巴赫一致性系数（Cronbach's Alpha）来检验文化认同量表的信度。通常情况下Cronbach's Alpha系数达到0.6以上，就表明数据结果具有较好的一致性，本研究的文化认同量表Cronbach's Alpha为0.821，说明该量表的信度较高。

表4-1　"老漂族"的文化认同量表的因子分析结果（N=503）

	因子1 语言掌握	因子2 节日采纳	因子3 价值接受	共同性
会讲当地的语言	0.857			0.812
与当地人沟通非常顺畅	0.825			0.818
完全认可当地的风俗习惯			0.794	0.814
日常生活中完全按当地风俗习惯办事			0.759	0.799
和家人很喜欢过当地的节日		0.814		0.785
会向您的朋友推荐当地人过的节日		0.827		0.791
特征值	1.721	1.642	1.456	
解释变异量	28.683	27.364	24.272	
累计解释变异量	28.683	56.047	80.320	
Kaiser – Meyer – Olkin	0.788			
Bartlett的球形度检验值	1049.428			
df	15			
显著性	0.000			

（2）地域认同。地域认同是指地域身份认同[①]。"老漂族"的地域认同所讨论的是"老漂族"将来归属于哪里的问题，包括两个方面：一是流入地对"老漂族"的吸引力，二是"老漂族"在流入地的居留意向。"老漂族"流入子女所在地，完成了流动的"任务"之后，是返回原住地还是继续留在子女所在地，受到流入地的吸引力和在流入地的居留意愿的影响。对流入地吸引力采用两个问题测量："很喜欢子女所在的这座城市""在子女所在地有值得依赖、信赖的人"；在流入地的居留意愿采用"未来（5年及以上）很想继续在这座城市生活"这一提问来测量。以上三个问

---

① 雷开春：《城市新移民的社会认同研究》，博士学位论文，上海大学，2009，第63页。

题的答案选项分别为很不符合、不太符合、一般、比较符合、非常符合五项，分别按 5、4、3、2、1 赋值，漏填项按 0 赋值，个案得分区间为 0—15。个案的得分越高，说明对地域的认同度越高。

（3）群体认同。"老漂族"的群体认同所讨论的是他们认为自己是本地人还是外地人的问题。他们离开原住地，进入子女所在地，前者的吸引力和对后者的排斥感会同时存在，如果流动的时间比较长，他们甚至会获得一种"边际人"的身份，旧群体身份会减弱，新群体身份却难以获得，在群体归属上出现认同迷茫。对"老漂族"的群体认同用一个问题测量，即"就子女所在地来说，您觉得您是哪里的人？"，可供选择的答案包括本地人、外地人、既不是本地人也不是外地人、说不清四项。选择本地人说明"老漂族"的群体认同很高；选择外地人说明"老漂族"虽然融不进流入地的"他群体"，但还有流出地的"我群体"可以回去；选择既不是本地人也不是外地人，说明这些"老漂族"处于群体认同的"漂泊"状态：既疏远了"我群体"，又没有融入"他群体"；而选择说不清的"老漂族"更多地表明对群体身份认同的迷茫和无奈。对以上四项答案按 4、3、2、1 赋值，漏填项按 0 赋值，个案的得分越高说明群体认同越好。

（4）地位认同。地位认同是指"老漂族"在子女所在地对自身经济地位和社会地位的认同情况。"老漂族"在与当地人进行横向比较的过程中，认为自己的经济地位和社会地位越高，说明他们的地位认同感越好。通过两个问题来进行测量，分别是"您觉得您的经济地位在子女所在地属于哪个层次？"和"您觉得您的社会地位在子女所在地属于哪个层次？"，两个题项的可选答案分别为上等、中上等、中等、中下等、下等，分别按 5、4、3、2、1 赋值，漏填项按 0 赋值，个案的得分区间为 0—10。个案的得分越高，说明对自身的地位认同越好。

2. 自变量

本章的自变量是流动目的。目的是指所追求的目标以及想要最终达到的结果。"老漂族"的流动目的是指"老漂族"流动到子女所在地所要实现的主观目标。流动的目的不同，流动的决策、流动的行为、流动的过程都可能不同，而不同的决策、行为、过程可能会影响"老漂族"对流入地的认同。"老漂族"不是劳动年龄人口，他们的流动不以获得收入和发展事业为目的，但他们流动的动机和决策是理性的，这种理性不是基于自身对于养老资源的获得，就是利用自身的优势和条件实现家庭资源优化配置，或者是二者兼而有之。

在具体测量上，将"老漂族"的流动目的主要划分为四种：投靠子女、支援子女、提高生活品质、随孩返乡等。投靠子女主要指前往子女所在地以获得经济资助、生活照料、精神互动、天伦亲情等方面的养老资源，这是一种"父代投奔子代"的流动形式。支援子女主要指因为子女及其家庭的需要，前往子女所在地以给子女及其家庭提供照顾帮扶，这是一种"父代帮助子代"的流动形式。提高生活品质的"老漂族"通常身体较为健康、经济上较为宽裕，前往子女所在地主要不是寻求子女在物质和生活上的帮扶，而是为了寻求天伦亲情和子女所在地更好的养老资源，这是一种"父代追求更好生活"的流动形式。随孩返乡主要指在年轻时离开家乡去外地工作和生活，而子女长大以后又返回自己老家所在的地区工作和生活，自己也就跟随子女返回老家所在的地区生活，这种形式的"老漂族"虽然返回了老家，但返回的不是真正的狭义上的老家，而是老家所在的地区。由于随孩返乡的"老漂族"很少，其他类型的"老漂族"则可以忽略不计，因而在数据分析时将其合并成随孩返乡及其他这一类别。

3. 控制变量

为了分辨和检验"老漂族"的流动目的与社会认同之间的关系，需要引入控制变量。本章拟引入的控制变量主要有城乡背景、性别、年龄、受教育程度、流动半径、"漂龄"、有无独立房间、生活便利程度、社区参与频率。由于城乡二元结构的存在，城市和农村是两种差别很大的社会环境，从农村来的"老漂族"和从其他城市来的"老漂族"因为城乡背景的不同，对流入地的社会认同也可能有明显差异。男性与女性在生理机能上具有差别，到了老年阶段这种差别还可能会扩大，而且两性在家庭生活中的分工也是有差异的，这可能会影响到他们对流入地的社会认同。年龄大小、受教育程度不一样，价值观念的包容性、思想的开放性、评判事物和现象的标准会不一样，对流入地的社会认同也可能不一样。

流动半径越小，流出地与流入地之间的物理环境和文化环境的差异可能越小，对流入地的社会认同就可能越高。"漂龄"越长，既可能因为对子女所在地的感受和认识越深入,进而提高认同度,也可能因为离开原住地时间太长而积累太多对故土的思念,进而降低对流入地的认同。是否有独立的房间,意味着"老漂族"在流入地生活起居的独立性,可能影响到"老漂族"对流入地的归属感强弱。生活便利程度指"老漂族"在子女所在地的生活便捷程度,通过他们从住处步行到最近的菜市场、汽车站、公园和广场所需要花费的时间长短来测量,所花费的时间越长,说明生活上越不便利,对流入地的社会认同度可能越低。社区参与频率越高,说明已经在流入地建立起新的人际关系网络,找到了参入当地社会的渠道,其社会认同度可能越高。表4-2呈现的上述各个变量的基本情况。

表4-2 各变量的基本情况（N=503）

变量	变量取值/维度	百分比（%）
性别	男性	49.90
	女性	50.10
城乡背景	农村	57.10
	城镇	42.90
受教育程度	初中及以下	34.40
	高中/中职/中专	48.10
	专科及以上	17.50
流动半径	市内流动	20.10
	市际流动	49.30
	省际流动	30.60
是否有独立房间	是	88.60
	否	11.40
社区参与	经常参加	28.80
	偶尔参加	59.00
	从不参加	12.10
社会认同	（总体）	43.9742
	文化认同	22.7932
	地域认同	11.8847
	群体认同	3.0954
	地位认同	6.2008
"漂龄"	（年）	2.96

续表

变量	变量取值/维度	百分比（%）
年龄	（岁）	61.78
生活便利程度 （分钟）	（总体）	46.79
	最近菜市场	14.21
	最近汽车站	19.02
	最近广场或公园	13.56
流动目的 （百分比）	投靠子女	29.80
	支援子女	39.80
	提高生活品质	22.30
	随孩返乡及其他	8.20

三 "老漂族"流动目的与社会认同的基本情况

（一）对"老漂族"流动目的描述

"老漂族"的流动目的分为投靠子女、支援子女、提高生活品质和随孩返乡及其他四种，相关描述统计结果见表4-3。数据表明，支援子女的"老漂族"占39.80%，投靠子女的"老漂族"占29.80%，提高生活品质的"老漂族"占22.30%，而随孩返乡及其他的"老漂族"只占8.20%。

"老漂族"当中最多的是支援子女型的，占总量的差不多四成，这和人们对"老漂族"的直觉印象相一致。老人们之所以成为"老漂族"，最大的可能性就是趁自身年龄还不算太大、身体还算健康，又不需要工作，前往子女所在地给子女及其家庭以帮扶，以分担子女的家庭负担和照顾年幼的孙辈。正是因为这种直觉印象，有些人干脆把"老漂族"等同于支援子女型的"老漂族"。而实际上，并不是所有的"老漂族"都是支援子女型的。投靠子女的"老漂族"也占到接近三成，可见在子女流动到外地工作、自己退出劳动力市场、逐渐走向老年之际，越来越多的老年人流向子女所在地寻求养老资源。这说明在低生育率状态下，社会化养老还未发育好，子女依然是老人寻求养老资源的重要选择。还有超过五分之一的"老漂族"是以提高生活品质为目的的，现在的老年人在物质上有了较大改善，趁着年龄还不算老、身体机能还算健康，到子女所在地寻求生活质量的进一步改善。至于随孩返乡及其他不便归类的"老漂族"，只有不到一成。

表4-3　　　　　"老漂族"流动目的的基本情况　　　　　单位：%

	投靠子女	支援子女	提高生活品质	随孩返乡及其他
百分比	29.80	39.80	22.30	8.20
样本量（人）	150	200	112	41

（二）对"老漂族"社会认同的描述

社会认同是指个体对其社会身份的主观确认。将个案的社会认同量表得分转化为百分制，其中60分以下表示社会认同差，60—70分表示社会认同及格，70—80分表示社会认同中等，80—90分表示社会认同良好，90—100分表示社会认同很好。表4-4呈现的是"老漂族"的社会认同及其具体维度的得分情况。

表4-4　"老漂族"的社会认同及其具体维度的平均得分（N=503）

	文化认同	地域认同	群体认同	地位认同	总社会认同
平均数	75.9775 (22.7932)	79.2313 (11.8847)	61.9085 (3.0954)	62.0080 (6.2008)	73.2903 (43.9742)

注：括号内数值为未转换成百分制时"老漂族"的社会认同及其各维度的得分，括号外数值为转换成百分制后的得分。

从社会认同的具体维度看，有两个维度上的认同度比较高：认同度最高的是地域认同，平均得分为79.2313，接近良好的认同水平；其次是对流入地的文化认同，平均得分为75.9775，也达到了中等水平。但是也有两个维度上的认同度比较低：认同度最低的是群体认同，平均得分为61.9085；而对自身在流入地的地位认同也和群体认同差不多，平均得分只有62.0080。"老漂族"在前两个维度上的认同相对较高，但也处于一般水平。在子女所在地，虽然是城市，而且还可以和子女生活在一起，但既要面对陌生的生活场景、陌生的人际关系，还要经历着语言、习惯、生活方式等文化上的差异，老人们还是怀念业已习惯成自然的原住地。"老漂族"在后两个维度上的认同就更低，刚刚达到及格的水平。调查中有超过六成的"老漂族"认为自己是外地人或者既不是本地人也不是外地人，仅有三成的"老漂族"认为自己是本地人，有超过六成的"老漂族"表示自己经常能够意识到本地人与外地人的差别。

从总社会认同来看，"老漂族"的总社会认同上得分 73.2903，这说明他们的总体社会认同水平处于一般水平。他们在地域认同和文化认同表现相对较好，弥补了在群体认同和地位认同上的表现不足，使总体社会认同达到了一般水平。在地域和文化的认同上相对容易一些，毕竟不是跨种族、跨国度、跨文化的移民，顶多只是城乡差异而已。但是在群体认同和地位认同方面就更困难一些，其原因可能有两方面：一是"老漂族"的"漂龄"总体不长，短时间里难以在当地获得群体和地位认同；二是"老漂族"是跟随子女流动，而子女的流动一般是向上流动，因而"老漂族"的社会经济地位在流入地的同龄人面前整体上不占优势。

四 流动目的对"老漂族"社会认同的影响

（一）流动目的对文化认同存在明显影响

通过对当地语言的熟悉程度、风俗习惯的接受程度以及节日的采纳程度来测量"老漂族"对流入地的文化认同。表 4-5 呈现的是"老漂族"的流动目的与文化认同及其具体指标的一元方差分析结果。从总的文化认同来看，得分最高的是以提高生活品质为流动目的的"老漂族"，得分略低一点的是以投靠子女为流动目的的"老漂族"，以随孩返乡及其他为目的的"老漂族"的得分要再低一点，最为逊色的是以支援子女为流动目的的"老漂族"，统计检验显示这四种不同流动目的的"老漂族"在总的文化认同上存在显著差异。这种差异主要体现在，为支援子女而流动的"老漂族"的文化认同偏低，而为提高生活品质、投靠子女而流动的"老漂族"的文化认同偏高。

表4-5 流动目的与文化认同及其指标的一元方差分析结果

		投靠子女 (N=150)	支援子女 (N=200)	提高生活品质 (N=112)	随孩返乡及其他 (N=41)	总体均值 (N=503)	F值 sig	多重检验
文化认同		23.5067	21.97	23.5446	22.1463	22.7932	5.594***	1-2, 2-3
指标	语言掌握	7.5867	7.09	7.7946	7.0976	7.3956	4.587**	1-2, 2-3, 3-4
	价值接受	7.92	7.24	7.625	7.3171	7.5348	5.025**	1-2, 1-4, 3-4
	节日采纳	8	7.64	8.125	7.7317	7.8628	2.779*	1-2, 2-3

注：1. *P<0.05, **P<0.01, ***P<0.001; 2. 1-投靠子女，2-支援子女，3-提高生活品质，4-随孩返乡及其他。

从文化认同的三个具体指标来看，在语言掌握和节日采纳两个指标上的认同具有共性：为提高生活品质而流动的"老漂族"表现最好，为投靠子女而流动的"老漂族"的表现次之，而为支援子女而流动的"老漂族"表现最差；统计检验显示，为支援子女而流动的"老漂族"的文化认同度，不仅明显低于以提高生活品质为流动目的的"老漂族"，也要明显低于以投靠子女为流动目的的"老漂族"。"老漂族"在上述两项指标上的认同的不同之处在于：以提高生活品质为目的的"老漂族"在语言掌握上明显好于以随孩返乡及其他为流动目的的"老漂族"，但两类"老漂族"在节日采纳指标上并不存在这种认同差异。在价值接受指标上，表现最好的是以投靠子女为流动目的的"老漂族"，表现次之的是以提高生活品质为流动目的的"老漂族"，表现比较糟糕的是以支援子女和随孩返乡及其他为流动目的的"老漂族"；统计检验显示，以投靠子女为流动目的的"老漂族"的文化认同明显好于以支援子女和随孩返乡及其他为流动目的的"老漂族"，而以提高生活品质为流动目的的"老漂族"的文化认同也要明显好于以随孩返乡及其他为流动目的的"老漂族"。

总的来说，一元方差分析的结果表明，因提高生活品质而流动的"老漂族"的文化认同最好，以投靠子女为流动目的的"老漂族"次之，而以随孩返乡及其他为流动目的的"老漂族"表现较差，以支援子女为流动目的的"老漂族"最为逊色。为了进一步检验"老漂族"的流动目的对其文化认同的影响，将其文化认同作为因变量，以流动目的为自变量，引入城乡背景、性别、受教育程度、流动半径等变量作为控制变量，进行回归分析，分析结果见表4-6。

表4-6　　流动目的与文化认同的线性回归分析结果（N=503）

		B	Beta	T值及显著性水平	允差	VIF
（常数）		22.551		41.908***		
流动目的（支援子女=0）	投靠子女	1.425	0.154	3.438***	0.808	1.238
	提高生活品质	0.886	0.087	1.927*	0.794	1.259
	随孩返乡及其他	0.375	0.024	0.567	0.887	1.128
城乡背景（农村=0）		-1.688	-0.198	-4.24***	0.748	1.337
性别（女性=0）		1.043	0.123	3.01**	0.967	1.034
流动半径（市内流动=0）	省际流动	-2.67	-0.291	-5.376***	0.555	1.803
	市际流动	-1.203	-0.142	-2.624**	0.553	1.807
受教育程度（初中及以下=0）	高中中职中专	1.016	0.120	2.63**	0.779	1.284
	大专及以上	4.087	0.367	7.008***	0.592	1.690
R	R^2	调整后R^2	F	DW		
0.445	0.198	0.198	13.534***	1.724		

注：* P<0.05，** P<0.01，*** P<0.001。

数据表明，在引入可能影响文化认同的控制变量后，不同的流动目的对"老漂族"的社会认同的影响依然存在。以为支援子女而流动的"老漂族"为参照对象，为投靠子女而流动的"老漂族"的文化认同要高0.154个标准单位，为提高生活品质而流动的"老漂族"的社会认同要高0.087个标准单位，为随孩返乡及其他目的而流动的"老漂族"虽然在Beta系数上要高0.024个标准单位，但统计检验表明这种差异并不显著。这说明，以支援子女和随孩返乡及其他为流动目的的"老漂族"的文化认同是最差的，而以投靠子女和提高生活品质为流动目的的"老漂族"的文化认同则明显要好。为支援子女而流动的"老漂族"是付出型的，他们需要承担照顾和帮扶子女及其家庭的责任，既可能会因为这个责任而减少他们了解流入地文化的机会，也可能会因为这个责任而降低他们接受流入地文化的兴趣。为投靠子女、提高生活品质而流动的"老漂族"是获得型的，他们可以从子女及其家庭或者流入地获得自己、流出地所不具备的物质或精神方面的养老资源，因而了解和接受流入地文化的机会可能更多，意愿也可能更强。

表 4-6 中数据还表明,"老漂族"的城乡背景、性别、受教育程度、流动半径等变量也会影响到他们的文化认同。来自农村的"老漂族"的文化认同状况明显好于来自城市的"老漂族"。一般而言,城市与城市之间的同质性较强,农村与城市之间的异质性较强,因而来自农村的"老漂族"的文化认同应该不如来自城市的"老漂族",但实际的数据统计结果却与此相反。城市的经济社会发展水平更高一些,其文化对于来自农村的"老漂族"来说既具有新鲜感,又具有吸引力,因而认同度更高。而对于来自城市的"老漂族"来说,正是因为流出地与流入地之间的同质性较强,其文化对他们而言新鲜感和吸引力都不足,因而其认同度也要低一些。男性"老漂族"的文化认同要明显好于女性"老漂族"。文化主要是社会性的,而男性在流动经历、社会阅历上更丰富,更容易接受新的文化环境,相反,女性的流动经历总体上少一些,花在生活起居上的时间更多一些,因而接受新的文化环境的意愿和机会都更可能受到抑制。受教育程度越高,接受能力越强,思维可能更活跃和包容,文化认同越好。流动半径越小,流出地和流入地在社会文化上的差异更小,文化认同就越好。

(二)流动目的对地域认同存在明显影响

地域认同通过地域吸引力和居留意向两个指标来测量。地域吸引力是指"老漂族"在子女所在地是否有值得信赖的人和是否喜欢子女所在地。居留意向是指"老漂族"在未来几年内是否有意向在子女所在地定居。越喜欢子女所在地,越想要在子女所在地定居,就表明地域认同度越高。表 4-7 呈现的是"老漂族"的流动目的与地域认同及其具体指标的一元方差分析结果。从总的地域认同来看,得分最高的是为提高生活品质而流动的"老漂族",得分次之的是为投靠子女而流动的"老漂族",得分再次的是为支援子女而流动的"老漂族",而表现最糟糕的是因为随孩返乡及其他目的而流动的"老漂族";多重检验显示,以提高生活品质为目的的"老漂族"和以投靠子女为目的的"老漂族"在地域认同上没有明显差别,但是明显要好于以随孩返乡及其他为目的的"老漂族",以支援子女为目的的"老漂族"在地域认同上与以随孩返乡及其他为目的的"老漂族"没有明显差别,但明显不如以提高生活品质为目的的"老漂族"。

表4-7　流动目的与地域认同及其各指标的一元方差分析结果

		投靠子女 (N=150)	支援子女 (N=200)	提高生活品质 (N=112)	随孩返乡及其他 (N=41)	总体均值 (N=503)	F值 sig	多重检验
	地域认同	11.9867	11.6550	12.4018	11.2195	11.8847	5.267***	1-4, 2-3, 3-4
指标	地域吸引力	8.0000	7.7650	8.2232	7.4634	7.9125	3.7660*	1-4, 2-3, 2-4
	居留意向	3.9900	3.8900	4.1800	3.7600	3.9700	4.2800**	2-3, 3-4

注：1. *P<0.05，**P<0.01，***P<0.001；2. 1-投靠子女，2-支援子女，3-提高生活品质，4-随孩返乡。

从地域认同的两个指标来看，得分最高的都是以提高生活品质为流动目的的"老漂族"，得分次之的是以投靠子女为流动目的的"老漂族"，得分比较差的是以支援子女为流动目的的"老漂族"，而得分最糟糕的是以随孩返乡及其他为流动目的的"老漂族"。多重检验显示，以投靠子女和支援子女为流动目的的两类"老漂族"在地域吸引力指标上没有显著区别，但明显要高于以随孩返乡及其他为流动目的的"老漂族"，以支援子女为流动目的的"老漂族"在地域吸引力指标上要明显低于以提高生活品质为流动目的的"老漂族"；以提高生活品质为流动目的的"老漂族"在居留意向指标上要明显高于以支援子女和随孩返乡及其他为流动目的的"老漂族"。

为了进一步验证不同流动目的对"老漂族"地域认同的影响的真实性，以地域认同为因变量，以流动目的为自变量，引入城乡背景、性别、年龄、流动半径、"漂龄"以及有无独立房间作为控制变量，进行多元回归分析，分析结果见表4-8。

表4-8　流动目的与地域认同的回归分析结果（N=503）

		B	Beta	T值及显著性水平	允差	VIF
（常数）		12.293		10.876***		
流动目的 （支援子女=0）	投靠子女	0.335	0.078	1.602	0.788	1.269
	提高生活品质	0.732	0.154	3.210***	0.808	1.237
	随孩返乡及其他	-0.145	-0.020	-0.427	0.852	1.174
城乡背景（城镇=0）		0.239	0.060	1.355	0.949	1.054

续表

		B	Beta	T值及显著性水平	允差	VIF
性别（男性=0）		-0.265	-0.067	-1.508	0.942	1.062
流动半径 （省际流动=0）	市内流动	0.738	0.150	2.947**	0.725	1.380
	市际流动	0.606	0.154	3.069**	0.743	1.345
"漂龄"		0.057	0.100	2.193*	0.898	1.114
年龄		-0.020	-0.051	-1.117	0.887	1.128
有无独立房间（有=0）		-0.527	-0.085	-1.794*	0.834	1.199
R	R^2	调整后R^2	F	DW		
0.291	0.085	0.066	4.545***	1.686		

注：* $P<0.05$，** $P<0.01$，*** $P<0.001$。

数据显示，在引入了上述六个控制变量之后，"老漂族"的流动目的与地域认同之间的关联性依然存在。具体表现为：与为支援子女而流动的"老漂族"相比，为提高生活品质而流动的"老漂族"的地域认同要高0.732个标准单位；虽然为投靠子女而流动的"老漂族"的地域认同要高，为随孩返乡及其他目的而流动的"老漂族"的地域认同要低，但是统计检验显示这种差异并不显著。为提高生活品质而流动的"老漂族"的地域认同明显好于为支援子女而流动的"老漂族"。为提高生活品质而流动的"老漂族"本身具有特殊性，比如年龄较轻、经济条件较好、身体比较健康，他们流动到子女所在地，一个重要的目的就是子女所在地具有流出地所不具备的能够改善生活品质的资源，因而他们对流入地更认可也在情理之中。而对于为支援子女而流动的"老漂族"来说，花在照顾子女及其家庭上的时间与精力增加，了解流入地的时间与机会就会减少，而且流入地对于他们来说更可能是一个暂住地，等支援子女的任务结束就很可能返回流出地，因而认同流入地的意愿不会很强。

数据还显示，流动半径、"漂龄"、有无独立房间等变量也会影响到"老漂族"的地域认同。流动半径越小，其对地域的认同就越好。这与地域之间越近，同质性越强有关。流动的时间越长，其对地域的认同就越好。这与时间越长，在流入地的生活经验越丰富，对流入地越了解有关。拥有自己独立房间的"老漂族"的地域认同明显要好于没有自己独立房间的"老漂族"。拥有独立的房间，意味着生活起居更独立更自由更方便，这种满足感可能让他们"爱屋及乌",对流入地有了好感。

(三) 流动目的对群体认同存在明显影响

群体认同主要探讨"老漂族"将自己归属于哪一个群体的问题。通过直接询问"老漂族"归属于哪个群体来测量,答案选项有本地人、外地人、既不是本地人也不是外地人、说不清。答案为本地人的群体认同度最高,依次递减,答案为说不清的群体认同度最低。表4-9呈现的是"老漂族"的流动目的与群体认同的方差分析结果。数据表明,"老漂族"总的群体认同的平均得分为3.0954;在四种不同流动目的的"老漂族"中,以投靠子女、提高生活品质、支援子女为流动目的的"老漂族"的群体认同得分要高于总的群体认同的平均得分,得分分别为3.2000、3.1429、3.1350,而以随孩返乡及其他为流动目的的"老漂族"的群体认同得分为2.3902,要低于总的群体认同的平均得分;多重检验显示,以投靠子女、提高生活品质、支援子女为流动目的的"老漂族"的群体认同得分明显高于以随孩返乡及其他为流动目的的"老漂族"。

表4-9　　　　流动目的与群体认同的一元方差分析结果

	投靠子女	支援子女	提高生活品质	随孩返乡及其他	总体平均值	F值 sig	多重检验
群体认同	3.2000	3.1350	3.1429	2.3902	3.0954	11.714***	1-4,2-4,3-4
样本量	150	200	112	41	503		

注:1. *P<0.05,**P<0.01,***P<0.001;2. 1-投靠子女,2-支援子女,3-提高生活品质,4-随孩返乡及其他。

为了验证不同流动目的之间群体认同的差异的真实性,以群体认同作为因变量,以流动目的作为自变量,引入年龄、流动半径、"漂龄"、社区参与频率作为控制变量,进行多元回归分析,分析结果见表4-10。数据显示,在控制了年龄、流动半径、"漂龄"、社区参与频率等变量之后,流动目的对群体认同的影响依然存在。具体表现为:与以随孩返乡及其他为流动目的的"老漂族"相比,以投靠子女、支援子女、提高生活品质三种流动目的的"老漂族"的群体认同度明显要高,分别高0.380、0.376、0.284个标准单位。以随孩返乡及其他为流动目的的"老漂族"的群体认同为什么那么低呢？按常理来说，他们流入的是他们曾经生活过的老家，更可能接纳自己是本地人，而数据结果却和常理相反，难道真的是"剪不断的乡愁，回不去的故乡"吗？一是他们随孩子返回的不一定是他们真正的出生地，而只是出生地所在的大的地区。二是在外地工作生活几十年之后，昔日在生活的点滴中缔结而成的情感记忆让他们有了落叶归根的意念，但这种情感和意念在很可能已经物是人非甚至是物非人非的家乡面前，在要比较深入地介入亲朋旧友的日常生活当中，一厢情愿的可能性比较大，随时都可能提醒他们自己并不是真正的本地人，毕竟离开太久了。

表 4-10　　流动目的与群体认同的回归分析结果（N=503）

		B	Beta	T 值及显著性水平	允差	VIF
（常数）		3.815		8.915***		
流动目的 （随孩返乡及 其他=0）	投靠子女	0.687	0.380	5.279***	0.291	3.434
	提高生活品质	0.564	0.284	4.200***	0.330	3.029
	支援子女	0.634	0.376	5.040***	0.272	3.679
流动半径 （省际流动=0）	市内流动	0.845	0.410	9.051***	0.738	1.356
	市际流动	0.437	0.265	5.844***	0.737	1.357
"漂龄"		0.018	0.074	1.879*	0.964	1.038
年龄		-0.029	-0.184	-4.593***	0.941	1.063
社会参与 （偶尔参加=0）	经常参与	0.262	0.143	3.519***	0.910	1.099
	从不参与	-0.002	-0.001	-0.021	0.918	1.090
R		R^2	调整后 R^2	F	DW	
0.505		0.255	0.242	18.792***	1.702	

注：* P<0.05, ** P<0.01, *** P<0.001。

表 4-10 表明，年龄、流动半径、"漂龄"、社区参与频率等变量也会影响"老漂族"的群体认同。年龄越大，群体认同就越差，这与年龄大的人在人际关系、社会交往方面的路径依赖性更强有关；流动半径越小群体认同就越好，这是因为原住地与子女所在地之间的相似性越多；流动的时间越长，"老漂族"对子女所在地的认识也越深入，群体认同就越好；社区参与越多，能够建立起新的人际关系网络，群体认同越好。

(四) 流动目的对地位认同不存在明显影响

地位认同是指"老漂族"在子女所在地对自身经济地位和社会地位的主观确认。表4-11呈现的是"老漂族"的流动目的与地位认同及其具体指标的一元方差分析结果。从总体来看,"老漂族"总的地位认同的平均得分为6.2008;在四种不同的流动目的的"老漂族"中,地位认同得分最高的是为提高生活品质而流动的"老漂族",得分比总体平均得分高0.2992,也是唯一超过总体平均得分的一类"老漂族";其余三种流动目的"老漂族"在地域认同上的得分都低于总体平均得分,以支援子女、投靠子女、随孩返乡及其他为流动目的的"老漂族"分别得分为6.1800、6.0667、5.9756;多重检验表明,以投靠子女为流动目的的"老漂族"的地位认同明显不如以提高生活品质为流动目的的"老漂族"。可以说,为提高生活品质而流动的"老漂族"的地位认同最好,其他三种流动目的的"老漂族"的地位认同没有明显区别;而为投靠子女而流动的"老漂族"与为提高生活品质而流动的"老漂族"之间的差异尤为明显。

表4-11 流动目的与地位认同及其指标的一元方差分析结果

		投靠子女	支援子女	提高生活品质	随孩返乡及其他	总体平均值	F值 sig	多重检验
地位认同		6.0667	6.1800	6.5000	5.9756	6.2008	2.256***	1-3
指标	经济地位认同	2.9933	3.0050	3.2589	3.0000	3.0577	2.816***	1-3, 2-3
	社会地位认同	3.0733	3.1750	3.2411	2.9756	3.1431	1.053	

注:1. *P<0.05,**P<0.01,***P<0.001;2.1-投靠子女,2-支援子女,3-提高生活品质,4-随孩返乡及其他。

从地位认同的两个具体指标来看,四种不同的流动目的的"老漂族"在社会地位认同上大致相当,虽然在具体数值上有高有低,但统计检验显示这种差异并不具有显著性;而在经济地位认同指标上却有明显差异:"老漂族"在经济地位认同上的总体平均得分为3.0577;得分最高的是以提高生活品质为流动目的的"老漂族",其平均得分高于总体平均得分,而其他三种流动目的的"老漂族"的得分都低于总体平均得分;多重检验显示,不同流动目的的"老漂族"的经济地位认同差异,主要表现在以投靠子女、支援子女为流动目的的"老漂族"的经济地位认同水平明显低于以提高生活品质为流动目的的"老漂族"。

为了进一步检验流动目的对"老漂族"地位认同的影响的真实性,以地位认同为因变量,以流动目的为自变量,引入城乡背景、性别、受教育程度、生活便利度作为控制变量,进行回归分析,分析结果见表 4-12。由表中数据可知,在引入上述控制变量后,"老漂族"的流动目的与其地位认同之间的关联性不再存在:不管是以提高生活品质为流动目的的"老漂族"还是其他流动目的的"老漂族",他们的社会认同情况与以投靠子女为流动目的的"老漂族"之间都不存在显著差异。这说明流动目的的差异并不能解释地位认同的差异,影响地位认同的是其他因素。对于"老漂族"来说,不管是出于什么样的流动目的,他们都不是职业性的流动,不会涉及流入地经济社会生活的核心领域,主要的活动范围是家庭,和当地人的交往不会太深入,流动的时间也不长,因而自身在当地的经济社会地位可能并不是一个需要认真思考和面对的重要问题。

表 4-12 还表明,城乡背景、性别、受教育程度、生活便利度等变量会影响到"老漂族"的地位认同。具体表现为:来自农村的"老漂族"的地位认同要好于来自城市的"老漂族";男性"老漂族"的地位认同要好于女性"老漂族";受教育程度越高,地位认同就越好;生活便利程度低,地位认同就越低。这里的生活便利度用从居住的地方步行到最近的菜市场、汽车站、公园或广场所需要的时间来测量,步行所需要的时间越长就说明"老漂族"居住的地方越偏僻,生活越不便利,因而地位认同就更差一些。

表 4-12　流动目的与地位认同的回归分析结果（N=503）

		B	Beta	T 值及显著性水平	允差	VIF
（常数）		5.559		6.762***		
流动目的 （投靠子女=0）	支援子女	0.162	0.053	1.047	0.696	1.437
	提高生活品质	0.290	0.081	1.608	0.706	1.416
	随孩返乡及其他	-0.008	-0.001	-0.031	0.828	1.207
年龄		0.011	0.038	0.853	0.927	1.079
城乡背景（城镇=0）		0.559	0.186	3.793***	0.75	1.334
性别（男性=0）		-0.337	-0.113	-2.586***	0.938	1.066

续表

		B	Beta	T 值及显著性水平	允差	VIF
生活便利度		-0.005	-0.074	-1.719*	0.971	1.03
受教育程度 (高中/中职/ 中专=0)	初中及以下	-0.589	-0.188	-4.121***	0.866	1.155
	大专及以上	0.751	0.192	3.691***	0.667	1.5
R		R²	调整后 R²	F	DW	
0.334		0.112	0.095	6.884***	1.713	

注：* $P<0.05$，** $P<0.01$，*** $P<0.001$。

（五）流动目的对总社会认同存在明显影响

表 4-13 呈现的是"老漂族"的流动目的与总社会认同的一元方差分析结果。从总体上看，"老漂族"总的社会认同平均得分为 43.9742；在四种不同流动目的的"老漂族"中，因为提高生活品质而流动的"老漂族"总社会认同得分最高，超过总体均值 1.6151；得分在次的是为投靠子女而流动的"老漂族"，比总体均值高 0.7858，但比为提高生活品质而流动的"老漂族"低 0.8293；为支援子女而流动的"老漂族"的得分比为投靠子女而流动的"老漂族"低 1.8200；得分最低的是为随孩返乡及其他而流动的"老漂族"，比总体均值低 2.2425；统计检验显示，不同流动目的的"老漂族"的总社会认同具有明显的差异性，具体表现在：以投靠子女为流动目的的"老漂族"在社会认同上明显要高于以支援子女、随孩返乡及其他为目的的"老漂族"；以提高生活品质为流动目的的"老漂族"在社会认同上明显要高于以支援子女、随孩返乡及其他为目的的"老漂族"。可以说，以提高生活品质、投靠子女为流动目的的"老漂族"在社会认同上要明显强于以支援子女、随孩返乡及其他为流动目的的"老漂族"。

为了进一步弄清楚"老漂族"的流动目的与总社会认同之间的关系，以总社会认同为因变量，以流动目的为自变量，引入城乡背景、性别、年龄、受教育程度、流动半径、"漂龄"、社区参与频率、生活便利度、有无独立房间等作为控制变量，进行回归分析，分析结果见表 4-14。数据表明，在引入了上述控制变量之后，流动目的对总社会认同的影响依然存在。与以支援子女流动目的的"老漂族"相比，以投靠子女、提高生活品质为流动目的的"老漂族"的社会认同分别要高 0.117 个、0.092 个标准单位,具有明显的差异性;而以随孩返乡及其他为流动目的的"老漂族"则没有明显优势。就社会认同而言,以投靠子女、提高生活品质为流动目的的两类"老漂族"是具有优势的。前者向子女寻求养老资源,而后者向子女尤其是流入地寻求更好的生活资源,被子女和流入地接纳的可能性更大,主动性可能更强,自身条件可能更好。

表4-13 流动目的与地位认同及其指标的一元方差分析结果

	投靠子女	支援子女	提高生活品质	随孩返乡及其他	总体均值	F值 sig	多重检验
总社会认同	44.7600	42.9400	45.5893	41.7317	43.9742	6.189 ***	1-2, 1-4, 2-3, 3-4
样本量	150	200	112	41	503		

注:1. $^* P<0.05$,$^{**} P<0.01$,$^{***} P<0.001$;2. 1-投靠子女,2-支援子女,3-提高生活品质,4-随孩返乡及其他。

表4-14还表明,城乡背景、性别、受教育程度、流动半径、"漂龄"、社区参与频率等变量也会影响到"老漂族"的总社会认同。具体表现为:来自农村的"老漂族"的总社会认同明显要好于来自城市的"老漂族";男性"老漂族"的总社会认同明显要好于女性"老漂族";年龄对"老漂族"的总社会认同有负面影响,年龄越大,总社会认同就越差;受教育程度对"老漂族"的总社会认同有积极影响,受教育程度越高,总社会认同就越好;流动半径对"老漂族"的总社会认同有明显影响,流动半径越小,总社会认同就越好;参加社区活动越频繁,总社会认同就越好。

表4-14 流动目的与总社会认同的回归分析结果(N=503)

		B	Beta	T值及显著性水平	允差	VIF
(常数)		49.853		14.093 ***		
流动目的(支援子女=0)	投靠子女	1.703	0.117	2.797 **	0.786	1.272
	提高生活品质	1.477	0.092	2.188 *	0.778	1.286
	随孩返乡及其他	0.128	0.005	0.128	0.842	1.188

续表

		B	Beta	T值及显著性水平	允差	VIF
城乡背景（城镇=0）		2.346	0.174	3.945***	0.706	1.416
性别（男性=0）		-1.587	-0.119	-3.075**	0.917	1.090
年龄		-0.130	-0.100	-2.485*	0.845	1.184
受教育程度（高中/中职/中专=0）	初中及以下	-1.477	-0.105	-2.602**	0.844	1.185
	大专及以上	5.019	0.287	6.208***	0.646	1.548
流动半径（省际流动=0）	市内流动	4.072	0.245	5.489***	0.695	1.438
	市际流动	2.199	0.165	3.750***	0.711	1.407
"漂龄"		0.207	0.108	2.735**	0.889	1.125
社会参与频率（经常参与=0）	偶尔参与	-2.755	-0.204	-4.746***	0.750	1.333
	从不参与	-6.232	-0.304	-7.091***	0.751	1.332
生活便利度		0.007	0.025	0.642	0.945	1.058
有无独立房间（有=0）		-0.837	-0.040	-0.967	0.808	1.238
R		R^2	调整后R^2	F	DW	
0.575		0.330	0.310	15.948***	1.749	

注：* $P<0.05$，** $P<0.01$，*** $P<0.001$。

（六）不同流动目的"老漂族"总社会认同的影响因素

上述数据分析发现，在总社会认同方面，以支援子女为流动目的的"老漂族"要明显逊色于以投靠子女、提高生活品质为流动目的的"老漂族"；在文化认同方面，以支援子女为流动目的的"老漂族"明显不如以投靠子女、提高生活品质为流动目的的"老漂族"；在地域认同方面，以支援子女为流动目的的"老漂族"明显逊色于以提高生活品质为流动目的的"老漂族"；在群体认同方面，以随孩返乡及其他为流动目的的"老漂族"明显不如以投靠子女、支援子女、提高生活品质为流动目的的"老漂族"。很明显，流动目的的差异性会引起社会认同的变化。影响不同流动目的的"老漂族"的社会认同的因素是否也存在差异呢？分别以四种不同的流动目的"老漂族"的总社会认同作为因变量，引入城乡背景、性别、受教育程度、流动半径、"漂龄"、社区参与频率、生活便利度、有无独立房间等变量作为在影响因素变量，进行回归分析，分析结果见表4-15。

表 4 – 15 不同流动目的"老漂族"总社会认同的回归分析结果

		模型Ⅰ 投靠子女 (N=150)		模型Ⅱ 支援子女 (N=200)		模型Ⅲ 提高生活品质 (N=112)		模型Ⅳ 随孩返乡及其他 (N=41)	
		Beta	T值及显著性水平	Beta	T值及显著性水平	Beta	T值及显著性水平	Beta	T值及显著性水平
城乡背景（城镇=0）		0.116	2.303 *	0.099	1.546	0.454	4.222 ***	0.031	0.160
性别（男性=0）		-0.191	-4.391 ***	-0.215	-3.715 ***	0.093	0.945	-0.212	-1.272
年龄		-0.141	-3.168 **	-0.128	-2.179 *	0.002	0.018	0.072	0.409
受教育程度（高中/中职/中专=0）	初中及以下	-0.168	-3.658 ***	-0.102	-1.680 *	0.002	0.022	-0.075	-0.431
	大专及以上	0.199	3.850 ***	0.223	3.303 ***	0.635	5.643 ***	-0.067	-0.354
流动半径（省际流动=0）	市内流动	0.247	4.846 ***	0.290	4.321 ***	0.168	1.563	0.362	2.011 *
	市际流动	0.192	3.778 ***	0.256	3.928 ***	0.008	0.072	-0.074	-0.386
"漂龄"		0.083	1.859 *	0.047	0.797	0.012	0.131	0.736	3.193 **
社区参与（经常参与=0）	偶尔参与	-0.215	-4.340 ***	-0.297	-4.590 ***	-0.164	-1.678 *	0.038	0.221
	从不参与	-0.369	-7.338 ***	-0.329	-4.974 ***	-0.06	-0.618	-0.172	-0.945
生活便利度		0.020	0.455	0.025	0.418	0.188	2.135 *	0.211	1.084
有无独立房间（有=0）		-0.046	-1.02	-0.067	-1.132	-0.081	-0.835	0.232	1.176
R		0.622		0.651		0.59		0.653	
R^2		0.387		0.423		0.348		0.426	
调整后 R^2		0.365		0.386		0.268		0.171	
F		17.741 ***		11.445 ***		4.360 ***		1.669 *	
Durbin – Watson		1.747		1.798		1.833		1.87	

注：* P<0.05，** P<0.01，*** P<0.001。

模型Ⅰ呈现的是为投靠子女而流动的"老漂族"的总社会认同的多元回归分析结果。数据表明，城乡背景、性别、受教育程度、流动半径、"漂龄"、社区参与频率等变量都对该类型"老漂族"总的社会认同有影响，具体表现为：对于为投靠子女而流动的"老漂族"来说，来自农村的"老漂族"的总体社会认同要好于来自城市的"老漂族"，前者更认可流入地的生活；女性的总社会认同要逊色于男性，女性的认同速度更慢，更容易怀念原住地；受教育程度越高、年龄越小，总社会认同就越好；流动半径越小、"漂龄"越长，总社会认同越好；社区参与越频繁，总社会认同就越好。

模型Ⅱ呈现的是为支援子女而流动的"老漂族"总社会认同的多元回归分析结果。数据表明，性别、年龄、受教育程度、流动半径、社区参与频率等变量对该类型"老漂族"总的社会认同有影响，具体表现为：对于为支援子女而流动的"老漂族"来说，女性、年龄越大的"老漂族"的总社会认同不如男性、年龄小的"老漂族"；受教育程度越高，其总社会认同会越好；流动半径越小，其总社会认同会越好；社区参与越频繁，其总社会认同就越好。

模型Ⅲ呈现的是为提高生活品质而流动的"老漂族"总社会认同的多元回归分析结果。数据分析表明，城乡背景、受教育程度、社区参与频率、生活便利度等变量会对该类型"老漂族"总的社会认同产生影响，具体表现为：对于为提高生活品质而流动的"老漂族"来说，来自农村的"老漂族"的总社会认同要好于来自城市的"老漂族"；受教育程度越高，总社会认同会越好；社区参与越频繁，总社会认同就越好；值得注意的是，生活越不便利，社会认同度反而越高。

模型Ⅳ呈现的是为随孩返乡及其他而流动的"老漂族"总社会认同的多元回归分析结果。数据结果表明，只有流动半径和"漂龄"两个变量对该类型的"老漂族"的总社会认同产生影响，具体来说：对于为随孩返乡及其他而流动的"老漂族"来说，市内流动的总社会认同比省际流动要好；流动时间越长，总社会认同越好。

总体来看，受教育程度、流动半径、社区参与频率三个变量对"老漂族"社会认同的影响范围比较广。受教育程度对以投靠子女、支援子女、提高生活品质为流动目的的三类"老漂族"的社会认同都有正向的影响。社区参与频率对以投靠子女、支援子女、提高生活品质为流动目的的三类"老漂族"的社会认同也都有正向的影响。流动半径对以投靠子女、支援子女、随孩返乡及其他为流动目的的三类"老漂族"的社会认同具有反向的影响。而对"老漂族"的社会适应的影响范围相对小一点的是性别、城乡背景、"漂龄"三个变量。在为投靠子女、支援子女而流动的这两类"老漂族"中，女性的社会适应都不如男性。在为投靠子女、提高生活品质而流动的这两类"老漂族"中，来自农村的"老漂族"的总体社会认同要好于来自城市的"老漂族"。在为投靠子女、随孩返乡及其他而流动的这两类"老漂族"中，"漂龄"越长，总社会认同越好。

五 影响"老漂族"社会认同的因素

本章运用调查数据，描述"老漂族"的流动目的和社会认同情况，着重分析了"老漂族"流动目的对其社会认同的影响，得出以下结论。

(一)"老漂族"的流动目的与社会认同情况

1. 子女是"老漂族"流动的方向。"老漂族"流动的目的可以分为四类：支援子女、投靠子女、提高生活品质、随孩返乡及其他。支援子女的"老漂族"占39.80%，投靠子女的"老漂族"占29.80%，提高生活品质的"老漂族"占22.30%，而随孩返乡及其他的"老漂族"只占8.20%。"老漂族"当中最多的是支援子女型的，占差不多四成；投靠子女的"老漂族"也占到接近三成；还有超过五分之一的"老漂族"是以提高生活品质为目的的，至于随孩返乡及其他不便归类的"老漂族"，只有不到一成。这种"父代帮助子代"的流动目的体现了我国家庭的代际关系特征。我国家庭具有比较明显的"利他-合作"特征，对于父母来说尤其如此，在某种程度上，父母对子女承担着绝对的伦理责任。反过来，子女也是父母养老资源的主要提供者。尽管机构养老、居家养老、社区托老等养老方式早已出现，但家庭养老依然是绝对主流。在老人还能够生活自理的情况下，一般不会选择社会性的养老方式。

"老漂族"的流动目的的分布，至少说明三点。其一，"老漂族"不全是流动到城市照顾子女及其家庭的。真正以支援子女为目的的"老漂族"不到四成，而老人们流动的目的却是多元的。其二，改善老年生活质量是"老漂族"流动的重要目的。直接以改善生活质量为目的的"老漂族"超过了五分之一，而且投靠子女养老的"老漂族"严格意义上说也属于此类。其三，"老漂族"的流动与家庭息息相关。所有的"老漂族"都是以子女所在地为流入地，自己迁入子女家庭。即使是随孩返乡型"老漂族"，那也是老家和子女新家所在地重叠了才有的结果，其实质还是迁往子女所在地。

2. "老漂族"对流入地的社会认同一般。从社会认同的具体维度看，有两个维度上的认同度比较高：认同度最高的是地域认同，平均得分为79.2313，接近良好的认同水平；其次是对流入地的文化认同，平均得分为75.9775，也达到了中等水平。但是也有两个维度上的认同度比较低：认同度最低的是群体认同，平均得分为61.9085；而对自身在流入地的地位认同也和群体认同差不多，平均得分只有62.0080。"老漂族"在前两个维度上的认同相对较高，但也处于一般水平，在后两个维度上的认同就更低，刚刚达到及格的水平。从总社会认同来看，"老漂族"的总社会认同上得分73.2903，这说明他们的总体社会认同处于一般水平。他们在地域认同和文化认同表现相对较好，弥补了在群体认同和地位认同上的表现不足，使总体社会认同达到了一般水平。

（二）流动目的对"老漂族"社会认同的影响

1. 流动目的对"老漂族"社会认同的具体维度存在明显影响。具体表现为：在文化认同维度，以提高生活品质为流动目的的"老漂族"的文化认同最好，以投靠子女为流动目的的"老漂族"次之，而以随孩返乡及其他为流动目的的"老漂族"表现较差，以支援子女为流动目的的"老漂族"最为逊色；在地域认同维度，为提高生活品质而流动的"老漂族"的地域认同明显好于为支援子女而流动的"老漂族"：以提高生活品质为目的的"老漂族"和以投靠子女为目的的"老漂族"在地域认同上没有明显差别，但是明显要好于以随孩返乡及其他为目的的"老漂族"，以支援子女为目的的"老漂族"在地域认同上与以随孩返乡及其他为目的的"老漂族"没有明显差别，但明显不如以提高生活品质为目的的"老漂族"。在群体认同维度，以投靠子女、提高生活品质、支援子女为流动目的的三类"老漂族"的群体认同水平明显高于以随孩返乡及其他为流动目的的"老漂族"。值得注意的是，在地位认同维度，不同流动目的的"老漂族"之间不存在显著差异，或者说流动目的差异并不能解释地位认同的差异，影响地位认同的是其他因素。

2. 流动目的对"老漂族"的总社会认同存在明显影响。具体表现为：

以投靠子女为流动目的的"老漂族"在社会认同上明显要高于以支援子女、随孩返乡及其他为目的的"老漂族";以提高生活品质为流动目的的"老漂族"在社会认同上明显要高于以支援子女、随孩返乡及其他为目的的"老漂族"。可以说,以提高生活品质、投靠子女为流动目的的"老漂族"在社会认同上要明显强于以支援子女、随孩返乡及其他为流动目的的"老漂族",而以支援子女和随孩返乡及其他为流动目的的两类"老漂族"之间在总的社会认同上不存在明显差异。

(三)影响"老漂族"社会认同的因素具有多元性和差异性

除了流动目的外,不管是社会认同的具体维度,还是总体社会认同,不管是总样本的社会认同,还是不同流动目的样本的社会认同,其影响因素都是多元的,也是有差异的。在社会认同的具体维度上,"老漂族"的城乡背景、性别、受教育程度、流动半径等变量会影响到他们的文化认同:来自农村的"老漂族"的文化认同状况明显好于来自城市的"老漂族";男性"老漂族"的文化认同要明显好于女性"老漂族";受教育程度越高,文化认同越好;流动半径越小,文化认同就越好。流动半径、"漂龄"、有无独立房间等变量会影响到"老漂族"的地域认同:流动半径越小,对地域的认同就越好;流动的时间越长,对地域的认同就越好;拥有自己独立房间的"老漂族"的地域认同明显要好于没有自己独立房间的"老漂族"。年龄、流动半径、"漂龄"、社区参与频率等变量会影响"老漂族"的群体认同:年龄越大,群体认同就越差;流动半径越小,原住地与子女所在地之间的相似性越多,群体认同就越好;流动的时间越长,对子女所在地的认识越深入,群体认同就越好;社区参与越多,能够建立起人际关系网络,群体认同就越好。城乡背景、性别、受教育程度、生活便利度等变量会影响到"老漂族"的地位认同:来自农村的"老漂族"的地位认同要好于来自城市的"老漂族";男性"老漂族"的地位认同要好于女性"老漂族";受教育程度越高,地位认同就越好;生活便利程度低,地位认同就越低。

在总的社会认同上,城乡背景、性别、受教育程度、流动半径、"漂龄"、社区参与频率等变量会影响到"老漂族"的总社会认同:来自农村的"老漂族"的总社会认同明显要好于来自城市的"老漂族";男性"老漂族"的总社会认同明显要好于女性"老漂族";年龄对"老漂族"的总社会认同有负面影响,年龄越大,总社会认同就越差;受教育程度对"老漂族"的总社会认同有积极影响,受教育程度越高,总社会认同就越好;流动半径对"老漂族"的总社会认同有明显影响,流动半径越小,总社会认同就越好;参加社区活动越频繁,总社会认同就越好。

对为投靠子女而流动的"老漂族"来说,城乡背景、性别、受教育程度、流动半径、"漂龄"、社区参与频率等变量会影响到他们的总社会认同:来自农村的"老漂族"的总体社会认同要好于来自城市的"老漂族",前者更认可流入地的生活;女性的总社会认同要逊色于男性,女性的认同速度更慢,更容易怀念原住地;受教育程度越高、年龄越小,总社会认同就越好;流动半径越小、"漂龄"越长,总社会认同越好;社区参与越频繁,总社会认同就越好。对为支援子女而流动的"老漂族"来说,性别、年龄、受教育程度、流动半径、社区参与频率等变量对他们的总社会认同有影响:女性、年龄越大的"老漂族"的总社会认同不如男性、年龄小的"老漂族";受教育程度越高,其总社会认同会越好;流动半径越小,其总社会认同会越好;社区参与越频繁,其总社会认同就越好。对为提高生活品质而流动的"老漂族"而言,城乡背景、受教育程度、社区参与频率、生活便利度等变量对他们的总社会认同有影响:来自农村的"老漂族"的总社会认同要好于来自城市的"老漂族";受教育程度越高,总社会认同会越好;社区参与越频繁,总社会认同就越好;值得注意的是,生活越不便利,社会认同度反而越高。对为随孩返乡及其他而流动的"老漂族"来说,市内流动的总社会认同比省际流动要好;流动时间越长,总社会认同越好。

值得注意的是,本章的研究发现为支援子女而流动的"老漂族"的社会认同水平比较糟糕:无论是在总体社会认同上,还是在地域认同、文化认同等具体维度上,这类"老漂族"的社会认同水平明显低于其他三类流动目的的"老漂族"。为支援子女而流动的"老漂族"有超过一半来自农村,他们在语言沟通方面没有优势,讲不好普通话,更不会流入地的方言,和流入地的其他人在语言交流上存在一定程度上的障碍,而且因为各自的生活背景和经历不一样,在流入地也缺少有共同语言的人,这不利于他们了解流入地及其文化。而且这类"老漂族"往往是带着"任务"来到子女所在地的，目的是照顾子女及其家庭，等一段时间过后，孙辈上学了长大了或者子女不需要他们照顾了，往往又会返回流出地。面对这种阶段性的任务性的流动，"老漂族"会以一种"过客"的心理去对待流入地及其文化，没有足够的需要和兴趣去了解，更愿意将已有的地域认同和文化认同放在心里。

另外，因为随孩返乡而流动的"老漂族"的社会认同也是比较糟糕的。虽然这类"老漂族"只是占少数，甚至一般的研究者都没有将其纳入"老漂族"的范围，但是这类"老漂族"是有其特殊性的。对于流入地来说，这类"老漂族"曾经是本地人，目前又却是外地人，在本地人和外地人之间隔着几十年在外的工作和生活的经历。这种经历既让他们在情感上对流入地有"天然"的亲近感，也会让他们有更多的可能性参与到流入地的涉及利益、利害的关系之中。对于"天然"的故乡情感，他们是本地人，而涉及利益和利害关系，他们又会被视为外地人。如果自身处理不好这种关系，对自己的角色定位不清晰，这种特殊的经历是会影响到他们在流入地的社会认同的。

第五章

"老漂族"的生活满意度及其影响因素

一 生活满意度是老年人口研究的重要议题

根据联合国制定的人口老龄化的标准,一个国家或地区60岁及以上人口达到10%或者65岁及以上人口达到7%,就表明这个国家或地区进入了人口老龄化阶段。数据显示,中国从2000年就进入了人口老龄化阶段,2018年,我国60岁及以上人口的规模为2.49亿人,占总人口比重的17.9%,2019年我国60岁及以上人口的规模为25388万人,占总人口的18.1%,65周岁及以上人口的规模为17603万人,占总人口的12.6%,预计到2030年65岁及以上人口占总人口的比重可能超过20%,中国将进入重度老龄化社会①。随着中国的城镇化、现代化的不断推进,家庭也在发生变化,家庭的规模变小,家庭结构日渐核心化,长时间实行的计划生育政策尤其是独生子女政策所导致的"少子化",使家庭的养老功能弱化。我们一方面面临老龄化社会、庞大的老年人口,另一方面面对"少子化"现象,家庭的养老资源明显减少,养老已成为家庭、社会、国家所面临的一个重大挑战。如何提高老年人的生活满意度,实现老有所养、老有所医、老有所为、老有所学、老有所教、老有所乐,成为我们国家的重大现实问题。

生活满意度一直是老年人口研究的一个重要议题。对生活满意度的研

---

① 《中国发展报告2020:中国人口老龄化的发展趋势和政策》(2020-08-18)详见 https://tech.sina.com.cn/roll/2020-06-19/doc-iirczymk7921071.shtml.

究最早可以追溯到20世纪50年代的美国,我国则是从1980年之后开始研究。生活满意度指的是人们的心理预期与现实之间相比较的结果。风笑天曾经指出生活质量是社会成员满足生存和发展需要的各方面情况特征的综合反映,包括客观的生活条件和主观的生活满意度两个方面的内容[1],由此可见生活满意度是生活质量的重要内容。对幸福感的研究也涉及生活满意度。一般来说,主观幸福感包括积极情感、消极情感和生活满意感,生活满意感独立于消极情绪和积极情绪之外[2],反映的是老年人对幸福感的认知程度[3]。所以,生活满意度既是反映主观幸福感的指标[4],也是衡量生活质量的重要指标[5]。随着人们生活水平的提高和预期寿命的延长,老年期并不是生命周期中可有可无的剩余阶段,而是人生中可以呈现出绚丽色彩的重要组成部分。但是进入老年阶段的人们,难免会出现一些变化甚至是变故,比如可能会经历空巢、退休、丧偶、独居、流动、疾病、机能退化等,这些变化甚至变故会影响到老年人的生活满意度。

关于老年人生活满意度的影响因素的研究已经比较多。概括来看,大多数研究是从三个方面展开的:一是个人因素,二是家庭因素,三是社会因素。有研究发现,一般的人口学特征会影响老年人的生活满意度,比如户籍、性别、年龄、受教育程度、健康水平、婚姻状况等。袁小波指出年龄的增长对老年人生活满意度的影响,既有积极的一面,又有消极的一面,不能一概而论[6]。李建新等人的研究发现,对于老年人来说,年龄对生活满意度的正向作用超过了负向作用[7],随着年龄的增大,老年人的生活满意度也在逐步提高,文化水平较高的老年人对生活满意度评价更高[8]。

---

[1] 风笑天、易松国:《武汉市居民生活质量分析》,《浙江学刊》1997年第3期。
[2] 吴明霞:《30年来西方关于主观幸福感的理论发展》,《心理学动态》2000年第4期。
[3] Diener, Ed. Traits can be powerful, but are not enough: lessons from subjective well-being [J]. *Journal of Research in Personality*, 1996, 30 (3): pp.389 – 399.
[4] Diener, Assessing Subjective Well-Being: Progress and Opportunities [J]. *Social Indicators Research*, 1994, 31 (2): pp.103 – 157.
[5] Shin D.C., Johnson D.M., Avowed happiness as an overall assessment of the quality of life [J]. *Social Indicators Research*, 1978, 5 (1): pp.475 – 492.
[6] 袁小波:《2000—2005年高龄老人生活满意度的变化分析》,《西北人口》2008年第4期。
[7] 骆为祥、李建新:《老年人生活满意度年龄差异研究》,《人口研究》2011年第6期。
[8] 李建新、李嘉羽:《城市空巢老人生活质量研究》,《人口学刊》2012年第3期。

还有研究者发现，生活满意度与健康有着密切的关联[1]，健康状况保持稳定的老年人生活满意度比较高，健康状况变好的老年人生活满意度更高，而健康状况变差的老年人生活满意度会变得更差[2]，因此老年人可以通过锻炼身体来提高生活满意度[3]。也有研究显示有配偶的老年人的整体生活满意度更高，没有配偶的老年人由于缺乏来自家庭成员的情感交流，亲情感下降，孤独感上升，导致其生活满意度会有所下降；此外该研究还显示，就生活满意度而言，女性优于男性，农村优于城市，有配偶的优于无配偶的，高龄的优于低龄的；视力问题、失能、疼痛、摔倒会降低老年人整体生活满意度[4]。另外，老年人自身的经济状况会影响他们的生活满意度，而这种影响受制于老人本身的经济条件，对于经济条件较好的老年人，经济状况对其生活满意度的边际影响更小[5]。

影响老年人生活满意度的家庭因素和社会因素主要有代际关系、居住安排、社会支持等。同钰莹的研究发现亲情感对老年人的生活满意度极为重要，而老年人的孤独感很大程度上是可以通过亲情关怀来化解的[6]。与子女的关系好、不感到孤独的老年人对生活的满意度更高[7]。儿子是情感支持和生活照料的主要提供者，影响超过女儿，对父母生活满意度的影响显著[8]，

---

[1] Paul Andrew Bourne, Chloe Morris, et al. Re-testing theories on the correlations of health status, life satisfaction and happiness [J]. *North American Journal of Medical Sciences*, 2010, 2 (7): pp. 311-319.

[2] 李建新、骆为祥：《社会、个体比较中的老年人口生活满意度研究》，《中国人口科学》2007年第4期。

[3] Raul de Sousa, Nogueira Antunes, Nuno R. Pedro. Couto, et al., Physical activity and satisfaction with the life of the elderly: contribution to the validation of satisfaction with life scale (swls) in the portuguese population [J]. *Revista Iberoamericana De Psicologia Del Ejercicio Y El Deporte*, 2019, (14): pp. 24-27.

[4] 刘吉：《我国老年人生活满意度及其影响因素研究——基于2011年"中国健康与养老追踪调查"（CHARLS）全国基线数据的分析》，《老龄科学研究》2015年第1期。

[5] 张文娟、纪竞垚：《经济状况对中国城乡老年人生活满意度影响的纵向研究》，《人口与发展》2018年第5期。

[6] 同钰莹：《亲情感对老年人生活满意度的影响》，《人口学刊》2000年第4期。

[7] 章蓉、李放：《江苏省城乡老年人生活满意度及其影响因素分析》，《人口与社会》2019年第1期。

[8] 张文娟、李树茁：《子女的代际支持行为对农村老年人生活满意度的影响研究》，《人口研究》2005年第5期。

多与子女保持联系可以提高老年人的生活满意度[①]。能够获得更多的家庭支持及社区支持的老人，对生活满意度的评价会更高[②]。也有研究者发现亲代对子代的支持与老年人生活满意度有显著的相关性，而子代对亲代的支持与老年人的生活满意度之间不存在显著相关，老年人经济上的独立性反而会提高其生活满意度[③]。另外，社会支持也会对老年人的生活满意度产生重要影响。正式的社会支持中，仅有城镇职工养老保险能够提升老年人的生活满意度，而参加新农保和新医保将会显著提升家庭代际经济支持水平，从而间接促进老年人的身体健康和生活满意度[④]。居住安排是否与老年人的居住偏好相一致，是影响老年人生活满意度的重要因素，而居住安排本身并无显著影响，相对于未实现居住偏好，实现居住偏好会显著提高老年人对生活满意的概率[⑤]。参与公益活动能显著提高退休老人的生活满意度，而且与女性老人相比，男性老人参与公益活动更有可能提高其生活满意度[⑥]。

　　上述针对老年人生活满意度的研究，国外的研究在时间上早于国内的研究，也更为成熟一些，国内的研究者则从多个角度分析影响老年人生活满意度的因素，较好地呈现出老年人生活满意度的图景。已有相关研究具有以下两个特点：其一，从研究方法上看，对老年人生活满意度的研究都是采用定量的研究方法，数据质量和研究结论比较可靠；其二，从数据来源上看，所利用的数据来源有三种：极少数是研究者个人的调查数据，比如老年人的生活福利状况调查；一部分采用各个大学和地方政府组织的区

[①] Hye Won Chai, Hey Jung Jun. Relationship between ties with adult children and life satisfaction among the middle–aged, the young–old, and the oldest–old Korean adults [J]. *International journal of aging and Human development*, 2017, 85 (4): pp. 354–376.

[②] 李建新、李嘉羽：《城市空巢老人生活质量研究》，《人口学刊》2012 年第 3 期。

[③] 瞿小敏：《代际交换与城市老年人的生活满意度》，《重庆大学学报》（社会科学版）2015 年第 5 期。

[④] 郑志丹、郑研辉：《社会支持对老年人身体健康和生活满意度的影响——基于代际经济支持内生性视角的再检验》，《人口与经济》2017 年第 4 期；Xiuxia Yin, Lucille Aba Abruquah, et al. Dynamics of life satisfaction among rural elderly in China: The role of health insurance policies and intergenerational relationships [J]. *Sustainability*, 2019, 11 (3): pp. 3–5.

[⑤] 胡晓君、续竞秦：《居住偏好实现对农村老年人生活满意度的影响》，《南方人口》2017 年第 6 期。

[⑥] 曹杨、王记文：《公益活动参与对退休老人生活满意度的影响——基于北京市西城区的调研》，《人口与发展》2015 年第 4 期。

域性调查数据，比如上海市老年人口状况与意愿调查、北京市西城区老年人基本情况和服务需求调查、江苏省城乡老年人的主观生活满意度调查等；而绝大部分研究者采用的是全国性的调查数据，比如中国老年人健康长寿影响因素调查（CLHLS）、中国健康与养老追踪调查（CHARLS）等。已有相关研究也存在两个不足：其一，多数研究都是利用二手数据展开分析，而这些二手数据本身并没有为研究生活满意度而进行针对性的调查设计，因而在变量设置和变量测量方面只能将就，比如对生活满意度这个概念进行测量，多数都是用"您对您的生活感到满意吗"这样的简单、笼统、主观的方式进行测量，这对于生活满意度这样一个复杂、多元、抽象的概念来说显然是不够的，测量的准确性让人生疑；其二，已有研究的对象往往是整个老年人群体，而老年人群体的内部又是充满异质性的，如果不根据研究的目的对老年人进行分类研究，可能难以准确地把握老年人的生活满意度。

老年流动人口尤其是"老漂族"的生活满意度应该得到重点关注。数据显示，2015年流动老人占全部流动人口的7.2%，其中有31.3%的老人为照顾孙辈而流动，11.7%的老人为照顾子女而流动，25.4%的老人为养老而流动，22.5%的老人为务工经商而流动[①]。这些跟随子女而流动的"老漂族"，从农村进入城市，或者从一个城市进入另一个城市，他们在外在环境、生活经历和内心体验方面都会面临着重大变化，都可能影响到他们的生活满意度。生活满意度作为衡量生活质量和主观幸福感的重要指标，既可能受到个人特征和家庭特征的影响，也可能受到"老漂族"独特的流动特征和社会空间变动的影响。对"老漂族"的生活满意度开展研究，既与"老漂族"在子女所在地实现老有所乐、老有所养有关，也与营造尊老、爱老、助老的社会风气有关。本章拟以"老漂族"为研究对象，对其生活满意度展开研究，着重回答两个问题：一是"老漂族"的生活满意度状况如何；二是"老漂族"的生活满意度受哪些因素的影响。

---

① 国家卫生和计划生育委员会流动人口司：《中国流动人口发展报告2016版》，中国人口出版社2016年版，第170页。

二 研究思路与设计

(一) 分析思路

为了回答本章提出的两个问题,需要分为两个步骤展开研究。其一是描述"老漂族"的生活满意度现状。将"老漂族"在生活满意度及其具体维度量表上的得分转换为百分制,以更直观地描述、比较他们在生活满意度及其具体维度上的水平。其二是分析影响"老漂族"生活满意度的各项因素。分别以生活满意度及其具体维度作为因变量,引入人口学特征、流动特征、心理特征和生活空间等类型的变量作为自变量,进行多元线性回归分析,探讨上述变量与生活满意度及其具体维度之间的关联性。

(二) 变量说明

1. 因变量

本章的因变量是"老漂族"的生活满意度。生活满意度是一个常见的且得到广泛使用的概念,在人口学、社会学、心理学等学科研究中经常提及,是研究生活质量、主观幸福感等问题的重要指标。老年人的生活满意度是指老年人对自身的物质生活、精神文化生活以及自我发展等方面所产生的一种认知、自我体验方面的情绪状态;根据情绪的性质,老年人的生活满意度可以分为满意与不满意两种,在满意与不满意方面又可以进一步分为很满意、基本满意和不太满意、很不满意;满意度的性质与高低受到众多主观与客观因素的制约,其主观因素指人的价值观和生活态度、个性和人格特质,客观因素主要指物质生活、子女成人成才水平、人际关系性质等[①]。在本章中"老漂族"的生活满意度指的是"老漂族"在子女所在地的生活体验、满意程度与综合评价。根据现有的研究,采用李克特量表的形式从家庭满意度、居住满意度、交通满意度、社区满意度四个方面来测量、分析和讨论"老漂族"的生活满意度。

(1) 在家庭满意度方面,"老漂族"从自己的家庭流动到处于异地的

---

① 李旭初、刘兴策:《新编老年学词典》,武汉大学出版社 2009 年版,第 110 页。

子女家庭，首先面临家庭角色的转变。从子女家庭的角度看，"老漂族"由家庭的"决策者"转变为家庭的"执行者"，不管他们是以什么目的流动到子女家庭，他们都难以成为这种临时主干家庭的主要角色，而且他们与子女尤其是子女配偶的相处中并不会像原生家庭那样自然，亲代的权威逐渐衰落。从"老漂族"自己的家庭来看，如果夫妻双方没有一起流动，那么他们对于留守的一方会挂念和担心；如果夫妻双方一起流动，那么双方的责任分工、相互支持就变得至关重要。"老漂族"是已经退出劳动力市场的老年人，他们流动的事实和体验基本上都发生在家庭层面，家庭满意度是其生活满意度的重要维度。通过"与子女之间的相互理解程度""与配偶之间的相互照料""与配偶共同承担家务劳动""在家庭中的发言权"四个问题来测量。在调查的过程中，如果"老漂族"没有与配偶一起流动或者没有配偶，遇到有关配偶的题项可以不作答。答案选项分别为很不满意、不太满意、一般、比较满意、非常满意五项，分别按1、2、3、4、5赋值，量表得分区间为0—20。个案的量表得分越高，就说明其家庭满意度越高，反之则说明其家庭满意度越低。

（2）在居住满意度方面，"老漂族"从农村进入城市，或者从一个城市进入另一个城市，居住的场所和环境会发生改变。尤其是对于乡—城流动的"老漂族"来说，面临的变化更大，从属于熟人、半熟人社会的农村进入属于陌生人社会的城市，从宽松舒适、低矮安全、出入方便的农村住房换到紧凑、隔离、高大、昂贵的城市住宅，从使用起来游刃有余的各类起居设施换到并无丰富使用经验的各类现代起居设施，他们要有一个熟悉和适应的过程。可以说，居住方面的满意度是测量"老漂族"生活满意度的一个重要指标。通过"您居住的房子的类型（如普通住宅、高档住宅等）""您居住的房子物质生活设备（如洗衣机、冰箱等）""您居住的房子的拥挤程度""您拥有的精神生活设备（如电视、电脑、书籍等）"等问题进行测量，答案选项分别为很不满意、不太满意、一般、比较满意、非常满意五项，分别按1、2、3、4、5赋值，漏填项赋值为0，量表的得分区间为0—20。个案的量表得分越高，就说明他的居住满意度越高，反之则说明他的居住满意程度越低。

（3）在交通满意度方面，由于地域的变化，"老漂族"对子女所在地的交通状况不熟悉，对于交通工具类型、交通便利性、交通拥挤程度等方面的满意度成为"老漂族"生活满意度的重要内容。通过"当地交通工具拥挤程度""当地的交通秩序""当地交通工具的便捷性"等问题进行测量,答案选项分别为很不满意、不太满意、一般、比较满意、非常满意五项,分别按1、2、3、4、5进行赋值,漏填项按0处理,量表的得分区间为0—15。个案的量表得分越高,说明他的交通满意度越高,反之则说明他的交通满意度越低。

(4)在社区满意度方面,"老漂族"从原有的熟悉的人际关网络中抽离出来,在流入地邻里之间不再熟悉,社区的环境也发生了变化,这些会影响"老漂族"的社区满意度。通过"您的邻里关系""您居住社区的人身财产安全"两个问题对社区满意度进行测量。答案选项分别为很不满意、不太满意、一般、比较满意、非常满意五项,分别按1、2、3、4、5进行赋值,漏填项按0处理,量表的得分区间为0—10。个案在量表上的得分越高,就说明他的社区满意度越高,反之则说明他的社区满意度越低。

利用Alpha系数对生活满意度量表的信度进行检验。在检验的过程中发现,题项"您居住的社区的外部环境(如噪音、烟尘、水污染、卫生)"与总量表的相关系数太低,所以删除此项。首先检验生活满意度的四个具体维度,即家庭满意度、居住满意度、交通满意度和社区满意度的信度,得出的Alpha系数分别为0.751、0.769、0.634、0.648。其次对生活满意度的总量表进行信度检验,得到的Alpha系数为0.867。上述两次检验得到的系数表明总量表及其具体维度具有较高的内部一致性,测量具有较好的信度。

利用因子分析检验生活满意度量表的测量效度。设计生活满意度量表过程中参考了已有相关研究的内容和做法,并征求社会学、心理学等领域的专家意见。对生活满意度量表进行因子分析,KMO值为0.881,Bartlett的球形度检验值为1312.222,显著度为0.000,说明题项之间具有的较多的共同因素,适合进行因子分析。用主成分分析法提取四个特征值大于1的因子,如表5-1,由于题项较多只列出负荷量大于0.5的因素。提取的四个因子分别为家庭满意度因子、居住满意度因子、交通满意度因子、社区满意度因子,这些因子与原来量表设计时所设想的维度相一致,也说明量表具有较好的建构效度。这四个因子的特征值分别为2.378、2.280、

1.970、1.529，累计解释变异量为 62.750%，说明因子的效果较为理想。

表 5-1　"老漂族"的生活满意度量表的因子分析结果

	因素1 家庭 满意度	因素2 居住 满意度	因素3 交通 满意度	因素4 社区 满意度	共同性
与子女之间的相互理解程度	0.770				0.684
与配偶之间的相互照料	0.679				0.584
与配偶共同承担家务劳动	0.676				0.625
在家庭中的发言权	0.560				0.458
您居住的房子的类型（如普通住宅、高档住宅等）		0.799			0.689
您居住的房子物质生活设备（如洗衣机、冰箱等）		0.723			0.672
您居住的房子的拥挤程度		0.638			0.611
您拥有的精神生活设备（如电视、电脑、书籍等）		0.556			0.49
当地交通工具拥挤程度			0.803		0.72
当地的交通秩序			0.742		0.631
当地交通工具的便捷性			0.622		0.579
您的邻里关系				0.813	0.768
您居住社区的人身财产安全				0.683	0.647
特征值	2.378	2.28	1.97	1.529	
解释变异量	18.295	17.538	15.156	11.761	
累计解释变异量	18.295	35.833	50.989	62.750	

KMO：0.881；Bartlett 球形度检验：1312.222；df：78；显著性：0.000。

2. 自变量

本章需要探讨的自变量是指可能会引起"老漂族"生活满意度及其具体维度变化的一些因素。这些因素比较多，本章将其归为四类：一是人口学特征，二是流动特征，三是心理特征，四是生活空间。这些特征或变量都与"老漂族"密切相关。

(1) 人口学特征。现有的关于老年人口生活满意度的研究显示，人口学特征对生活满意度有明显的影响。为了研究"老漂族"的生活满意度，本章设置的人口学特征变量有六个，分别是城乡背景、性别、年龄、受教育程度、婚姻状况、身体健康状况。

按照城乡背景变量，"老漂族"包括来自农村的"老漂族"和来自城市的"老漂族"，前者指在流动之前，其户口的性质为农业户口，流动的方向为乡—城流动；后者指在流动之前，其户口的性质为非农业户口，流动的方向为城—城流动。在我国比较严重的城乡二元结构的背景下，乡—城流动"老漂族"和城—城流动"老漂族"之间可能存在较大差异，这种差异主要来源于农村社会和城市社会之间在地域环境、生产方式、职业活动、生活方式以及以此为基础的价值观念和文化心理的不同。而流动之后，他们都生活在城市，之前的背景性差异可能给他们的生活满意度带来不同的影响。通过"您流动之前是农村户口还是城镇户口？"这一问题来测量"老漂族"的城乡背景。

从性别来看，男性与女性之间无论从生理还是从心理上都存在较大的差别。虽然推行性别平等的基本国策已经二十几年，但是性别不平等现象还是存在，而且性别身份、性别角色有时候并不能用是否平等来衡量，只是性别之间多样性的体现。男性"老漂族"在流动之前投入职业活动、社会性活动的时间、经历多一些，女性"老漂族"在流动之前投入家庭活动、日常生活性活动的时间、经历多一些。这种社会分工甚至是性别气质的差异可能影响他们成为"老漂族"后的生活满意度。

年龄包含三个维度：一是个体的生命时间或生命跨度，用于描述和解释从出生到死亡的与年龄相关的生理、心理和行为的变化；二是生命历程（比如上学、婚姻、退休）的社会时间表，详细说明主要生活事件发生的恰当时间；三是社会变迁过程中的历史时间①。不同年龄的"老漂族"由于所处的阶段不同，生理机能、心理状态、价值取向都可能不一样，这些都可能影响他们的生活满意度。从婚姻状况来看，在婚的"老漂族"的生活状况和心理状况一般情况下要好于没有配偶的"老漂族"，不同的婚姻状况也可能影响到他们的生活满意度。把"老漂族"的婚姻状况分为三

---

① 骆为祥、李建新：《老年人生活满意度年龄差异研究》，《人口研究》2011年第6期。

种：一是在婚，即有配偶，包含第一次婚姻、再婚、复婚、同居等；二是离异；三是丧偶，离异和丧偶的"老漂族"视为无配偶。

从受教育程度来看，不同学历的"老漂族"在价值观念、接受能力、调节能力甚至生活条件都可能不一样，其生活满意度也可能有差异。将"老漂族"的受教育程度分为初中及以下、高中/中职/中专、大专及以上三个层次。就身体健康状况来说，以往的研究显示身体健康状况越差，老年人的生活满意感越低。用工具性日常生活能力量表（Instrumental Activity of Daily Scale）来测量"老漂族"的身体健康状况，该量表共有八个条目，分别是做饭、做重活、乘坐交通工具、做家务、打电话、外出购物、管理自己的财物、就诊用药，答案选项分为完全不需要协助、有些需要协助、需要协助、完全需要协助四项。根据数据分析的需要，将量表条目的答案选项归为完全不需要协助、部分需要协助、完全需要协助三项，分别按1、2、3赋值，个案的量表得分越高，就说明其身体健康状况越差。

（2）流动特征。"老漂族"与一般的老年人口不同，流动过程表现出来的特征可能会影响到他们的生活满意度。这些流动特征主要指流动目的、流动半径、流动意愿、"漂龄"等。从流动半径看，根据"老漂族"跨越的行政区划的大小，可以分为省内流动和省际流动，在省内流动中又可以根据是否跨市流动划分为市内流动和市际流动。从流动目的看，主要有为投靠子女而流动、为支援子女而流动、为提高生活品质而流动、为随孩返乡及其他而流动四种。流动的目的不同，流动的决策、流动的感受、面对流动的心态都可能不同，因而其生活满意度也可能不同。

流动意愿是指流动的主动性程度。一些"老漂族"的流动，表面上是积极主动的，但未必都是心甘情愿，积极主动的背后可能是基于对子女、孙辈的伦理责任和血脉亲情，而不是个人的轻松和惬意。根据流动的主动性程度不同，将"老漂族"的流动分为主动流动和被动流动两种类型，主动流动包括"老漂族"自己提出流动和子女提出但自身主动接受两种情形，被动流动包括配偶提出流动、子女提出流动但自身被动接受、其他人提出流动三种情形。相对于被动流动的"老漂族"，主动流动的"老漂族"可能更加积极地面对流动的过程和在流入地的生活，因而可能会有更好的生活满意度。"漂龄"指流动时间的长短，流动时间越长，对流入地的生活越习惯，生活满意度可能越高。

（3）心理特征。心理特征是指在流动过程中内心深处的体验及表征。心理特征包含心理适应和地域融入两个方面。心理适应是"老漂族"在子女所在地生活的心理层次的适应，心理适应越好，其生活满意度可能更高。主要通过"想念以前居住地方的熟人""怀念原来的生活""想要回老家"三个问题进行测量，选项的答案为完全不符合、不怎么符合、说不清、有点符合、完全符合五项。在数据处理时将完全不符合、不怎么符合合并为不符合，有点符合、完全符合合并为符合，对合并后的不符合、说不清、符合三个选项分别按3、2、1赋值，个案的量表得分越高，说明其心理适应越好。

地域融入是指"老漂族"在子女所在地的群体生活和社会关系融入情况。包含社会距离和归属感两个维度。对社会距离的测量包含三个题项，分别是"您愿意和当地人聊天、成为亲密朋友吗？""您愿意和当地人成为邻居一起参与社区管理吗？""您愿意您的亲人和当地人通婚或结成亲戚吗？"，答案选项分别是不愿意、愿意，对两个选项分别按1、2赋值，个案得分越高意味着与当地人的社会距离越小，越亲近，融入越好。归属感是指"老漂族"愿意将自己纳入当地人的程度。采用"您经常意识到本地人与外地人的不同吗？""您认为自己是本地人还是外地人？"两个问题进行测量。第一个问题的答案选项为很不符合、不太符合、说不清、比较符合、很符合，数据分析时将前两个答案归类为未意识到，后三个答案归类为意识到，分别按2、1赋值。第二个问题的答案选项为外地人、本地人，分别按1、2赋值。将两个问题的得分加起来，成为归属感这一维度。个案在这一维度得分越高，说明其在对流入地的归属感越强。

（4）生活空间。"老漂族"的生活空间不仅仅指物理上的空间，也指他们的社交空间、活动空间。物理空间指在居住安排上是否有自己独立的房间，社交空间包括社区参与频率、与外界联系频率，活动空间指是否需要照顾孙辈。跟随子女一起生活，是否拥有自己独立的空间很重要，是其日常起居的重要安排。独立的房间意味着生活更加私密、更加有安全感，在一定程度上可以降低他们的漂泊感。隔代照顾可能是影响"老漂族"生活满意度的重要因素，有研究显示照顾孙辈对老年人的生活满意度会产生正向影响①；也有研究显示照顾孙辈的时间越长，老年人的生活满意度就越低②。社区参与频率和与外界联系频率是反映"老漂族"在子女所在地的人际互动的重要指标，社区参与频率越高、与外界联系越频繁，他们对子女所在地的生活可能更满意。对社区参与频率和与外界联系频率都分为经常、偶尔、从不三种频率，频率越高说明他们的社区参与程度越高、与外界联系越频繁。

表5－2呈现的是本章各变量的基本情况。

表5－2　　各变量的基本情况（N=503）

	变量	变量取值	百分比
人口学特征	性别	男性	49.90
		女性	50.10
	城乡背景	农村	57.10
		城镇	42.90
	受教育程度	初中及以下	34.40
		高中/中职/中专	48.10
		专科及以上	17.50
	婚姻状况	在婚	63.40
		离异	12.30
		丧偶	24.30
	工具性日常生活能力	（均值）	11.43
	年龄	（均值）	61.78
流动特征	流动半径	市内流动	20.10
		市际流动	49.30
		省际流动	30.60

---

① 靳小怡、刘妍珺：《照料孙子女对老年人生活满意度的影响——基于流动老人和非流动老人的研究》，《东南大学学报》（哲学社会科学版）2017年第2期；王凌云：《隔代照顾对中老年生活满意度的影响》，硕士学位论文，首都经济贸易大学，2019年，第38页。

② 邢婧：《隔代照顾对老年人生活满意度的影响》，硕士学位论文，西北农林科技大学，2019年，第31页。

续表

	变量	变量取值	百分比
流动特征	流动目的	投靠子女	29.80
		支援子女	39.80
		提高生活品质	22.30
		随孩返乡及其他	8.20
	流动意愿	主动流动	84.10
		被动流动	15.90
	"漂龄"	（均值）	2.96
心理特征	心理适应	（均值）	7.07
	地域融入	（均值）	8.51
		社会距离（均值）	2.67
		归属感（均值）	11.79
生活空间	社区参与	经常参加	28.80
		偶尔参加	59.00
		从不参加	12.20
	外界联系	很少	24.90
		偶尔	39.60
		经常	35.60
	是否有独立房间	是	88.60
		否	11.40
	是否照料孙辈	是	51.10
		否	48.90
生活满意度	总生活满意度	（均值）	52.0345
	家庭满意度	（均值）	16.2414
	居住满意度	（均值）	15.4553
	交通满意度	（均值）	11.5606
	社区满意度	（均值）	8.1034

三 "老漂族"的生活满意度状况及其影响因素

(一)"老漂族"的生活满意度现状

生活满意度是衡量"老漂族"生活质量和幸福感的重要指标。为了更加直观地将"老漂族"的生活满意度状况描述出来,将"老漂族"在生活满意度及其具体维度上的得分转换为百分制,其中 60 分以下表示生活满意度差,60—70 分表示生活满意度及格,70—80 分表明生活满意度中等,80—90 分说明生活满意度良好,90—100 分表明生活满意度很好。表 5-3 呈现的是"老漂族"在生活满意度及其具体维度上转换为百分制后的得分情况。从"老漂族"生活满意度的具体维度来看,得分比较高的是家庭满意度和社区满意度,分别达到 81.2069、81.0338,都高于总的生活满意度;而在居住满意度、交通满意度两个维度上得分比较低,分别只有 77.2763、77.0709,都低于总的生活满意度。这表明,"老漂族"生活满意度在家庭满意度、社区满意度两个维度上表现较好,达到了良好水平,而在居住满意度、交通满意度两个维度上表现要逊色一些,只达到中等水平。

表 5-3　"老漂族"生活满意度及其具体维度的均值比较 (N = 503)

	家庭满意度	居住满意度	交通满意度	社区满意度	总生活满意度
均值	81.2069 (16.2414)	77.2763 (15.4553)	77.0709 (11.5606)	81.0338 (8.1034)	80.0531 (52.0345)
标准差	11.39766	13.12054	13.02397	13.91941	9.96089

注:括号外为转换为百分制后的生活满意度及其具体维度的均值大小,括号里为原值大小。

"老漂族"流入子女所在地,其主要的活动场所是家庭和社区,接触最多的人是子女、孙辈等家庭成员和社区居民。多数"老漂族"都是低龄老人,并非必须迁移到子女所在地,不管出于何种流动目的,既然能够流动到子女所在地,和子女一起生活,就说明亲子互动和交往总体上是不错的。"老漂族"在所居住的社区活动比较多,会和家庭以外的成员有一些交往和互动,但多数都不是亲密型的人际交往。这种交往互动既可以在一定程度上满足个人社会交往的需要，同时还可以通过保持一定的距离而减少矛盾、纠纷的产生。但是"老漂族"在居住和交通方面的满意度要低一些。在家庭内部，城市里面的单元楼住宅的面积一般都不大，房间数也不够多，"老漂族"多数都是临时加入子女的家庭，如果事先没有准备好他们居住的房间的话，居住条件就会差一些。在外在的居住环境方面，不管是从农村还是从城市流动而来，环境的变化是肯定的，尤其是对于从农村来的"老漂族"，其居住环境的变化是很大的。在交通方面，由于没有经济生产活动，日常活动一般也限于社区范围内，"老漂族"一般不需要公共性的交通工具，而且由于不熟悉环境，也不熟悉常规公共交通的线路和乘坐方法，其满意度偏低一点也是可以理解的。

进一步分析"老漂族"的总生活满意度。表5-3还表明"老漂族"总的生活满意度得分为80.0531，说明其总的生活满意度是比较高的。这得益于他们在家庭和社区方面满意度比较高。这一结果和新闻媒介所建构的"老漂族"的形象是有出入的。在新闻媒介甚至是一些质性研究中，他们一般都是被描绘成不适应、漂泊、孤独、想回老家等形象。实际上他们对流入地的生活总体上还是比较满意的，达到了良好水平。而新闻媒介以及部分质性研究里面所刻画出的形象是缺乏足够的实证材料支撑的。

（二）"老漂族"家庭满意度的影响因素

"老漂族"的家庭满意度是指"老漂族"对于家庭生活、家庭关系的满意程度。家庭生活、家庭关系涉及方方面面，影响家庭满意度的因素也是多种多样的。为了探究这些因素与"老漂族"生活满意度之间的关系，以"老漂族"的家庭满意度作为因变量，以人口学特征、流动特征、心理特征、生活空间等维度的变量为自变量，进行多元线性回归分析。需要说明的是，对家庭满意度的测量设置了与调查对象的配偶有关的问题，因此对于没有配偶的"老漂族"在回答这些问题时直接跳过不答，这一部分的答案按缺失值处理，为了数据分析的准确性，数据分析时将这一部分问题排除在外，人口学特征相关变量也不涉及婚姻状况这一变量。

表5-4呈现的是"老漂族"的家庭满意度的多元回归分析结果。先看人口学特征对家庭满意度的影响。数据表明，年龄大、受教育程度高、身体健康状况好的"老漂族"的家庭满意度表现更高。年龄每增加一周

岁,"老漂族"的家庭满意度会提高0.121个标准单位;高中/中职/中专层次的"老漂族"的家庭满意度比初中及以下层次的"老漂族"高0.204个标准单位,大专及以上层次的"老漂族"的家庭满意度比初中及以下层次的"老漂族"高0.288个标准单位;在工具性日常生活能力量表上得分每提高一个单位,"老漂族"的家庭满意度就会降低0.205个标准单位。年龄大的"老漂族",一方面人生阅历更丰富、生活经验更多、心智品质也更成熟,对待家庭生活往往更加坦然;另一方面年龄大了,自身生活独立性逐渐降低,对家庭成员的依赖性增加,对日常生活的心理预期也会下调,更容易得到满足。受教育程度越高的人,也需要分两个方面来看待上述结果:一方面受教育程度高的老人,其自身的生活条件可能更好,独立性更强;另一方面他们在观念、心理上可能更开放、更包容、更积极。身体健康是老年人的生活满意度和生活质量的关键性指标,老年人的日常生活主要是在家庭中进行的。正是因为年龄大的、受教育程度高的、身体健康的老人具有这些特点,他们成为"老漂族"之后,在子女所在地和子女生活在一起,对家庭生活更满意一些。但是城乡背景、性别对"老漂族"的家庭满意度并没有明显影响。

表5-4 **家庭满意度的多元线性回归分析结果(N=319)**

			B	Beta	T值及显著性水平	允差	VIF
	(常数)		10.927		5.427***		
人口学特征	城乡背景(城镇=0)		0.264	0.058	0.941	0.695	1.438
	性别(男性=0)		0.326	0.071	1.316	0.896	1.116
	受教育程度(初中及以下=0)	高中/中职/中专	0.929	0.204	3.311***	0.693	1.443
		大专及以上	1.680	0.288	4.076***	0.524	1.910
	年龄		0.052	0.121	2.147*	0.829	1.206
	工具性日常生活能力		-0.149	-0.205	-3.644***	0.796	1.257
流动特征	"漂龄"		-0.032	-0.054	-0.975	0.840	1.191
	流动目的(投靠子女=0)	支援子女	-0.034	-0.007	-0.111	0.591	1.691
		提高生活品质	0.371	0.068	1.058	0.633	1.580
		随孩返乡及其他	-0.159	-0.013	-0.236	0.818	1.222
	流动意愿(主动流动=0)		0.255	0.038	0.684	0.870	1.150

续表

			B	Beta	T值及显著性水平	允差	VIF
流动特征	流动半径（省际流动=0）	市内流动	-0.092	-0.016	-0.253	0.621	1.610
		市际流动	0.416	0.091	1.454	0.664	1.505
心理特征	地域融入		0.211	0.076	1.323	0.795	1.258
	心理适应		-0.145	-0.153	-2.699**	0.811	1.233
生活空间	社区参与（经常参与=0）	偶尔参加	-0.143	-0.031	-0.492	0.665	1.504
		从不参与	-0.744	-0.109	-1.727*	0.653	1.532
	与外界联系频率（偶尔=0）	很少	0.230	0.040	0.675	0.754	1.326
		经常	0.817	0.175	2.967**	0.749	1.335
	是否照顾孙辈（是=0）		-0.290	-0.063	-1.035	0.711	1.406
	有无独立房间（有=0）		-3.755	-0.184	-3.458***	0.930	1.076
R			R^2	调整后 R^2	F	Durbin-Watson	
0.471			0.222	0.170	4.236***	0.858	

注：* $P<0.05$，** $P<0.01$，*** $P<0.001$。

其次看流动特征对家庭满意度的影响。数据还表明，流动时间的长短与"老漂族"的家庭满意度是负相关关系；与为投靠子女而流动的"老漂族"相比，为支持子女、随孩返乡及其他目的而流动的"老漂族"的家庭满意度要好一些，而为提高生活品质而流动的"老漂族"的家庭满意度要差一些；相对于主动流动的"老漂族"而言，被动流动的"老漂族"的家庭满意度要好一些；相对于省际流动的"老漂族"，在市内流动的"老漂族"的家庭满意度要差一些，而在省内各市之间流动的"老漂族"的家庭满意度却要好一些。需要说明的是，上述差异只是量上的而不是质上的，统计检验表明这些差异并不具有显著性。换句话说，"漂龄"、流动半径、流动目的、流动意愿等流动特征变量并不会明显影响到"老漂族"的家庭满意度。

再看心理特征对家庭满意度的影响。心理特征是"老漂族"的深层次的特征，包含地域融入和心理适应两个指标。在地域融入上，虽然数据显示地域融入与家庭满意度成正相关关系，但统计检验显示二者之间并不存在显著的相关性。在心理适应上，心理适应每提高一个单位，家庭满意度就会降低0.153个标准单位，统计检验显示这种负相关关系是很明显的。这说明"老漂族"的心理适应越好，其家庭满意度可能更差。这一结果与常规的经验预期并不一致，一般会认为心理适应越好，家庭满意度相应地也会越好。这一结果的原因放在本章结尾部分去讨论。

最后来看生活空间对家庭满意度的影响。此处的生活空间不仅指物理空间，也包括社会空间。生活空间包含是否具有独立房间、是否照顾孙辈、社区参与频率、与外界联系频率四个指标。数据表明，社区参与频率和与外界联系频率会对"老漂族"的家庭满意度产生明显影响，具体表现为：经常参加社区活动的"老漂族"在家庭满意度上要比从不参加社区活动的"老漂族"高0.109个标准单位；经常与外界联系的"老漂族"在家庭满意度上比偶尔与外界联系的"老漂族"高0.175个标准单位。可见，增加社区参与和与外界联系的频率，可以提高"老漂族"对家庭的满意度。参与社区活动或者增加与外界的联系，虽然与家庭生活好像不是一个领域，但日常生活各个具体的领域、各种具体的事件或过程，相互之间是难以分割开来的，在相互影响互动中构成完整的日常生活，这两个指标成为"老漂族"的家庭生活满意度的预测变量，也在情理之中。除此之外，有无独立房间也明显会影响"老漂族"的家庭满意度，没有独立房间的"老漂族"比有独立房间的"老漂族"在家庭满意度上要低0.184个标准单位。可见在起居上拥有独立的房间对于"老漂族"来说比较重要，房间的独立性意味着空间的私密性、起居的独立性、心理上的安全感。值得注意的是，是否照顾孙辈并不会影响"老漂族"的家庭满意度。照顾孙辈并没有成为"老漂族"的生活负担，甚至还有可能成为提升其家庭满意度的原因。一方面，需要照顾的孙辈在数量上并不多，同一时间里一般只有一个需要被照顾的孙辈，劳动强度不算太大。另一方面，照顾孙辈本身就是相当一部分老人流动到子女所在地的重要目的。

（三）"老漂族"居住满意度的影响因素

"老漂族"的居住满意度指其在子女所在地居住的房子类型、拥有物质和精神生活的设备、房屋拥挤度的满意程度。以"老漂族"的居住满意度作为因变量，以人口学特征、流动特征、心理特征、生活空间等维度的变量作为自变量，进行多元回归分析，分析结果见表5-5。

首先看人口学特征变量对居住满意度的影响。在人口学特征变量中，城乡背景对"老漂族"的居住满意度有明显影响：来自农村的"老漂族"的居住满意度比来自城镇的"老漂族"要高0.152个标准单位，二者之间存在明显差距。农村与城市在居住条件和环境方面存在很大不同，无论是居住方式还是起居设施，城市比农村总体上都要便利一些。来自农村的"老漂族"既可以享受到这种起居条件的便利性，在较短的时间内对城市居住的方式和条件还会有一种新鲜感，而来自城市的"老漂族"的居住方式和条件在流动前和流动后并没有来自农村的"老漂族"所经历的变化大，因而在主观的满意度上不及来自农村的"老漂族"。另外，受教育程度也会对"老漂族"的居住满意度产生明显影响：大专及以上层次的"老漂族"比初中及以下层次的"老漂族"在居住满意度上要高0.284个标准单位，受教育程度越高，居住的条件更可能好，对居住方式的变化接受得也快，居住满意度也就越高。但是数据分析显示，性别、年龄、婚姻状况、健康状况对"老漂族"的居住满意度不会产生明显的影响。

其次看流动特征变量对居住满意度的影响。表5-5显示，在流动特征变量中，流动目的和流动半径会影响"老漂族"的居住满意度。在投靠子女、支援子女、提高生活品质、随孩返乡及其他四种流动目的中，以提高生活品质为流动目的的"老漂族"的居住满意度最高，以支援子女为流动目的的"老漂族"的居住满意度最为逊色，前者的居住满意度比后者高0.093个标准单位，相互之间显示出显著的差异性。以提高生活品质为流动目的的"老漂族"本身要相对年轻、健康一些，经济条件也要好一些，其流动主要是以提高生活品质为目的的，如果子女所在地的起居条件不好，达不到提高生活品质的目的，也就不会成为"老漂族"，只有在子女所在地的起居条件比较好，符合他们的要求，才可能选择流动。另外，流动半径也会影响"老漂族"的居住满意度：在省内的市与市之间流动的居住满意度要高于在省与省之间的流动，前者的居住满意度比后者高0.090个标准单位。或许省际流动的空间跨度大，居住条件、设施、习惯的差异也大，不适感会更强一些。而"漂龄"、流动意愿与居住满意度之间不存在显著的关联性。

表 5-5   居住满意度的多元回归分析结果 （N=503）

			B	Beta	T 值及显著性水平	允差	VIF
	（常数）		9.829		5.603***		
人口学特征	城乡背景（城镇=0）		0.805	0.152	3.295***	0.684	1.461
	性别（男性=0）		0.019	0.004	0.090	0.899	1.112
	婚姻状况（在婚=0）	离异	-0.293	-0.037	-0.817	0.718	1.393
		丧偶	-0.250	-0.041	-0.924	0.747	1.339
	受教育程度（初中及以下=0）	高中/中职/中专	0.232	0.044	0.999	0.744	1.344
		大专及以上	1.955	0.284	5.521***	0.551	1.813
	年龄		0.022	0.043	1.000	0.789	1.267
	工具性日常生活能力		-0.052	-0.062	-1.491	0.831	1.204
流动特征	"漂龄"		0.031	0.041	0.973	0.802	1.247
	流动目的（支援子女=0）	投靠子女	0.370	0.065	1.412	0.694	1.441
		提高生活品质	0.588	0.093	2.017*	0.683	1.465
		随孩返乡及其他	0.294	0.030	0.691	0.752	1.330
	流动意愿（主动流动=0）		-0.002	0.000	-0.007	0.858	1.165
	流动半径（省际流动=0）	市内流动	0.003	0.001	0.010	0.633	1.579
		市际流动	0.472	0.090	1.973*	0.701	1.427
心理特征	地域融入		0.503	0.159	3.702***	0.789	1.268
	心理适应		-0.177	-0.179	-4.053***	0.743	1.346
生活空间	社区参与频率（偶尔参与=0）	经常参加	0.583	0.101	2.355*	0.795	1.257
		从不参与	-0.199	-0.025	-0.592	0.845	1.183
	与外界联系频率（经常=0）	很少	0.332	0.055	1.116	0.605	1.653
		偶尔	0.101	0.019	0.405	0.668	1.497
	是否照顾孙辈（是=0）		-0.410	-0.078	-1.764*	0.743	1.346
	有无独立房间（有=0）		-2.027	-0.246	-5.131***	0.636	1.573
	R		R^2	调整后 R^2	F	DW	
	0.551		0.304	0.272	9.493***	1.750	

注：* P<0.05，** P<0.01，*** P<0.001。

再次来看心理特征变量对居住满意度的影响。表 5-5 还表明地域融入和心理适应都会对居住满意度产生明显影响。在地域融入上每提高一个单位,"老漂族"的居住满意度会提高 0.159 个标准单位。"老漂族"在流入地的社会距离越小,归属感越强,他们在子女所在地的居住越满意。与此相反,心理适应对居住满意度的影响则是负相关的,心理适应越好,居住满意度则越低:心理适应每提高一个单位,"老漂族"的居住满意度会降低 0.179 个标准单位。心理适应好,表明"老漂族"对流出地的人、事件和生活不是太留恋,居住满意度高意味着"老漂族"对流入地在住房类型、拥挤程度、物质和精神生活设备方面比较满意。上述结果表明,"老漂族"在卸下对过往生活及其环境的眷恋之后,在比较短的时间内,对流入地在生活起居方面还难以形成较高的满意度。

最后来看生活空间对居住满意度的影响。数据表明,在生活空间变量中,社区参与频率、是否照顾孙辈、是否拥有独立房间三个变量能够影响到"老漂族"的居住满意度:经常参与社区活动的"老漂族"的居住满意度比偶尔参与社区活动的"老漂族"高 0.101 个标准单位,不需要照料孙辈的"老漂族"的居住满意度比需要照料孙辈的"老漂族"低 0.078 个标准单位,拥有独立房间的"老漂族"的居住满意度比没有独立房间的"老漂族"高 0.246 个标准单位。可见,经常参加社区活动、照顾孙辈、有自己独立的房间都是有利于提高居住满意度的。

(四)"老漂族"交通满意度的影响因素

交通满意度是指对子女所在地的交通拥挤程度、交通秩序、交通便利性的满意程度。以"老漂族"的交通满意度为因变量,以人口学特征、流动特征、心理特征、生活空间等维度变量作为自变量,进行多元回归分析,分析结果如表 5-6 所示。首先看人口学特征变量对交通满意度的影响。数据表明,除年龄外,城乡背景、性别、婚姻状况、身体健康状况都会对"老漂族"的交通满意度产生影响:来自农村的"老漂族"的交通满意度比来自城镇的"老漂族"要高 0.146 个标准单位,女性"老漂族"的交通满意度比男性"老漂族"要低 0.092 个标准单位,有配偶的"老漂族"的交通满意度比丧偶的"老漂族"要高 0.094 个标准单位,大专以上文化程度的"老漂族"的交通满意度要比初中及以下文化程度的"老漂族"要高 0.182 个标准单位,在工具性日常生活能力量表上每增加一个单位,"老漂族"的交通满意度就会降低 0.15 个标准单位。这说明,来自农村的、男性、在婚的、身体健康的"老漂族"在交通满意度上要明显高于来自城市的、女性、丧偶的、身体不怎么健康的"老漂族"。农村的交通条件要比城镇逊色,乡—城流动的老人对交通状况的感受自然要好于城—城流动的老人。男性、受教育程度高的老人对各种交通工具比女性、受教育程度低的老人更熟悉一些,也更容易接受新的交通工具和出行方式,因而对流入地的交通满意度高一些。在婚的、身体比较健康的"老漂族"可能更年轻一些,出门乘坐交通工具的可能性大,因此交通体验更好。

表 5-6　　交通满意度的多元回归分析结果（N=503）

			B	Beta	T 值及显著性水平	允差	VIF
	（常数）		8.031		5.902***		
人口学特征	城乡背景（城镇=0）		0.575	0.146	3.033***	0.684	1.461
	性别（男性=0）		-0.358	-0.092	-2.184*	0.899	1.112
	婚姻状况（在婚=0）	离异	-0.258	-0.044	-0.929	0.718	1.393
		丧偶	-0.427	-0.094	-2.033*	0.747	1.339
	受教育程度（初中及以下=0）	高中/中职/中专	0.241	0.062	1.338	0.744	1.344
		大专及以上	0.935	0.182	3.405***	0.551	1.813
	年龄		-0.013	-0.033	-0.744	0.789	1.267
	工具性日常生活能力		-0.094	-0.15	-3.469***	0.831	1.204
流动特征	"漂龄"		0.032	0.056	1.272	0.802	1.247
	流动目的（支援子女=0）	投靠子女	0.616	0.145	3.028**	0.694	1.441
		提高生活品质	0.486	0.103	2.151*	0.683	1.465
		随孩返乡及其他	0.058	0.008	0.177	0.752	1.330
	流动意愿（主动流动=0）		0.299	0.056	1.301	0.858	1.165
	流动半径（省际流动=0）	市内流动	0.277	0.057	1.134	0.633	1.579
		市际流动	0.524	0.134	2.826**	0.701	1.427
心理特征	地域融入		0.409	0.174	3.886***	0.789	1.268
	心理适应		-0.052	-0.071	-1.529	0.743	1.346
生活空间	社区参与频率（偶尔参与=0）	经常参加	0.806	0.187	4.200***	0.795	1.257
		从不参与	-0.420	-0.070	-1.617	0.845	1.183

续表

			B	Beta	T值及显著性水平	允差	VIF
生活空间	与外界联系频率（经常=0）	很少	-0.105	-0.023	-0.454	0.605	1.653
		偶尔	-0.384	-0.096	-1.979	0.668	1.497
	是否照顾孙辈（是=0）		0.301	0.077	1.670*	0.743	1.346
	有无独立房间（有=0）		-0.021	-0.003	-0.068	0.636	1.573
R			R^2	调整后R^2	F	DW	
0.494			0.244	0.210	7.031***	1.810	

注：* $P<0.05$，** $P<0.01$，*** $P<0.001$。

其次来看流动特征变量对交通满意度的影响。表5-6表明，"漂龄"和流动意愿不会对交通满意度产生明显影响，但流动目的、流动半径对交通满意度存在明显影响：与以支援子女为流动目的的"老漂族"相比，以投靠子女、提高生活品质为流动目的的"老漂族"的交通满意度明显要高，分别要高0.145和0.103个标准单位；在省与省之间流动的"老漂族"的交通满意度比在省内的市与市之间流动的"老漂族"要低0.134个标准单位。以支援子女为目的的"老漂族"，一方面在流动到子女所在地的真实意愿上要欠缺一些，另一方面需要花比较多的时间和精力去照顾帮扶子女及其家庭，利用和体验流入地的交通设施的机会会减少，因而其满意感也低一些。

再次来看心理特征变量对交通满意度的影响。数据表明，"老漂族"的心理适应状况并不会影响到他们的交通满意度，不同的心理适应水平与交通满意度之间不存在明显的关联性，但地域融入状况会影响到他们的交通满意度：在地域融入上每提高一个单位，其交通满意度就会提高0.174个标准单位，或者说地域融入程度越好，其交通满意度也越好。或许，地域融入并非原因，而是结果，因为对流入地的交通状况感到满意，地域融入才可能会好一些。

最后来看生活空间对交通满意度的影响。表5-6还显示，社区参与频率会影响"老漂族"的交通满意度，经常参与社区活动的"老漂族"的交通满意度比偶尔参加社区活动的"老漂族"要高0.187个标准单位，参与社区活动越频繁，"老漂族"的交通满意度会越高。参与社区活动越多，其活动半径可能会增大，利用当地交通工具和交通设施的可能性会增加，会体验到更多的便利性。另外，是否照顾孙辈也会影响"老漂族"的交通满意度，照顾孙辈的"老漂族"比不需要照顾孙辈的"老漂族"在交通满意度上要低0.077个标准单位。照顾孙辈会减少他们在流入地使用交通工具和利用交通设施的机会，因而对流入地的交通的满意度也就低一些。

（五）"老漂族"社区满意度的影响因素

社区满意度指的是对社区邻里关系以及社区环境的满意程度。为了探讨影响"老漂族"的社区满意度的因素，以社区满意度为因变量，以人口学特征、流动特征、心理特征和生活空间等维度变量为自变量，进行多元回归分析，分析结果如表5-7。

表5-7 "老漂族"社区满意度的多元线性回归分析结果（N=503）

			B	Beta	T值及显著性水平	允差	VIF
		（常数）	8.482		8.255***		
人口学特征		城乡背景（城镇=0）	0.185	0.066	1.294	0.684	1.461
		性别（男性=0）	0.071	0.026	0.578	0.899	1.112
	婚姻状况（在婚=0）	离异	0.098	0.023	0.466	0.718	1.393
		丧偶	-0.127	-0.039	-0.804	0.747	1.339
	受教育程度（初中及以下=0）	高中/中职/中专	0.258	0.093	1.901*	0.744	1.344
		大专及以上	0.398	0.109	1.920*	0.551	1.813
		年龄	-0.008	-0.029	-0.606	0.789	1.267
		工具性日常生活能力	-0.047	-0.106	-2.306*	0.831	1.204
流动特征		"漂龄"	0.028	0.070	1.476	0.802	1.247
	流动目的（支援子女=0）	投靠子女	-0.115	-0.038	-0.751	0.694	1.441
		提高生活品质	0.286	0.085	1.672*	0.683	1.465
		随孩返乡及其他	0.140	0.027	0.562	0.752	1.330
		流动意愿（主动流动=0）	-0.064	-0.017	-0.367	0.858	1.165
	流动半径（省际流动=0）	市内流动	0.024	0.007	0.131	0.633	1.579
		市际流动	0.118	0.043	0.844	0.701	1.427

续表

		B	Beta	T值及显著性水平	允差	VIF
心理特征	地域融入	0.055	0.033	0.696	0.789	1.268
	心理适应	-0.106	-0.203	-4.144***	0.743	1.346
生活空间	社区参与频率（偶尔参与=0） 经常参加	0.448	0.146	3.093**	0.795	1.257
	社区参与频率（偶尔参与=0） 从不参与	-0.058	-0.013	-0.294	0.845	1.183
	与外界联系频率（经常=0） 很少	-0.329	-0.102	-1.886*	0.605	1.653
	与外界联系频率（经常=0） 偶尔	-0.369	-0.130	-2.516*	0.668	1.497
	是否照顾孙辈（是=0）	0.020	0.007	0.151	0.743	1.346
	有无独立房间（有=0）	-0.120	-0.027	-0.519	0.636	1.573
R		R^2	调整后R^2	F	DW	
0.387		0.150	0.110	3.823***	1.707	

注：* $P<0.05$，** $P<0.01$，*** $P<0.001$。

首先看人口学特征变量对社区满意度的影响。数据表明，"老漂族"在城乡背景、性别、婚姻状况、年龄等变量上的差异并不能很好地解释他们在社区满意度上的差异，不管他们是来自农村还是来自城市，是男性还是女性，是有配偶还是无配偶，年龄是高还是低，相互之间的社区满意度都没有显著差异，但是受教育程度、身体健康状况对他们的社区满意度有明显影响：与初中及以下学历的"老漂族"相比，高中/中职/中专学历的"老漂族"的社区满意度要高0.093个标准单位，大专及以上学历的"老漂族"的社区满意度要高0.109个标准单位；"老漂族"在工具性日常生活能力量表上的得分每提高一个单位，其社区满意度就要降低0.016个标准单位。这说明受教育程度越高，身体越是健康，社区满意度就越好。受教育程度高的老人，在流入地所住的社区的条件可能更好一些，其适应能力、社会交往能力也可能更强；身体健康是老人对晚年生活、养老质量感到满意的关键因素，因而上述两类"老漂族"有更高的社区满意度是符合情理的。

其次来看流动特征变量对社区满意度的影响。由表5-7可知，"老漂族"的"漂龄"、流动半径、流动意愿对他们的社区满意度并不产生明显影响，不管流动的时间是长还是短，流动的空间跨度是远还是近，是主动流动还是被动流动，他们在社区满意度上都没有明显差异，唯独流动目的上的差异会对他们的社区满意度产生明显影响：以提高生活品质为流动目的的"老漂族"的社区满意度要比以支援子女为流动目的的"老漂族"高0.085个标准单位。"老漂族"如果是以提高生活品质为目的，流入地的生活环境和居住条件很可能要好于流出地，不然其流动就难以达到目的，而如果是以支援子女为目的，决定流动与否的关键因素是子女及其家庭是否需要帮扶，而不是生活环境和居住条件，因而前者的社区满意度更高一些。

再次来看心理特征变量对社区满意度的影响。数据显示，地域融入程度上的差异并不会明显影响到"老漂族"的社区满意度，但不同的心理适应水平会影响"老漂族"的社区满意度，而且是心理适应越好，其社区满意度越差：心理适应水平每提高一个单位，社区满意度会降低0.203个标准单位。可见要在思想感情上把流出地放下而要接受流入地所居住的社区，既不是一蹴而就的事，"漂龄"短的"老漂族"可能都没有机会实现这种融入就返回老家了，也不是简单的线性的关系，这个过程中在思想上情感上可能出现波折。

最后来看生活空间对社区满意度的影响。在反映生活空间差异的各个变量中，社区参与频率、与外界联系频率会影响"老漂族"的社区满意度：与偶尔参加社区活动的"老漂族"相比，经常参加社区活动的"老漂族"的社区满意度要高0.146个标准单位；与经常与外界联系的"老漂族"相比，很少或偶尔与外界联系的"老漂族"分别要低0.102个、0.130个标准单位。参与社区活动和与外界联系的频率高，会增加对所居住社区的了解和认同，社区满意度就会越高。但是否照顾孙辈、是否拥有独立的房间这两个变量与社区满意度的高低不存在明显的关联性。

（五）"老漂族"总生活满意度的影响因素

通过对生活满意度的家庭、居住、交通、社区四个维度影响因素的多元回归分析，发现影响各个维度的变量比较多，而且互不相同。接下来将进一步探讨影响"老漂族"总的生活满意度的影响因素。以总的生活满意度为因变量，以人口学特征、流动特征、心理特征和生活空间等类型的变量为自变量，进行多元回归分析。需要说明的是，因为总的生活满意度是由上述四个维度相加而得，而家庭满意度维度中无配偶的"老漂族"不需要回答有关配偶的题目，所以此处的回归模型不引入婚姻状况作为影响因子。表5-8呈现的是"老漂族"总的生活满意度的多元线性回归分析结果。

表5-8　总的生活满意度的多元线性回归分析结果（N=503）

			B	Beta	T值及显著性水平	允差	VIF
	（常数）		35.101		6.735***		
人口学特征	城乡背景（城镇=0）		1.552	0.120	2.138*	0.695	1.438
	性别（男性=0）		0.971	0.075	1.514	0.896	1.116
	受教育程度（初中及以下=0）	高中/中职/中专	2.542	0.196	3.500***	0.693	1.443
		大专及以上	5.630	0.340	5.278***	0.524	1.910
	年龄		0.122	0.099	1.925*	0.829	1.206
	工具性日常生活能力		-0.458	-0.222	-4.366***	0.796	1.257
流动特征	"漂龄"		0.008	0.005	0.089	0.840	1.191
	流动目的（支援子女=0）	投靠子女	1.665	0.113	2.105*	0.713	1.403
		提高生活品质	2.216	0.143	2.602**	0.677	1.478
		随孩返乡及其他	-0.392	-0.012	-0.224	0.818	1.222
	流动意愿（主动流动=0）		0.937	0.049	0.970	0.870	1.150
	流动半径（省际流动=0）	市内流动	1.124	0.070	1.189	0.621	1.610
		市际流动	2.131	0.165	2.876**	0.664	1.505
心理特征	地域融入		1.064	0.135	2.582**	0.795	1.258
	心理适应		-0.480	-0.179	-3.449***	0.811	1.233
生活空间	社区参与频率（经常参与=0）	偶尔参加	-1.457	-0.111	-1.994*	0.665	1.504
		从不参与	-3.609	-0.187	-3.325***	0.653	1.532
	与外界联系频率（经常=0）	很少	-0.172	-0.010	-0.193	0.754	1.326
		偶尔	-1.248	-0.095	-1.803*	0.749	1.335
	是否照顾孙辈（是=0）		-1.530	-0.117	-2.111*	0.711	1.406
	有无独立房间（有=0）		-15.362	-0.265	-5.466***	0.930	1.076
	R		R^2	调整后 R^2	F	DW	
	0.595		0.353	0.310	8.118***	1.707	

注：* P<0.05，** P<0.01，*** P<0.001。

首先看人口学特征变量对总的生活满意度的影响。由表5-8显示，除了性别外，城乡背景、年龄、受教育程度、身体健康状况等变量都会影响到"老漂族"的总生活满意度：来自农村的"老漂族"的总生活满意度要比来自城镇的"老漂族"高0.120个标准单位；年龄每增加一周岁，"老漂族"的总生活满意度会提高0.099个标准单位；与初中及以下文化的"老漂族"相比，高中/中职/中专文化、大专及以上文化的"老漂族"的总生活满意度要分别高0.196个、0.340个标准单位；在工具性日常生活能力量表上的得分表现为每提高一个单位，总的生活满意度就要降低0.222个标准单位。可见，在总的生活满意度上，来自农村的"老漂族"好于来自城市的"老漂族"，年龄大的"老漂族"好于年龄小的，文化水平高的"老漂族"好于文化水平低的，身体健康的"老漂族"好于身体不怎么健康的。

其次来看流动特征变量对总的生活满意度的影响。由表5-8可知，"漂龄"、流动意愿这两个变量与总的生活满意度之间不存在明显的关联性，不管在流入地待的时间长短，不论是主动流动还是被动流动，都不会明显地影响到"老漂族"的总生活满意度，但是流动目的、流动半径这两个变量会影响到"老漂族"的总生活满意度：与为支援子女而流动的"老漂族"相比，为投靠子女、提高生活品质而流动的"老漂族"的总生活满意度分别要高0.113个、0.143个标准单位；与在省与省之间流动的"老漂族"相比，在省内市与市之间流动的"老漂族"的总生活满意度要高0.165个标准单位。从支援子女、投靠子女到提高生活品质，流动目的中的责任成分逐渐减少，自主的、自我的成分逐渐增加，对生活的满意度也逐渐上升。是跨省流动还是在省内流动，这是影响"老漂族"生活满意度的重要的空间距离分界线。

再来看心理特征变量对总的生活满意度的影响。数据表明，地域融入越好，总的生活满意度就越高：在地域融入上的得分每提高一个单位，总的生活满意度就会提高0.135个标准单位。地域融入得好，对子女所在地的归属感会增强，与当地居民的社会距离会缩小，其总的生活满意度也就会增强。与预期不同的是，心理适应对总的生活满意度具有负面影响：心理适应每提高一个单位，总的生活满意度会降低0.179个标准单位。其直接的原因是，"老漂族"的心理适应对其在家庭、居住以及社区方面的满意度都为负面影响，导致对总的满意度也是负面影响。而其真正的原因可能是，正如前面所提及的，要在思想情感上把流出地的生活放下来进而接受和认可在流入地的生活，既不是一蹴而就的事，也不是简单的线性的关系，这个过程中在思想上情感上可能出现波折。

最后分析生活空间变量对总生活满意度的影响。表 5-8 还表明，社区参与频率、与外界联系频率、是否照顾孙辈、是否拥有独立的房间等变量都对"老漂族"的总生活满意度有影响：与经常参加社区活动的"老漂族"相比，偶尔参加、从不参加社区活动的"老漂族"的总生活满意度分别要低 0.111 个、0.187 个标准单位；与经常与外界联系的"老漂族"相比，偶尔与外界联系的"老漂族"的总的生活满意度要低 0.095 个标准单位；与需要照顾孙辈的"老漂族"相比，不需要照顾孙辈的"老漂族"的总的生活满意度要低 0.117 个标准单位；与没有独立房间的"老漂族"相比，有独立房间的"老漂族"的总的生活满意度要高 0.265 个标准单位。对于提高"老漂族"的生活满意度来说，参与社区活动、增加与外界的联系是重要的。照顾孙辈虽然是个累人的苦差事，但是也能增加"老漂族"对生活的满意度，可见含饴弄孙、天伦之乐和履行对子女和孙辈的"责任"是增加他们生活满意度的重要因素。而拥有独立的房间，拥有相对独立的生活起居环境，对老人的日常生活来说也很重要。

四 影响"老漂族"生活满意度的因素

本章运用调查研究所收集的第一手数据，描述了"老漂族"的生活满意度及其具体维度的现状，着重考察了人口学特征、流动特征、心理特征和生活空间等变量对"老漂族"总生活满意度及其具体维度的影响。通过数据分析，可以得出以下几个结论：

(一)"老漂族"的生活满意度状况

"老漂族"的生活满意度在家庭满意度、社区满意度两个维度上表现较好，达到了良好水平，而在居住满意度、交通满意度两个维度上表现要逊色一些，只达到中等水平。总体上说，如果用百分制来表示，"老漂族"

的生活满意度可以达到80.0531分,达到良好水平。这一调查结论与一些新闻媒介甚至是一些质性研究所建构的"老漂族"不适应、漂泊、孤独、想回老家的形象不太一致。

(二) 影响"老漂族"生活满意度具体维度的因素

1. 在家庭满意度维度上,年龄、受教育程度、身体健康状况是重要的影响变量:年龄越大、受教育程度越高、身体健康状况越好的"老漂族",其家庭满意度越好,相反,那些年龄小、受教育程度低、身体健康状况不好的"老漂族",其家庭满意度要低一些;心理适应水平对"老漂族"的家庭满意度具有负面影响,心理适应越好,其家庭满意度越低;社区参与频率、与外界联系频率、有无独立的房间也会影响"老漂族"的家庭满意度:参与社区活动越多、与外界联系越频繁、有独立的起居房间,预示着更高的家庭满意度。需要注意的是,"老漂族"的流动特征并不影响他们的家庭满意度。

2. 在居住满意度维度上,城乡背景、受教育程度影响着"老漂族"的居住满意度:来自农村、受教育程度高的"老漂族"比来自城市、受教育程度低的"老漂族"的居住满意度要高;流动目的、流动半径会影响"老漂族"的居住满意度:以提高生活品质为流动目的、在省内市与市之间流动的"老漂族"的居住满意度要好于以支援子女为流动目的、跨省流动的"老漂族";地域融入、心理适应会影响"老漂族"的居住满意度:地域融入对居住满意度的影响是正向的,对流入地的融入程度高,居住满意度就更高,而心理适应对于居住满意度的影响是负向的,心理适应越差,居住满意度还会越好;社区参与频率、是否有独立房间、是否照顾孙辈会影响"老漂族"的居住满意度:经常参与社区活动、需要照顾孙辈、有独立的起居房间的"老漂族"的居住满意度会更好。

3. 在交通满意度维度上,城乡背景、性别、婚姻状况、受教育程度、身体健康状况对"老漂族"的交通满意度有影响:如果是来自农村、男性、受教育程度高、有配偶、身体健康状况好,其交通满意度就好一些,而如果是来自城市、女性、受教育程度低、身体不怎么健康,其交通满意度就差一些;流动目的、流动半径会影响到"老漂族"的交通满意度:与支援子女的"老漂族"相比,以提高生活品质、投靠子女为流动目的的

"老漂族"的交通满意度更好；与跨省流动的"老漂族"相比，那些在省内城市间流动的"老漂族"的交通满意度更好；地域融入对"老漂族"交通满意度的影响是正向的：地域融入程度越好，其交通满意度越高；照顾孙辈会降低"老漂族"的交通满意度。

4. 在社区满意度维度上，受教育程度、身体健康状况会影响"老漂族"的社区满意度：受教育程度越高、身体健康状况越好，其社区满意度越高；流动目的的不同对"老漂族"的社区满意度存在影响：以提高生活品质为流动目的的"老漂族"得社区满意度比以支援子女为流动目的的"老漂族"要高；心理适应对"老漂族"的社区满意度有负向影响，心理适应越好，社区满意度却越差；社区参与频率、与外界联系频率会影响"老漂族"的社区满意度：经常参加社区活动、与外界联系越频繁，其社区满意度会越好。

（三）影响"老漂族"总的生活满意度的因素

城乡背景、年龄、受教育程度、身体健康状况等人口学特征变量对"老漂族"总的生活满意度具有明显影响：来自农村、年龄偏大、受教育程度高、身体健康状况好的"老漂族"，其总的生活满意度更高一些，相反，来自城市、年龄偏小、受教育程度低、身体欠健康的"老漂族"，其总的生活满意度要差一些；流动目的、流动半径会影响"老漂族"总的生活满意度：与以支援子女为流动目的的"老漂族"相比，以提高生活品质、投靠子女为流动目的的"老漂族"的总生活满意要高，与跨省流动的"老漂族"相比，在省内城市间流动的"老漂族"的总生活满意度要好；地域融入对"老漂族"总的生活满意度具有正向影响，地域融入程度越好，其总的生活满意度越高，而心理适应对"老漂族"的总生活满意度的影响却是负面的，心理适应越好，其总的生活满意度越低；社区参与频率、与外界联系频率、是否有独立的房间、是否照顾孙辈都会影响"老漂族"的总生活满意度：如果"老漂族"经常参与社区活动、与外界联系频繁、有独立的起居房间、需要照顾孙辈，其总的生活满意度会好一些，相反，如果"老漂族"少有参加社区活动、少有与外界联系、没有自己独立的房间、不需要照顾孙辈，其总的生活满意度就会差一些。

(四) 影响"老漂族"生活满意度的关键因素

对"老漂族"的生活满意度，影响面最宽的变量是受教育程度。在本研究的样本中，初中及以下学历的"老漂族"占34.40%，高中/中职/中专学历的"老漂族"占48.10%，专科及以上学历的"老漂族"占17.50%。受教育程度上的差异对"老漂族"的生活满意度的影响是全方位的，既对家庭、居住、交通、社区等生活满意度的具体维度产生影响，又对总的生活满意度产生影响。而且所有的影响都表现为：随着受教育程度的上升，对生活的满意度越高。受教育程度对于"老漂族"的生活满意度来说是一个很重要的变量。受教育程度不同，其职业经历、物质条件、家庭环境、理念追求等方面都可能是不同的，甚至是存在层次性差异的。当他们在大致相仿的年龄流动到子女所在地，这种不同甚至是层次性差异同样会形塑着他们的"老漂"生活，产生不同的满意度感受。

流动目的、身体健康状况、社区参与频率、心理适应四个变量，是对"老漂族"的生活满意度产生重要影响的变量。本章总共五个回归模型，它们能在其中的四个模型中对因变量的差异具有显著的解释力。流动目的的差异，既能够很好地解释"老漂族"在居住、交通、社区三个具体生活满意度的维度上的差异，还能很好地解释"老漂族"的总的生活满意度上的差异。总体上呈现出：从支援子女到投靠子女、提高生活品质，流动目的中的责任性在降低，自我满足性在增强，生活的满意度也在逐渐提高。身体健康状况既能对"老漂族"的家庭、交通、社区三个具体生活满意度的维度产生影响，又能对"老漂族"的总的生活满意度产生影响。不管是生活满意度的具体维度，还是总的生活满意度，都与健康状况成正相关关系。社区参与频率对"老漂族"的家庭、居住、社区三个具体生活满意度的维度以及总的生活满意度产生影响。相比较参加社区活动少的"老漂族"，参加社区活动多的"老漂族"的生活满意度要高一些。一方面，流入到一个相对陌生的地方，还愿意去参加社区活动的老人，本身就可能是不一样的，比如说性格更开朗活泼，更开放包容，更具有社会性。另一方面，在不断参与社区活动的过程中，能够结识更多的人，经历更多的新鲜事，丰富自身的生活，增加积极的体验。心理适应对"老漂族"的家庭、居住、社区三个具体生活满意度的维度以及总的生活满意度产生影响。值得注意的是，按照常理这种影响应该是正面的，而本研究的数据却表明这种影响是负面的，也就是说，心理适应越好，生活满意度却更差。"老漂族"离开老家来到子女所在地的时间一般都不长，平均不到3年时间，在比较短的时间里在心理情感上要搁下在原住地的生活和人际交往是比较难的，要对在流入地的生活产生较强的满意感也比较难。在比较短的时间内，"老漂族"可能在心理情感上淡化了在老家的生活和人际交往，实现了比较好的心理适应，但对流入地的生活还没有获得较好的满意感，这种次序性或许是对本研究结论的一个解释。

还有一点值得注意，那就是本章的研究结论表明照顾孙辈总体上会提高"老漂族"的生活满意度。目前学术界有两种观点：一种观点认为照顾孙辈会降低老年人的生活满意度，因为照顾孙辈会影响老年人的人际交往[1]，让老年人有较重的心理负担[2]；另一种观点认为照顾孙辈可以提高老年人的生活满意度，因为在照顾孙辈的过程中既能够体验到天伦之乐，还有一种承担家庭责任的满足感[3]，较低强度的孙辈照顾还会改善老年人的身体健康状况[4]。本章的数据分析表明，照顾孙辈对"老漂族"的生活满意度既有正向的影响，也有负向的影响，总体上正向影响要大于负向影响：照顾孙辈能增强"老漂族"的居住满意度和总的生活满意度，但会降低他们的交通满意度。可见，"老漂族"还是积极地面对照顾孙辈这件事，从中寻求含饴弄孙的天伦之乐，体验为子女及其家庭做贡献的价值感，但照顾孙辈客观上会减少他们的出行和开展社会交往的机会与时间，导致他们对流入地的交通便利性和拥挤程度的体验和认识不足。

---

[1] Maximiliane E. Szinovacz, Stanley DeViney, et al., Effects of surrogate parenting on grandparents' well-being [J]. *The Journals of Gerontology: Series B*, 1999, 54B (6): pp. S376–S388.

[2] Jendrek, Margaret Platt, Miami U. Grandparents who parent their grandchildren: Effects on lifestyle [J]. *Journal of Marriage and the Family*, 1993, 55 (3): pp. 609–621.

[3] 宋璐、李树茁等：《提供孙子女照料对农村老年人心理健康的影响研究》，《人口与发展》2008年第4期。

[4] Feinian Chen, The health implications of grandparents caring fo rgrandchildren in China [J]. *Journals of Gerontology*, 2012, 67 (1): pp. 99–112.

第六章

"老漂族"的居留意愿及其影响因素

一 去与留是"老漂族"必须面对的重要问题

近年来,我国流动人口的数量有所下降,但整体规模依然庞大。2000—2014年我国的人口流动增速比较快,2000年人户分离人口1.44亿人,流动人口1.21亿人;2014年流动人口数量达到顶峰,人户分离人口2.98亿人,流动人口2.53亿人;从2015年开始流动人口数量开始下降,2019年人户分离人口、流动人口回落到2.80亿人、2.36亿人[①]。如此大规模的流动人口,不只是人口在空间分布上发生大的转移,也会给人口流出地、流入地的经济社会发展和社会政策提出挑战。党的十九大报告明确提出要加快农业转移人口市民化,确保到2020年我国户籍人口城镇化率提高到45%[②]。因此,流动人口在流入地是否长期定居成为人口流动和城市化研究的一个重要议题。

学术界关注较多的是劳动年龄流动人口的居留意愿。现有的关于劳动力的居留意愿研究中,居留意愿的影响因素是一项重要内容。有研究者发现,受教育程度和性别[③]、年龄[④]等因素对是否在流入地定居具有重要影

---

① 《2019中国统计年鉴》,中国统计出版社2020年版,第32页。
② 《决胜全面建成小康社会 夺取新时代中国特色社会主义伟大胜利——在中国国共产党第十九次全国代表大会上的报告》,《人民日报》2017年10月28日,第1版。
③ 李强等:《农民工留城与返乡意愿的影响因素分析》,《中国农村经济》2009年第2期;杨东亮等:《"90后"流动青年城市居留意愿研究》,《青年研究》2016年第3期。
④ 扈新强:《新、老两代流动人口居留意愿差异研究——以北京、上海、广州为例》,《调研世界》2017年第7期。

响；健康状况也会影响流动人口的居留意愿，表现为总体健康情况和心理健康情况好的流动人口更愿意留在城市长期居住①；经济收入与社会地位也会产生较大影响②；对于在上海的流动人口来说，居住证对租房者的城市定居意愿具有抑制作用，而对自购房的流动人口的城市定居意愿具有促进作用③；心理方面，社会融合会影响流动人口的居留意愿④。上述研究都为定量研究，且多为全国性的样本，分别从不同的维度分析流动人口居留意愿的影响因素，比较好地描述了流动人口的居留意愿状况。但这些研究的对象往往是劳动年龄人口，并不包括已经从正规劳动力市场退出的老年流动人口。老年人口流动的过程和事实一般只涉及家庭层面，并不会像劳动年龄人口的流动那样给经济社会发展的公共领域带来明显的影响，因而其居留意愿并未受到广泛关注。

也有少量研究关注老年流动人口的居留意愿问题。景晓芬的研究发现，老年流动人口具有较高的在城市居留的意愿，超过三分之二的流动老人打算在迁入地长期留居⑤，农村迁移老人中也有超过一半的老人具有定居城市养老的意愿⑥。现有关于老年流动人口居留意愿影响因素的分析，往往从个体特征、流动特征、社会特征三个方面展开。侯建明等人的研究发现，个体特征中性别、年龄、受教育程度，流动特征中流入区域、流动范围、流入时长与流动原因，会对老年流动人口的居留意愿产生影响⑦。谢东虹的研究发现，相比于流动原因，户籍对老年流动人口长期居留意愿

---

① 祁静、郑笑：《健康对流动人口城市居留意愿的影响研究——基于2014年全国流动人口社会融合与心理健康专项数据的分析》，《调研世界》2018年第4期。

② 于潇、陈新造：《经济收入与社会地位对流动人口城市居留意愿的影响——基于广东省的实证研究》，《广东社会科学》2017年第3期。

③ 吕明阳、陆蒙华：《居住证制度对在沪流动人口城市居留意愿的影响——基于上海市居住证评估调查的实证分析》，《人口与社会》2020年第1期。

④ 孙力强、杜小双、李国武：《结构地位、社会融合与外地户籍青年留京意愿》，《青年研究》2017年第3期；韩正、孔艳丽：《社会融合视角下流动人口居留意愿研究——基于2014年中国劳动力动态调查数据》，《北京城市学院学报》2017年第1期。

⑤ 景晓芬：《老年流动人口空间分布及长期居留意愿研究——基于2015年全国流动人口动态监测数据》，《人口与发展》2019年第4期。

⑥ 景晓芬、朱建春：《农村迁移老人的城市定居意愿研究》，《四川农业大学学报》2015年第1期。

⑦ 侯建明等：《我国流动老年人口居留意愿及其影响因素分析》，《人口学刊》2017年第6期。

的影响更为明显①。李珊在研究中发现，适应移居生活的老人、不感到孤独的移居老人、社区归属感较强的移居老人，具有较强的定居意愿②。刘庆等人发现，城市生活满意度和社区参与频率对移居老年人的定居意愿产生了显著影响③。李芳以布迪厄的理论为视角，探讨经济、文化、社会等资本因素对老年流动人口居留意愿的影响，发现这三类资本对居留意愿都有明显的影响④。

在上述提及的七项研究中，前四项研究的样本数据都来源于2015年全国流动人口动态监测数据，在分析时除了直接分析流动老人居留意愿的影响因素外，还分析了老年流动人口的一些基本特征，可以呈现老年流动人口的一些基本事实。后三项研究采用的数据都是来自研究者自己收集的第一手调查数据：李珊的研究数据来源于对大连市的两个街道432个个案的问卷调查，刘庆的研究数据来源于对深圳市两个街道三个社区362个个案的问卷调查，李芳的研究数据则来源于对浙江省四个城市的问卷调查。上面这三项研究的对象虽然都来自经济社会相对发达、流动人口较多的地方，但样本的分布并不广泛，都有较大的局限，研究结论的代表性有限。

很少有研究者关注到老年流动人口中"老漂族"的居留意愿。我国的社会文化中，"家本位""安土重迁"等思想还是具有较强的惯性的。而且，当一个人在一个地方居住生活了很长时间，已经将自己及家庭的生活嵌入了当地的社会生活之中，然后又要离开这个地方、迁移到不熟悉的其他地方，要做出这个决策是困难的。一般情况下，人们到了年老时是不怎么愿意发生流动的，但现实的情况是，跟随子女流动的"老漂族"却越来越多。陈盛淦等人研究了随迁老人的居留意愿，发现随迁老人在城市定居

---

① 谢东虹：《户籍、流动原因与老年人的长期居留意愿——基于2015年流动人口动态监测数据》，《调研世界》2019年第3期。
② 李珊：《移居与适应 我国老年人的异地养老问题》，知识产权出版社2014年版，第98页。
③ 刘庆、冯兰：《移居老年人的城市定居意愿及其影响因素分析——基于深圳市的实证研究》，《天府新论》2013年第5期。
④ 李芳、龚维斌、李姚军：《老年流动人口居留意愿的影响因素分析——以布迪厄理论为视角》，《人口与社会》2016年第4期。

的意愿并不强烈,超过一半以上的随迁老人不愿意在城市定居[①]。而刘成斌的研究却得出了不同的结论,他发现从整体上看"老漂族"与子女共同居住的意愿保持在较高水平,只是因为有家庭照顾分工的影响,部分"老漂族"表现出不愿意继续与子女共同居住的倾向[②]。隔代照顾会对老人的居留意愿产生一定的影响,年龄偏大的农村女性老人有着更强烈的照顾子女及其家庭的责任感,也更愿意在城市定居以照顾孙辈[③]。除了照顾孙辈外,祖辈还要承担家中其他杂务,并且几乎没有任何经济回报[④],这可能会降低"老漂族"在子女所在地的定居意愿。子女因素会影响到老人的居留意愿,在研究老人是否会定居北京时,张航空发现独生子女、多子女且均在北京的老人,老家和北京都有儿子的老人,以及北京有儿子但老家没有儿子的老人,更可能长期定居在北京[⑤]。

对于流入地来说,"老漂族"的居留意愿到底怎么样呢?他们的居留意愿会受到什么因素影响?居留意愿如何,既折现出"老漂族"与原住地之间的关系,也表明他们对流入地以及在流入地的生活的满意度,还能反映他们在流入地的"漂泊"心理的程度。而且是继续留居子女所在地还是返回老家,从整体上看这意味着老年人口分布的变化,也意味着相应的公共设施、公共政策需要更新和调整。

二 研究思路与设计

(一) 分析思路

本章需要探讨两个问题:一是"老漂族"的居留意愿究竟如何?二是

[①] 陈盛淦、吴宏洛:《随迁老人的城市定居意愿及其影响因素分析——以福建省为例》,《晋阳学刊》2016年第2期。

[②] 刘成斌、巩娜鑫:《老漂族的城市居留意愿和代际观念》,《中国人口科学》2020年第1期。

[③] 陈盛淦、吴宏洛:《二孩政策背景下随迁老人城市居留意愿研究——基于责任伦理视角》,《东南学术》2016年第3期。

[④] 李芬、风笑天:《照料"第二个"孙子女?——城市老人的照顾意愿及其影响因素研究》,《人口与发展》2016年第4期。

[⑤] 张航空:《子女因素对随迁老人居留意愿的影响》,《人口与发展》2018年第2期。

哪些因素影响了"老漂族"的居留意愿？要探讨这两个问题，需要分两个步骤。其一是通过频数分析描述"老漂族"的居留意愿状况。其二是用"老漂族"的人口学特征、流动特征、环境适配性以及生活空间等方面的变量与"老漂族"的居留意愿进行交互分类分析或均值比较分析，探讨上述变量对"老漂族"居留意愿的影响。

（二）变量说明

1. 因变量

本章的因变量是居留意愿。怀斯曼（Robert F. Wiseman）等人指出迁移的决策主要包括是否迁移以及迁移到哪里①。而实际上，当确定要迁移和选择好迁移的地点之后，还有一项非常重要的决策，即是否在迁入地定居。人口流动的决策包括两块，一块是流动前的决策，另一块是流动后的决策。流动后决策的前提条件是流动人口已经在流入地生活过一段时间。一部分流动人口会选择定居在流入地，而另一部分流动人口会选择返回流出地或者继续流动到其他地方。"老漂族"的居留意愿是指"老漂族"跟随子女流动，在子女所在地生活过一段时间之后，是继续定居还是返回家乡的意愿。通过"未来很长一段时间（至少5年）您愿意继续在子女所在地生活"这一问题来测量，答案选项为很不符合、不太符合、说不清、比较符合、非常符合，符合程度越高说明"老漂族"在子女所在地定居的意愿越强。为了方便分析，将很不符合、不太符合归为不打算在子女所在地定居，将比较符合、非常符合归为打算在子女所在地定居，因此"老漂族"的居留意愿就归类为不打算定居、说不清、打算定居三种类型。

2. 自变量

本章的涉及的自变量分为四个方面：一是"老漂族"的人口学特征，二是"老漂族"的流动特征，三是"老漂族"的环境适配性，四是"老漂族"的生活空间。

"老漂族"的人口学特征包括性别、年龄、城乡背景、受教育程度、婚姻状况和身体健康状况。人口学特征是影响流动人口居留意愿的重要因

---

① R E Wiseman, C C Roseman. A Typology of Elderly Migration Based on the Decision Making Process [J]. *Economic Geography*, 1979, 55 (4): pp. 324–337.

素，无论是劳动年龄流动人口，还是老年流动人口，人口学特征都会对其居留意愿产生影响。由于性别分工、性别文化、性别角色的不同，不同性别的"老漂族"对在子女所在地的生活可能会有不同的体验和感受。"老漂族"一般都是生活在城市里，但在流动之前，则既可能生活在农村也可能生活在城市，这两类"老漂族"的生活背景不一样，来到城市之后他们经历的生活体验和所遇到的挑战也会不同。受教育程度在一定程度可能会影响"老漂族"的居留决策。在本章中将受教育程度分为初中及以下、高中/中职/中专、大专及以上三个层次。婚姻状况不同，对原家庭的依赖程度会有差异，也就可能影响他们在流入地的居留意愿。婚姻状况包括在婚、离异、丧偶，其中在婚指有配偶，包括初婚、再婚、同居等情况。身体健康状况采用工具性日常生活活动能力量表来测量，该量表包括八条陈述，分别为做饭、做重活、乘坐交通工具、做家务、打电话、外出购物、管理自己的财物、就诊用药，答案选项分为完全不需要协助、部分需要协助、完全需要协助三项，分别按1、2、3赋值，个案的量表得分越高，表明其健康状况越差。

"老漂族"的流动特征包括"漂龄"、流动半径、流动目的、流动意愿。"漂龄"不同，对子女所在地的认识、了解、适应程度不一样，进而可能影响他们的居留意愿。把"漂龄"分为流动时间1年以下、1—3年、3年以上三个层次。流动半径是指流动所跨越行政区划的大小，分为省际流动、市际流动和市内流动三种类型。流动目的指主要因为什么动机而流动。将流动目的主要分为投靠子女、支援子女、提高生活品质、随孩返乡及其他四类。流动意愿是指"老漂族"的流动是否是主动和自愿的，包括由自己主动提出、由子女提出且自己主动接受、由配偶提出、由子女提出而自己被动接受、其他人提出五种类型，将前两种情形归为主动流动，后三种情形归为被动流动。

"老漂族"的环境适配性包括在子女所在地的社会适应、认同水平和生活满意度。用李克特量表来测量社会适应，包括心理适应、环境适应、家庭生活适应、人际关系适应、老年角色适应五个维度。认同是指人们将自己归属于哪一个群体，强调利益、身份、归属的一致性，本章所讲的认同包括文化认同、地位认同、群体认同三个维度。生活满意度是生活质量和主观幸福感的重要测量指标，表示人们对生活的满意程度。"老漂族"

的生活满意度包括家庭满意度、社区满意度、交通满意度和居住满意度四个维度。无论是对子女所在地的社会适应、认同水平还是生活满意度，都代表了"老漂族"内心深处的感受，这种感受的好与坏可能会影响他们的居留意愿，愉悦的情感体验往往更能够吸引他们在子女所在地定居。

"老漂族"的生活空间变量包括是否照顾孙辈、是否有独立的房间、参与社区活动的频率、与外界交流的频率。很多"老漂族"都要承担照顾孙辈的责任，孙辈成为连接"老漂族"与子女的重要纽带。因为在我国的传统文化里，老年人帮助成年子女照顾家庭，是长辈关爱子女以及孙辈的重要方式[①]。独立的房间能够使"老漂族"拥有属于自己的私人空间，而参与社区活动和加强与外界的联系，让"老漂族"保持良好的人际关系。

表6-1呈现的是上述变量的基本情况。

表6-1　　　　　　　　　　各变量基本情况描述

变量		变量取值	百分比
人口学特征	性别	男性	49.90
		女性	50.10
	城乡背景	农村	57.10
		城市	42.90
	受教育程度	初中及以下	34.40
		高中/中职/中专	48.10
		专科及以上	17.50
	婚姻状况	在婚	63.40
		离异	12.30
		丧偶	24.30
	年龄	65岁以下	66.60
		65岁及以上	33.40
	工具性日常生活能力	（均值）	11.43

---

① 孙鹃娟、张航空：《中国老年人照顾孙子女的状况及影响因素分析》，《人口与经济》2013年第4期。

续表

变量			变量取值	百分比
流动特征	"漂龄"		1年以下	52.90
			1—3年	19.70
			3年以上	27.40
	流动半径		市内流动	20.10
			市际流动	49.30
			省际流动	30.60
	流动意愿		主动流动	84.10
			被动流动	15.90
	流动目的		投靠子女	29.80
			支援子女	39.80
			提高生活品质	22.30
			随孩返乡及其他	8.20
环境适配性	总生活满意度		（均值）	52.035
		家庭满意度	（均值）	16.241
		居住满意度	（均值）	15.455
		交通满意度	（均值）	11.561
		社区满意度	（均值）	8.103
	总社会适应		（均值）	42.006
		心理适应	（均值）	7.068
		环境适应	（均值）	7.817
		家庭生活适应	（均值）	7.676
		人际关系适应	（均值）	11.813
		老年角色适应	（均值）	7.632
	总认同水平		（均值）	32.090
		文化认同	（均值）	22.793
		群体认同	（均值）	3.100
		地位认同	（均值）	6.201
生活空间	是否有独立房间		是	88.60
			否	11.40
	是否照顾孙辈		是	51.10
			否	48.90

续表

变量		变量取值	百分比
生活空间	社区参与频率	经常参加	28.80
		偶尔参加	59.00
		从不参加	12.20
	与外界联系频率	很少	24.90
		偶尔	39.60
		经常	35.60

三 "老漂族"的居留意愿和影响因素

(一) 约四分之三的"老漂族"在流入地有定居意愿

表6-2呈现的是"老漂族"的居留意愿情况。数据表明，74.6%的"老漂族"有继续在流入地定居的打算，他们在接受调查时表示自己愿意在子女所在地长久居住；还有22.1%的"老漂族"对于是否要在子女所在地长久地生活下去持"说不清"态度，既可能继续居住，也可能会返回原住地；只有3.4%的"老漂族"明确表示将来不打算在子女所在地居住下去。这表明有约四分之三的"老漂族"是有在子女所在地长久生活下去的意愿的，只有约四分之一的"老漂族"对于在子女所在地长期定居这个问题是犹豫不决的或者持否定态度。这一结果说明两个问题。其一是这一结果和民众对"老漂族"的漂泊的印象或者想象不一致。一般的观念认为，这些老人只是暂时来到子女所在地，完成了任务或者实现了目的之后多数是要返回老家的，这是他们"漂浮不定""心无所依"的重要原因。而调查结果表明，他们"漂浮不定""心无所依"的心理感觉或许是暂时的，他们不一定只是暂时寄住在子女家庭，多数人是有在子女所在地长期居住下去的打算的。这也是这一代老年人所面临的客观养老形势决定的。本研究所调查的"老漂族"的平均年龄是61.78岁，刚刚步入人生的老年阶段。这一年龄段的老年人在他们的育龄时期刚好遇上全国推行比较严格的计划生育政策，他们的子女数量是有限的，有的甚至只有一个小孩。在社会化养老并未普及、"养儿防老"的传统养老文化依然有效的情况下，子

女数量虽然有限,家庭养老资源也不足,但也是这一代老人养老不得不依靠的希望所在。虽然在当前来说,他们都还只是低龄老人,身体健康状况总体上还不错,流入到子女所在地,他们对于子女及其家庭来说主要还是付出和帮扶,但就长远来看子女及其家庭也是他们的寄托和归宿。

表6-2　　　　　　"老漂族"的居留意愿分布（N=503）　　　　　单位:%

	不打算定居	说不清	打算定居	总计
百分比	3.4	22.1	74.6	100
样本量（人）	17	111	375	503

（二）部分人口学特征变量对"老漂族"的居留意愿有明显影响

表6-3呈现的是"老漂族"的人口学特征变量与其居留意愿的交互分类分析结果。先看居留意愿的性别差异。表6-3表明,男性"老漂族"打算在子女所在地定居的比例比女性"老漂族"要高1.5个百分点,表示说不清是否在子女所在地定居的比例比女性"老漂族"要高2.1个百分点,而不打算在子女所在地定居的男性"老漂族"却要比女性"老漂族"低3.6个百分点,统计检验显示二者之间存在明显差异。或者说,愿意在子女所在地定居的男性"老漂族"比女性"老漂族"明显要多。这一调查结果也与对不同性别的"老漂族"定居意愿的想象不相一致。一般而言,女性"老漂族"在子女家庭里发挥的功用更大,也更容易融入子女家庭,她们更可能在子女家庭继续生活下去,但调查结果显示她们在子女所在地定居的意愿还不如男性"老漂族"。

表6-3　　人口学特征变量与居留意愿的交互分类结果（N=503）　　单位:%

变量名	变量取值	不打算	说不清	打算	样本量（人）	卡方检验
性别	男性	1.60	23.10	75.30	251	5.012*
	女性	5.20	21.00	73.80	252	
城乡背景	农村	3.80	21.30	74.90	287	0.618
	城镇	2.80	23.10	74.10	216	
受教育程度	初中及以下	5.20	30.10	64.70	173	24.179***
	高中/中职/中专	2.50	22.30	75.20	242	
	大专及以上	2.30	5.70	92.00	88	

续表

变量名	变量取值	不打算	说不清	打算	样本量（人）	卡方检验
年龄	65岁以下	3.60	19.10	77.30	335	5.138*
	65岁及以上	3.00	28.00	69.00	168	
婚姻状况	在婚	3.40	21.60	74.90	319	3.629
	离异	1.60	16.10	82.30	62	
	丧偶	4.10	26.20	69.70	122	

注：$^{*}P<0.05$，$^{**}P<0.01$，$^{***}P<0.001$。

其次来看受教育程度对"老漂族"居留意愿的影响。如表6-3所示，大专及以上文化层次的"老漂族"有92.0%表示打算在子女所在地定居，高中/中职/中专文化层次的"老漂族"有75.20%打算在子女所在地定居，而初中及以下文化层次的"老漂族"只有64.70%有在子女所在地定居的打算，统计检验显示不同受教育程度的"老漂族"在居留意愿方面有明显的差距。高中/中职/中专与初中及以下这两个文化层次的"老漂族"在子女所在地定居的意愿相对接近，他们之间相差10.50个百分点，但是比起大专及以上文化层次的"老漂族"就相差得很远，分别相差16.8%、27.3%，而对于是否打算在子女所在地定居这个问题，回答"不打算"或者"说不清"的"老漂族"，则表现为随着受教育程度的提高而逐渐降低。总体来看，在"老漂族"当中，受教育程度越高，在子女所在地定居的意愿就越强。大专及以上文化层次的"老漂族"超过九成有在地女所在地定居的意愿，远远超过文化水平比他们低的"老漂族"。但是即使是定居意愿最弱的初中及以下这个文化层次，也有接近三分之二是打算在子女所在地定居的。这也说明多数"老漂族"是有在子女所在地居住下去的打算的。

再来看年龄对"老漂族"的居留意愿的影响。数据表明，65岁以下的"老漂族"打算在子女所在地定居的占77.30%，对这个问题说不清或者不打算定居的分别占19.10%、3.60%；65岁及以上的"老漂族"打算在子女所在地定居的占69.00%，对这个问题说不清或者不打算定居的分别占28.00%、3.00%；统计检验显示这两个年龄段的"老漂族"在居留意愿上具有明显差异。这说明"老漂族"的年龄与其定居意愿成负相关关系，随着年龄的增大,"老漂族"在子女所在地的定居意愿会明显减弱。随着自身年龄的增大,一方面,子女的家庭逐步走上了正轨,孙辈也逐渐长大,需要的照顾逐渐减少,因而他们对于子女家庭的功用就降低了;另一方面,身体机能逐渐退化,患病的可能性不断增加,不仅难以继续为子女及其家庭做出贡献,相反还会成为子女的负担,基于这两方面的原因,上了年龄的"老漂族"更可能离开子女所在地,返回流出地。

再来看城乡背景、婚姻状况与"老漂族"的居留意愿之间的关系。表6-3表明,不管是来自农村的"老漂族"还是来自城市的"老漂族",打算在子女所在地定居的都接近四分之三,对是否在子女所在地定居这个问题说不清楚的都要超过五分之一,统计检验显示二者之间在居留意愿上不存在明显差异,不管是来自农村的"老漂族"还是来自城市的"老漂族",多数都是有在子女所在地定居的打算的。在婚姻状况的在婚、离异和丧偶三种情形中,离异的"老漂族"有82.30%打算在子女所在地定居,而在婚、丧偶的"老漂族"分别有74.90%、69.70%打算在子女所在地定居;而对于在子女所在地定居这个问题持说不清、不打算态度的,都是按丧偶、在婚、离异的顺序递减。虽然不同的婚姻状况,是否打算在子女所在地定居的比例有高有低,但是统计检验显示,"老漂族"的婚姻状况差异并不影响到他们的居留意愿,或者说不同的婚姻状况的"老漂族"在居留意愿上并不存在明显的差别。

最后来看"老漂族"的身体健康状况对居留意愿的影响。表6-4呈现的是"老漂族"的工具性日常生活能力与不同居留意愿的均值比较情况。从数值上看,对是否在子女所在地定居这个问题说不清楚的"老漂族"在工具性日常生活能力量表上的得分最高,得分稍次的是打算在子女所在地定居的"老漂族",得分最低的是不打算在子女所在地定居的"老漂族"。但是统计检验显示,身体健康状况的差异与居留意愿的差异之间并不存在显著的关联性,或者说身体健康状况并不会影响到居留意愿。按理来说,身体健康状况好,可能增加"老漂族"选择在子女所在地定居的可能性,因为可以为子女及其家庭做更多的贡献,或者可以提升自身的养老生活质量;身体健康状况不好,也可能增加"老飘族"选择在子女所在地定居的可能性,因为需要依靠子女获得照料、交流等养老资源。而调查结果却表明身体健康状况与居留意愿之间没有明显的关联性。其中最重要的原因可能是本研究的调查对象还是刚刚步入老年的低龄老人，身体健康状况总体上都还是不错，因而并没有给居留意愿带来大的影响。数据显示，在测量工具性日常生活能力的八个题项中，除了做重活和就诊用药这两项有超过五成的"老漂族"需要协助外，其余各项活动都不太需要协助。

表6-4　工具性日常生活能力与不同居留意愿的均值比较（N=503）

	不打算	说不清	打算	F值 sig
工具性日常生活能力	11.0588	11.5856	11.3947	0.281

（三）部分流动特征变量对"老漂族"的居留意愿有明显影响

表6-5呈现的是"老漂族"的流动特征变量与其居留意愿的交互分类分析结果。首先看流动半径对居留意愿的影响。数据显示，市内流动、省内市与市之间的流动以及跨省流动的"老漂族"，其打算在子女所在地定居的比例分别是87.10%、79.40%、58.40%，对是否在子女所在地定居这个问题说不清楚的比例分别是10.90%、17.70%、36.40%，不打算在子女所在地定居的比例分别是2.00%、2.80%、5.20%，统计检验显示流动半径对定居意愿的影响是很明显的。随着流动半径的扩大，在子女所在地定居的意愿逐渐降低，而不打算在子女所在地定居或者处于迷茫不定、说不清的状态的比例逐渐增加。流动半径小，意味着原住地与子女所在地比较近，老人既可以跟子女住一起，享有住在一起的各种好处，又不需要经历地域之间的较大变化所带来的不便。而随着流动半径的扩大，地域之间的差异增加，老人在地域之间的往返更加不便，就更可能倾向于完成了流动的目的之后再返回原住地，而不是在子女所在地定居。

其次来分析流动目的对居留意愿的影响。由表6-5表明，为提高生活品质、投靠子女、支援子女和随孩返乡及其他原因而流动的"老漂族"，打算在子女所在地定居的比例分别是86.60%、76.70%、68.50%、63.40%，对是否在子女所在地定居这个问题说不清楚的比例分别是13.40%、18.00%、28.00%、31.70%，而不打算在子女所在地定居的比例分别是0.00、5.30%、3.50%、4.90%，统计检验显示流动目的与居留意愿之间具有明显的相关性。总体上来看，越是为老人自身而流动，在子女所在地定居的意愿会更强,相反,越是为了子女及其家庭而流动,在子女所在地定居的意愿会降低。另外,不管是出于何种目的而流动,没有意愿在子女所在定居、不想在子女的家庭生活的"老漂族"其实是很少的,多数人愿意在子女所在地定居。

表6-5 流动特征变量与居留意愿的交互分类结果（N=503）

变量	变量取值	不打算	说不清	打算	样本量（人）	卡方检验
流动半径	市内流动	2.00	10.90	87.10	101	32.694***
	市际流动	2.80	17.70	79.40	248	
	省际流动	5.20	36.40	58.40	154	
流动目的	投靠子女	5.30	18.00	76.70	150	19.558**
	支援子女	3.50	28.00	68.50	200	
	提高生活品质	0.00	13.40	86.60	112	
	随孩返乡及其他	4.90	31.70	63.40	41	
流动意愿	主动流动	3.50	22.50	74.00	423	0.513
	被动流动	2.50	20.00	77.50	80	
"漂龄"	1年以下	2.60	24.80	72.60	266	15.569**
	1—3年	9.10	17.20	73.70	99	
	3年以上	0.70	20.30	79.00	138	

注：* P<0.05, ** P<0.01, *** P<0.001。

再次来看"漂龄"对居留意愿的影响。由表中数据可知,在三个"漂龄"段的"老漂族"中,有3年以上"漂龄"的"老漂族"的定居意愿最高,有79.00%打算在子女所在地定居;有1—3年"漂龄"的"老漂族"的定居意愿次之,有73.70%打算在子女所在地定居;而只有1年以下"漂龄"的"老漂族"的定居意愿最低,只有72.60%有在子女所在地定居的打算;"漂龄"在1—3年的"老漂族"在定居意愿上具有一定的特殊性：对于在子女所在地定居的意愿说不清楚的比例明显要低于其他两类"老漂族",而明确不在子女所在地定居的比例又明显要高于其他两类"老漂族";统计检验显示,"漂龄"的长短不一样,"老漂族"的居留意愿存在明显差异。总体上来看,随着"漂龄"延长,"老漂族"打算在子女所在地定居的比例会不断增加,而"漂龄"短的"老漂族"打算不在子女所在地定居或表示说不清的比例比较高。这里可能包括两种情况：一是随着跟子女生活在一起的时间的增加，相互交流互动变得更畅通，变得更能够相互接纳，定居的意愿会增强；二是这些老人本身就是打算长期在子女所在地居住下去的，比如为投靠子女或提高生活品质而流动的"老漂族"，这种情况下，较长的"漂龄"不是原因而是一种结果了。

最后来看流动意愿与居留意愿之间的关联性。数据显示，被动流动的"老漂族"在子女所在地定居的意愿要比主动流动的"老漂族"高3.5个百分点；主动流动的"老漂族"不打算在子女所在地定居的比例比被动流动的"老漂族"要高1.0个百分点，表示说不清的比例比被动流动的"老漂族"高2.5个百分点；但是统计检验显示，不管是主动流动的"老漂族"还是被动流动的"老漂族"，其居留意愿在本质上没有显著区别，流动意愿的不同并不是居留意愿差异的主要解释变量。

（四）环境适配性对"老漂族"的居留意愿存在明显影响

环境适配性包括社会适应、认同水平、生活满意度。依次分析上述三种环境适配性及其具体维度对居留意愿的影响。首先看社会适应对居留意愿的影响。表6-6呈现的是"老漂族"的社会适应及其具体维度与居留意愿的一元方差分析结果。数据表明，总社会适应得分越高的"老漂族"越有可能打算在子女所在地定居，相反，总社会适应得分越低的"老漂族"越不可能在子女所在地定居，而总社会适应中等的"老漂族"往往还没有考虑清楚是否在子女所在地定居。多重检验显示，这种差异具有统计显著性，即社会适应会影响"老漂族"的定居意愿，表现为总社会适应越好的"老漂族"，其定居意愿越强，总社会适应越差的"老漂族"，其定居意愿越弱。社会适应状况变好，能够融入流入地的生活、接纳流入地的人和事，是他们愿意在子女所在地定居的一个重要原因。相反，社会适应状况比较糟糕，他们在子女所在地定居的意愿就会明显减弱。

社会适应分为心理适应、环境适应、人际关系适应、家庭生活适应、老年角色适应五个维度。在心理适应维度上，心理适应得分由高到低分别是7.109、7.063、6.177，其定居意愿分别是打算定居、说不清是否定居、不打算定居，这说明随着心理适应越来越好，"老漂族"在流入地的定居意愿越来越强，越有可能在流入地定居。但进一步分析发现这种差异不具有统计显著性。可以说,"老漂族"的心理适应不会明显影响到其居留意愿,居留意愿需要用别的变量去解释。

表6-6　社会适应及其维度与居留意愿的一元方差分析结果（N=503）

变量		不打算	说不清	打算	F 值 sig	多重检验
总社会适应	均值	35.294	39.541	43.040	55.098***	1-2, 2-3, 1-3
	标准差	4.370	4.169	4.051		
心理适应	均值	6.177	7.063	7.109	1.000	
	标准差	2.834	2.371	2.733		
环境适应	均值	7.941	7.306	7.963	6.945***	2-3,
	标准差	1.519	1.571	1.659		
人际关系适应	均值	5.588	7.036	7.960	32.164***	1-2, 1-3, 2-3
	标准差	1.278	1.595	1.515		
家庭生活适应	均值	9.235	11.189	12.115	27.463***	1-2, 1-3, 2-3
	标准差	2.538	1.598	1.899		
老年角色适应	均值	6.353	6.946	7.893	26.866***	1-3, 2-3
	标准差	1.835	1.420	1.376		

注：1. * $P<0.05$, ** $P<0.01$, *** $P<0.001$; 2. 多重检验中 1 代表不打算定居, 2 代表说不清, 3 代表打算定居。

在环境适应维度上,打算在流入地定居、对是否在流入地定居这个问题说不清楚、不打算在流入地定居三类"老漂族"的环境适应量表得分分别是 7.963、7.306、7.941。这说明较好的环境适应的"老漂族"既有可能打算在流入地定居也有可能不打算在流入地定居,这一点并不确定。统计检验显示,居留意愿与环境适应之间存在明显的关联性,尤其是表现在对是否在流入地定居这个问题说不清楚与打算在流入地定居这两类"老漂族"之间：前者的环境适应明显不如后者。

在人际关系适应维度上,打算在流入地定居、对是否在流入地定居这个问题说不清楚、不打算在流入地定居三类"老漂族"的人际关系适应量表得分分别是 7.960、7.036、5.588,这说明人际关系适应最好的"老漂族"往往愿意在流入地定居,而人际关系适应最差的"老漂族"往往不打算在流入地定居,而人际关系适应处于中间水平的"老漂族"则可能还没有考虑好是否在流入地定居。多重检验显示，三种差异之间具有统计显著性。

在家庭生活适应维度上，打算在流入地定居、对是否在流入地定居这个问题说不清楚、不打算在流入地定居三类"老漂族"的家庭生活适应量表得分分别是 12.115、11.189、9.235，打算在流入地定居的"老漂族"的家庭生活适应状况最好，不打算在流入地定居的"老漂族"的家庭生活适应最不如人意，而对是否在流入地定居这个问题说不清楚的"老漂族"的家庭生活适应，既明显不如打算在流入地定居的"老漂族"，又明显好于不打算在流入地定居的"老漂族"。这说明家庭生活适应对"老漂族"的居留意愿有影响，家庭生活适应越好，"老漂族"越倾向于留在流入地继续生活，而家庭生活适应越差，"老漂族"越有可能返回流出地。并且统计检验的结果显示上述的这种差异具有统计显著性。

在老年角色适应维度上，打算在流入地定居、对是否在流入地定居这个问题说不清楚、不打算在流入地定居三类"老漂族"的老年角色适应量表得分分别是 7.893、6.946、6.353。多重检验结果显示老年角色适应得分最高的"老漂族"与得分最低和得分居中的"老漂族"之间的差异具有统计显著性，而得分最低和得分居中的"老漂族"之间的差异并不具有显著性。这说明老年角色适应最好的"老漂族"越可能在流入地定居，得分次之和得分最低的"老漂族"既可能不打算在流入地定居，也可能还没有考虑清楚是否定居。

其次来看认同水平对居留意愿的影响。表 6-7 呈现的是"老漂族"的认同水平及其具体维度与居留意愿的一元方差分析结果。在总的认同水平上，打算在流入地定居、对是否在流入地定居这个问题说不清楚、不打算在流入地定居三类"老漂族"的认同量表得分分别是 23.912、19.739、18.059，统计检验显示：认同水平最高的"老漂族"越可能在流入地定居，明显要高于其他两类"老漂族"；认同水平最低的"老漂族"越不打算在子女所在地定居，明显低于其他两类"老漂族"；而认同水平居于中间状态的"老漂族"则可能说不清楚是否要在流入地定居。可见，认同水平与居留意愿之间存在明显的关联性，认同水平是"老漂族"在流入地的居留意愿差异的显著的解释变量。总体来看，认同水平越高，越有可能打算在子女所在地定居，而认同水平越低，越不打算在子女所在地定居。

在文化认同维度上，打算在流入地定居、对是否在流入地定居这个问题说不清楚、不打算在流入地定居三类"老漂族"的文化认同量表得分分别是23.912、19.739、18.059。总体上看，随着对流入地文化认同水平的降低，"老漂族"在流入地定居的可能性会变小。具体来说，文化认同水平越高的"老漂族"越有可能在流入地定居，而文化认同水平越低的"老漂族"越不打算在流入地定居，文化认同水平居于中间水平的"老漂族"更可能表示自己还没有考虑清楚是否在流入地定居。文化是一个地区风俗习惯、行为准则、价值观念的表现，"老漂族"能够认同子女所在地的文化，对于其融入当地社会具有重要意义。如果"老漂族"在不同文化的碰撞下不能够形成良好的适应性，定居当地的意愿就会降低。

表6-7 认同水平及具体维度与居留意愿的一元方差分析结果（N=503）

变量		不打算	说不清	打算	F值 sig	多重检验
总认同水平	均值	18.059	19.739	23.912	66.443***	1-2, 1-3, 2-3
	标准差	3.799	4.651	3.463		
文化认同	均值	18.059	19.739	23.912	66.443***	1-3, 2-3
	标准差	3.799	4.651	3.463		
群体认同	均值	2.880	2.820	3.190	9.306***	2-3,
	标准差	0.697	0.741	0.838		
地位认同	均值	4.529	5.748	6.411	21.149***	1-2, 1-3, 2-3
	标准差	2.035	1.632	1.335		

注：1. *P<0.05, **P<0.01, ***P<0.001；2. 多重检验中1代表不打算定居，2代表说不清，3代表打算定居。

在群体认同维度上，打算在流入地定居、对是否在流入地定居这个问题说不清楚、不打算在流入地定居三类"老漂族"的群体认同量表得分分别是3.190、2.820、2.880，多重检验的结果显示群体认同最好和群体认同稍次之的"老漂族"既有可能打算定居也可能不打算定居，二者之间并无明显差距，而群体认同最差的"老漂族"则表示还没有考虑清楚是否在流入地定居，群体认同最差的"老漂族"和群体认同最好的"老漂族"之间的差异非常明显。在地位认同维度上，打算在流入地定居、对是否在流入地定居这个问题说不清楚、不打算在流入地定居三类"老漂族"的地位认同量表得分分别是 6.411、5.748、4.529，地位认同越高的"老漂族"越有可能在流入地定居，地位认同越低的"老漂族"越不可能在子女所在地定居，而地位认同处于中间水平的"老漂族"则表示尚未考虑清楚是否在流入地定居。多重检验显示，三者之间的差别具有统计显著性，说明地位认同会影响到"老漂族"的居留意愿。总体上，对自身在流入地的地位认同度越高，"老漂族"在流入地定居的意愿就越强。

最后来看生活满意度对"老漂族"居留意愿的影响。表 6-8 呈现的是"老漂族"的生活满意度及其具体维度与居留意愿的一元方差分析结果。在总的生活满意度上，打算在流入地定居、对是否在流入地定居这个问题说不清楚、不打算在流入地定居三类"老漂族"的总的生活满意度量表得分分别是 53.623、47.304、47.182，总生活满意度越高的"老漂族"越有可能打算在流入地定居，总生活满意度越低的"老漂族"越有可能不打算在流入地定居，总生活满意度居于中间水平的"老漂族"持观望态度的可能性更大。多重检验结果显示总生活满意度最高和总生活满意度最低、总生活满意度最高和总生活满意度居于中间水平的"老漂族"之间的差异是明显的。

表 6-8 生活满意度及其具体维度与居留意愿的一元方差分析结果（N = 503）

变量		不打算	说不清	打算	F 值 sig	多重检验
总生活满意度	均值	47.182	47.304	53.623	34.802***	1-3，2-3
	标准差	8.195	6.746	5.484		
家庭满意度	均值	15.091	14.942	16.670	18.697***	1-3，2-3
	标准差	2.844	2.667	1.958		
居住满意度	均值	14.588	14.207	15.864	19.350***	1-3，2-3
	标准差	3.063	2.548	2.504		
交通满意度	均值	9.353	10.351	12.019	50.855***	1-2，1-3，2-3
	标准差	2.499	1.857	1.725		
社区满意度	均值	7.706	7.595	8.272	11.306***	2-3，
	标准差	1.532	1.648	1.261		

注：1. *$P<0.05$, **$P<0.01$, ***$P<0.001$；2. 多重检验中 1 代表不打算定居，2 代表说不清，3 代表打算定居。

在家庭满意度维度和居住满意度上，打算在流入地定居、对是否在流入地定居这个问题说不清楚、不打算在流入地定居三类"老漂族"的总的生活满意度量和居住满意度表得分分别是 16.670、14.942、15.091 以及 15.864、14.588、14.207，家庭满意度、居住满意度最好的"老漂族"越有可能打算在流入地定居，家庭满意度和居住满意度次之的"老漂族"越有可能不打算在流入地定居，而家庭满意度和居住满意度最逊色的"老漂族"表示说不清是否定居。多重检验显示家庭满意度、居住满意度最好的"老漂族"与家庭满意度、居住满意度次之的"老漂族"、家庭满意度、居住满意度最好的"老漂族"与家庭满意度、居住满意度最逊色的"老漂族"之间的差异具有统计显著性。这说民家庭满意度和居住满意度会影响"老漂族"的居留意愿。

在交通满意度维度上，打算在流入地定居、对是否在流入地定居这个问题说不清楚、不打算在流入地定居三类"老漂族"的交通满意度量表得分分别是 12.019、10.351、9.353，交通满意度最高的"老漂族"越有可能打算在流入地定居，交通满意度最低的"老漂族"越有可能不打算在流入地定居，交通满意度处于中间水平的"老漂族"尚未考虑清楚是否在流入地定居。多重检验显示三者之间的差异具有统计显著性，这说明交通满意度对"老漂族"的定居意愿的影响是明显的，随着交通满意度的增强，他们在流入地定居的意愿会逐渐增强。在社区满意度维度上，打算在流入地定居、对是否在流入地定居这个问题说不清楚、不打算在流入地定居三类"老漂族"的社区满意度量表得分分别是 8.272、7.595、7.706，社区满意度最高或稍次之的"老漂族"既有可能打算在流入地定居，也有可能不打算在流入地定居，社区满意度最低的"老漂族"更可能还不清楚是否要定居。多重检验显示，社区满意度最高的"老漂族"和社区满意度最低的"老漂族"之间的差异具有统计显著性。

（五）部分生活空间变量对"老漂族"的居留意愿存在明显影响

"老漂族"的生活空间包括他们拥有的物理空间和社交空间，在本研究中操作化为是否照顾孙辈、是否拥有独立的房间、社区参与频率、与外界联系频率。表 6-9 呈现的是"老漂族"的生活空间变量与居留意愿的交互分类结果。首先看是否照料孙辈对居留意愿的影响。在需要照顾孙辈的"老漂族"中，不打算在流入地定居、对是否在流入地定居说不清楚、打算在流入地定居的比例分别是4.30%、24.50%、71.20%；在不需要照顾孙辈的"老漂族"中，不打算在流入地定居、对是否在流入地定居说不清楚、打算在流入地定居的比例分别是2.40%、19.50%、78.00%。需要照顾孙辈的"老漂族"打算在流入地定居的比例比不需要照顾孙辈的"老漂族"要低一些，不打算在流入地定居或者对在流入地定居这个问题模棱两可的比例却要高一些，而不需要照顾孙辈的"老漂族"在流入地的定居意愿刚好与此相反。只是卡方检验显示这种差距并不明显。或者说是否需要照顾孙辈对"老漂族"在流入地定居的意愿并没有明显的影响。

表6-9 生活空间变量与居留意愿的交互分类结果（N=503）

		不打算	说不清	打算	样本量（人）	卡方检验
是否照顾孙辈	是	4.30	24.50	71.20	257	3.475
	否	2.40	19.50	78.00	246	
是否有独立房间	是	3.20	22.30	74.50	444	0.875
	否	5.30	19.30	75.40	57	
社区参与频率	经常参加	0.00	10.30	89.70	145	42.480***
	偶尔参加	3.00	26.30	70.70	297	
	从不参加	13.10	29.50	57.40	61	
与外界联系频率	很少	4.80	20.80	74.40	125	11.980***
	偶尔	4.50	27.60	67.80	199	
	经常	1.10	16.80	82.10	179	

注：* $P<0.05$，** $P<0.01$，*** $P<0.001$。

其次看是否拥有独立的房间对居留意愿的影响。在拥有独立房间的"老漂族"中，不打算在流入地定居、对是否在流入地定居说不清楚、打算在流入地定居比例分别是3.20%、22.30%、74.50%；在不拥有独立房间的"老漂族"中，不打算在流入地定居、对是否在流入地定居说不清楚、打算在流入地定居的比例分别是5.30%、19.30%、75.40%。拥有独立的房间的"老漂族"和不拥有独立房间的"老漂族"在流入地的定居意愿区别并不明显。或者说是否拥有独立的房间并不会明显地影响到"老漂族"的定居意愿。

再来看社区参与频率对居留意愿的影响。在经常参加社区活动的"老漂族"中，不打算在流入地定居、对是否在流入地定居说不清楚、打算在流入地定居比例分别是0.00%、10.30%、89.70%；在偶尔参加社区活动的"老漂族"中，不打算在流入地定居、对是否在流入地定居说不清楚、打算在流入地定居比例分别是3.00%、26.30%、70.70%；在从不参加社区活动的"老漂族"中，不打算在流入地定居、对是否在流入地定居说不清楚、打算在流入地定居比例分别是13.10%、29.50%、57.40%。卡方检验显示，参与社区活动的频率不同，"老漂族"在流入地的定居意愿有明显差异。随着参与社区活动的频率的下降，"老漂族"在流入地定居的意愿也会下降。或者说参加社区活动越频繁的"老漂族"越有可能有在流入地定居的意愿。

最后来看与外界联系的频率对居留意愿的影响。在与外界联系很少的"老漂族"中，不打算在流入地定居、对是否在流入地定居说不清楚、打算在流入地定居比例分别是4.80%、20.80%、74.40%；在偶尔与外界联系的"老漂族"中，不打算在流入地定居、对是否在流入地定居说不清楚、打算在流入地定居比例分别是4.50%、27.60%、67.80%；在经常与外界联系的"老漂族"中，不打算在流入地定居、对是否在流入地定居说不清楚、打算在流入地定居比例分别是1.10%、16.80%、82.10%。卡方检验显示，与外界联系的频率不同，"老漂族"在流入地定居的意愿相差很明显。经常与外界联系的"老漂族"在流入地定居的可能性最大，而不打算在流入地定居或者对是否在流入地定居说不清楚的可能性明显要小。在很少与外界联系和偶尔与外界联系这两类"老漂族"中，二者不打算在流入地定居的可能性差不多，但前者对是否在流入地定居说不清楚的可能性明显要小于后者，后者在流入地定居的可能性更小。

四 影响"老漂族"居留意愿的具体因素

本章运用调查研究的第一手数据，描述了"老漂族"的居留意愿状况，并从人口学特征、流动特征、环境适配性、生活空间四个方面分析了"老漂族"居留意愿的影响因素。通过数据分析，可以得出以下几个结论：

(一)"老漂族"在流入地的定居意愿状况

74.6%的"老漂族"有在流入地定居的打算,在接受调查时表示愿意在子女所在地长久居住,有22.1%的"老漂族"对于是否要在子女所在地长久地生活下去持"说不清"态度,只有3.4%的"老漂族"明确表示将来不打算在子女所在地居住下去。这表明大约有四分之三的"老漂族"是有在子女所在地长久生活下去的意愿的,只有大约四分之一的"老漂族"对于在子女所在地长期定居这个问题是犹豫不决的或者持否定态度。民众之所以称这些老人为"老漂族",就是认为他们在完成任务或实现目标后会返回原住地,但调查数据表明他们是有比较强的意愿在子女所在地居住下去的。

本研究所调查的"老漂族"总体上属于低龄老人,他们的子女总体上也处于成家立业、生儿育女的年龄段,因而他们当中有接近40%是出于支援子女而流动的。随着他们年龄的增加,子女及其家庭所需要的帮扶逐渐减少,他们当中的一部分可能返回原住地,而更可能的是会留在流入地。而那些以投靠子女、提高生活品质为流动目的的"老漂族"留下来的可能性更大。因而,随着时间的过去,"老漂族"在子女所在地居住下去的比例很可能会继续增加。当然,"老漂族"在流入地的居住与他们的年龄并不一定是一种线性关系。当他们年龄继续增大,身体机能下降,尤其是到了生活难以自理的阶段,他们与子女一起居住的可能性会降低,返回原住地或前往养老机构的可能性会增加。

(二)影响"老漂族"居留意愿的因素

1. 影响"老漂族"居留意愿的人口学特征变量。愿意在子女所在地定居的男性"老漂族"比女性"老漂族"明显要多。虽然女性"老漂族"在子女家庭里发挥的功用更大,也更容易融入子女家庭,她们似乎更可能在子女家庭继续生活下去,但调查结果显示她们在子女所在地定居的意愿还不如男性"老漂族"。大专及以上文化层次的"老漂族"有92.0%表示打算在子女所在地定居,高中/中职/中专文化层次的"老漂族"有75.20%打算在子女所在地定居,而初中及以下文化层次的"老漂族"只有64.70%有在子女所在地定居的打算。不同受教育程度的"老漂族"在居留意愿方面有明显的差距，受教育程度越高，在子女所在地定居的意愿就越强。"老漂族"的年龄与其定居意愿成负相关关系，随着年龄的增大，"老漂族"在子女所在地的定居意愿会明显减弱。而城乡背景、婚姻状况、身体健康状况与"老漂族"的居留意愿之间不存在明显的关联性。

2. 影响"老漂族"居留意愿的流动特征变量。随着流动半径的扩大，在子女所在地定居的意愿逐渐降低，而不打算在子女所在地定居或者处于迷茫不定、说不清的状态的比例逐渐增加。越是为老人自身而流动，在子女所在地定居的意愿会更强，相反，越是为了子女及其家庭而流动，在子女所在地定居的意愿会降低，但不管是出于何种目的而流动，没有意愿在子女所在定居、不想在子女家庭生活的"老漂族"其实是很少的，多数人愿意在子女所在地定居。随着"漂龄"延长，"老漂族"打算在子女所在地定居的比例会不断增加，而"漂龄"短的"老漂族"不打算在子女所在地定居或表示说不清的比例比较高。不管是主动流动的"老漂族"还是被动流动的"老漂族"，其居留意愿在本质上没有显著区别。

3. 影响"老漂族"居留意愿的环境适配性变量。环境适配性包括社会适应、认同水平、生活满意度三个方面。数据分析发现环境适配性对"老漂族"的居留意愿产生影响。从社会适应来看，"老漂族"的社会适应状况逐渐变好，他们在流入地定居的意愿会逐渐增加，由此可见社会适应状况变好是他们愿意在子女所在地定居的一个重要原因，而社会适应状况比较糟糕，他们在子女所在地定居的意愿就会明显减弱。在社会适应的具体维度上，心理适应上的差异与"老漂族"的定居意愿之间没有明显的关联性；环境适应、家庭生活适应、人际关系适应、老年角色适应对"老漂族"的居留意愿会产生明显的影响，总体来看，以上四个维度的适应水平越高，"老漂族"越有可能打算在子女所在地定居。从认同水平方面来看，总的认同水平越高，"老漂族"越有可能打算在子女所在地定居，而总的认同水平越低，"老漂族"越不打算在子女所在地定居；随着在流入地文化认同水平的降低，"老漂族"在流入地定居的可能性会变小；在一定程度上，群体认同越高，"老漂族"在子女所在地定居的可能性越大；对自身在流入地的地位认同度越高，"老漂族"在流入地定居的意愿就越强。从生活满意度方面来看，无论是总的生活满意度还是家庭满意度、居住满意度、社区满意度、交通满意度四个具体的维度，满意程度越高，"老漂族"越有可能打算在子女所在地定居,而满意程度越低,"老漂族"越不打算在子女所在地定居。

4. 影响"老漂族"居留意愿的生活空间变量。是否需要照顾孙辈、是否拥有独立的房间对"老漂族"在流入地定居的意愿并没有明显的影响。而社会参与和与外界联系会影响"老漂族"的居留意愿,具体表现为越经常参与社区活动以及与外界保持紧密联系,打算在流入地定居的比例越高。

(三)对相关问题的讨论

1. 亲子相隔两地背景下的老年人养老问题。本章的数据分析表明有接近四分之三的"老漂族"是有在流入地定居意愿的。本研究的样本总体上属于低龄老人,随着他们的年龄的增长,他们在流入地的去和留有两种可能:一是随着年龄的增长,自身的身体机能逐渐衰退,子女及其家庭对他们的需要也逐渐减少,他们返回老家养老;二是继续留在子女所在地,跟子女一起生活或者在子女居住地附近生活。这一代老人的育龄时期正好是推行严格的计划生育政策的时期,他们的子女数量是有限的,甚至只有一个孩子。而他们的子女成长在我国经济社会发展急剧转型时期,社会的流动性明显增强,成年子女离开父母到异地成家立业成为一种普遍的现象。一方面,我国的社会化养老,不管是在制度、政策方面还是在机构设施方面,不管是硬件还是软件,都还存在很多不足。另一方面,"老漂族"这一代人总体上还是倾向依赖子女进行家庭养老。但是,对"老漂族"这一代人来说,进入老年的父辈和已经成年的子代分隔两地是很普遍的。不管是他们留在子女所在地,依赖子女养老或者就地依赖社会机构养老,还是离开子女所在地,返回原住地养老,都难以获得足够多足够好的养老资源,像生活照料、精神慰藉这些养老资源就更不用说了。

2. 几个影响"老漂族"定居意愿的特殊变量。其一是性别。按照常理,与男性相比,女性在子女家庭发挥的作用更大,也更有优势融入子女家庭,但调查数据显示她们在子女所在地定居的可能性要明显少于男性。其原因可能在两个方面:一方面是女性"老漂族"更可能是因为支援子女而流动,当子女及其家庭对她们的需要逐渐降低以后,她们返回原住地的可能性更大,而男性"老漂族"更可能是因为投靠子女或提高生活品质而流动，这种流动目的的"老漂族"更可能在子女所在地定居；另一方面是在进入老年之前男性在跨区域的流动经历和参加社会性的活动方面更可能多于女性，因而对于进入老年之后流动到子女所在地生活更可能适应一些。

其二是年龄。人进入老年阶段，随着年龄的继续增大，体格机能会退化得比较快，生活起居的依赖性会日渐增强，越需要和子女一起居住，但是调查数据显示，在"老漂族"当中，随着年龄的增大，他们在子女所在地的定居意愿会明显减弱。这一结论可能有两个原因：一是伴随"老漂族"年龄增大的是子女及其家庭对他们给予帮扶照顾的需求在降低，他们离开子女所在地返回原住地的可能性在增加，对于那些以支援子女为流动目的的"老漂族"尤其如此；二是也反映了"老漂族"养老的困境：上了年纪的他们需要子女提供更多元的养老资源，但是子女数量有限，客观上难以具备多元的资源供给能力。

其三是流动的半径。总体上看，随着流动半径的增大，"老漂族"在流入地定居的意愿会逐渐下降，但其流动是跨省流动还是省内流动对于他们来说比较关键。相对于跨省流动，市内流动和省内市与市之间的流动在定居意愿上有较强的同质性，而跨省流动对他们的定居意愿的负面影响明显要比对省内流动的两种情况的影响要大。跨省流动，虽然客观上流动的空间距离不见得一定比省内流动远，但心理上对这种跨省的空间的感受会更远一些；另外，语言、习惯、风俗等文化因素，省与省之间差异性更大，省内各地区之间同质性更强。

其四是流动目的。以提高生活品质、投靠子女为流动目的的"老漂族"，其在流入地定居的意愿明显要强，而以支援子女、随孩返乡及其他为流动目的的"老漂族"在流入地定居的意愿明显要弱。前两种流动目的其实主要是为了"老漂族"自身，可以寻求到更好更多元的养老资源，可以有更大更自主的选择余地，而后两种流动目的主要为了子女及其家庭或者跟随子女流动，不由自主的可能性更大。

3. 在流入地有定居意愿的"老漂族"具有明显的优势。比起不打算在流入地定居或者对是否在流入地定居这个事情说不清楚的"老漂族"来说，打算在流入地定居的"老漂族"文化水平更高、流动半径更小；在环境、人际关系、老年角色等方面的适应更好；在文化、群体、地位等方面的认同的水平更高；在家庭、交通等方面的满意度更高；参与社区活动和与外界联系的频率更高。这些优势既源于他们自身的特点，也与子女及其家庭、流入地对他们的接纳密切相关，增强了他们在流入地定居的意愿。如果这种定居的意愿能够成为现实，这对于他们的老年生活来说应该是一个好结果，一方面他们具有上述各种优势；另一方面因为在子女数量急剧减少、亲子相隔两地成为常态的情形下，他们还可以靠近子女度过晚年，实属难得。

第七章

"老漂族"的福利状况及群体内部差异

一 "老漂族"福利研究是一个重要议题

现阶段以家庭为单位进行的流动越来越多。城镇化带动了劳动力人口的流动，而劳动力人口又进一步带动了老年人口的流动。这些老年流动人口中不论是为帮助子女照料孙辈而流动的"老漂族"，还是为了更好地养老而流动的"老漂族"，他们都面临福利不足或缺失的问题。2012年12月28日修订通过，2013年7月1日起施行的《中华人民共和国老年人权益保障法》第五章第五十二条提出，县级以上人民政府及其有关部门根据经济社会发展情况和老年人的特殊需要，制定优待老年人的办法，逐步提高优待水平，并对常住在本行政区域内的外埠老年人给予同等优待。外埠老人同等优待政策的制定给"老漂族"带来福音，但在实际执行过程中，依旧会面临很多的困难。在现有的关于"老漂族"的研究中，几乎没有从福利的角度展开讨论的研究，笔者仅发现易艳阳和周沛在研究"老漂族"的群体特征时从社会福利的角度展开分析，指出"老漂族"面临基础福利不健全、特殊福利难以享受、公共福利未惠及、精神福利被忽视的福利困境，并据此提出相关福利提升的具体建议[①]。该研究从广义福利的角度详细阐述了"老漂族"的福利情况，指出造成"老漂族"福利困境的原因，并提出政策建议，具有一定的借鉴意义。但该研究缺乏数据支撑，缺少微观层

---

① 易艳阳、周沛：《城市"老漂"群体实态：一个副省级城市证据》，《重庆社会科学》2016年第12期。

面"老漂族"福利的分析。

老年属于生命历程中的一个特殊阶段,"老漂族"需求最大的福利就是养老和医疗。由于"老漂族"流动过程中户籍一般依旧留在原住地,而我国的很多福利又往往与户籍挂钩。因此,很多福利"老漂族"在异地难以享有。户籍制度使得"老漂族"异地医疗和养老遭遇瓶颈。在异地养老方面,"老漂族"面临的养老困境主要表现为经济供养水平低、生活照料资源少、精神慰藉遭忽视、医疗保障不健全①,还有社会适应性较差、社会权益的缺失、操劳过度、身体状况不佳等②。另外,养老保险尚未实行全国统筹,现在我国的养老金政策存在着较大的地域差异③,"老漂族"容易产生心理上的落差而感到不公平。上述研究较详细地阐述了异地养老过程中存在的困难,并提出了一定的建议,但是样本代表性方面存在一定的欠缺,一些采用个案方式展开研究,另外一些又仅为一般性的讨论。

从 2011 年开始,我国基本实现了医疗保险制度的全覆盖,但是随着流动人口规模的增加,尤其是对医疗服务需求较大的老年流动人口的数量增加,流动人口的医疗服务遭遇困境,比如,就医转诊、异地医疗报销等。现有研究关注点多为流动人口在异地就医过程中遭遇的困境。人口流动使得以户籍制度为基础的基本医疗保险制度在待遇给付时陷入"参保却不能报销"的困境④。对于"老漂族"来说户籍门槛限制定点医院的选择,很多"老漂族"没有办理居外就医手续,这部分老人没有实现医疗保障权,对于就医服务,由于社区医院功能发挥较弱,很多"老漂族"宁愿往返于迁入地与迁出地之间回老家看病⑤;老年流动人口的参保地路径依赖影响其就医流向,且门诊费用未能异地直接结算阻碍老人异地就医习惯形成,

---

① 许加明、夏蓓蕾:《农村"老漂族"的异地养老困境及应对策略探析》,《云南农业大学学报》(社会科学版)2019 年第 4 期。
② 孙兆兰:《农村流入城市"老漂族"异地养老现状与对策研究——以泰安市为例》,硕士学位论文,山东农业大学,2018 年,第 53 页。
③ 王心羽、李晓春:《城市化进程中"老漂族"异地养老问题》,《人口与社会》2017 年第 4 期。
④ 李芬、陈燕妮:《基本医疗保险异地就医结算服务研究——以海南省跨省异地就医结算服务为例》,《中国卫生事业管理》2015 年第 3 期。
⑤ 孙凌杉:《"老漂族"医疗保障权实现困境的实证研究——以苏州工业园区 L 社区为例》,硕士学位论文,苏州大学,2017 年,第 57 页。

其"边际人"身份容易催生消极就医心态①。因此，完善异地医保结算，缩小收入差距，推广老年人关爱工程促进心理健康，增加资金供给和服务供给，减轻"老漂族"经济负担，加强制度建设，出台优待政策，逐步实现全面公平就变得至关重要②。上述研究针对异地就医过程中的参与主体、运行机制等做出了研究，并对异地就医的概念、就医行为进行了梳理。

对于"老漂族"福利的研究较少，仅有的一些研究较多地集中于养老和医疗两个层面，多是基于困境、原因、对策的一般性讨论，都是从政策的角度展开分析，而忽略了"老漂族"群体的异质性所导致的福利享受存在差异，更为重要的是现有研究大多缺乏数据的支撑。本章要讨论的与以往研究有所不同，将利用对全国五个城市503份问卷的调查数据，以微观的"老漂族"个体作为研究对象，从福利享受的角度去探讨在现行福利政策下"老漂族"能够享受到的福利水平和不同"老漂族"之间的福利差异。基于上述分析，本章的研究问题有三个，一是"老漂族"在子女所在地享受到的福利水平如何，二是不同的"老漂族"享受到的福利是否存在差异，三是"老漂族"在子女所在地面临哪些福利困境。

二 研究思路与设计

（一）分析思路

本章的目的是分析"老漂族"在子女所在地享受到的福利水平，并对不同"老漂族"享受福利水平的差异进行比较，进一步探讨"老漂族"的福利困境。在研究逻辑和数据分析思路上分为三个步骤。

首先，描述"老漂族"在子女所在地享受到的福利水平，方法是将通过福利量表测算的福利总得分及其各维度的得分换算为百分制，以此判断"老漂族"福利水平的高低。其次，比较不同"老漂族"福利水平的差异，先从主观层面来进行比较，即不同性别、城乡背景、受教育程度的

---

① 刘璐婵：《老年流动人口异地就医：行为特征、支持体系与制度保障》，《人口与社会》2019年第1期。

② 杨芳、张佩琪：《"老漂族"面临的政策瓶颈与突破路径——基于广州H社区的实证分析》，《社会保障研究》2015年第3期。

"老漂族"享受到的福利水平是否有所差异;再从客观层面进行比较,即不同"漂龄"、流动半径的"老漂族"享受到的福利水平是否存在不同。最后,分析"老漂族"面临的福利困境。需要注意的是,本章所研究的福利属于广义福利,因此对福利困境展开讨论时除了各项福利政策,其他能够提高"老漂族"福利水平的内容都属于本研究福利探讨的范围。

(二) 变量说明

本章的研究问题有三个,一是描述"老漂族"在子女所在地的福利水平,二是分析不同的"老漂族"之间福利水平是否存在差异,三是探讨"老漂族"在子女所在地面临的福利困境。

1. 福利指标

本章要讨论的核心概念是福利,即"老漂族"在子女所在地的福利水平。福利英文为"Welfare",其含义是使身心更加健康、生活更加舒适幸福的条件。在日本,福利是为生活提供方便;德国经济学家、统计学家恩格尔把福利定义为达到满足日常生活欲望的状况;美国经济学家汉斯·范登·德尔和本·范·韦尔瑟认为福利是收入、财富和人们生活的效用,或者说人们的需要得到满足的程度[1]。从本质上讲福利既是追求幸福生活的手段也是达到幸福生活的目标。在国外福利作为一种制度得到深入研究。考斯塔·艾斯平—安德森按照商品化程度的大小,将福利国家划分为三种类型,分别是自由主义福利体制、保守主义福利体制、社会民主主义福利体制[2];朴炳铉根据不同的文化特征将福利划分为命运主义文化下的社会福利、阶层主义文化下的社会福利、个人主义文化下的社会福利和平等主义文化下的社会福利[3]。

福利是社会发展的必然结果。福利水平不仅代表着单个家庭的生活状况,更反映了一个国家、地区的社会发展水平。中国的福利思想源远流长,《礼记·礼运》中记载了最早的福利思想"人不独亲其亲,不独子其

---

[1] 张剑、赵宝爱:《社会福利思想》,山东人民出版社2014年版,第1—2页。
[2] (丹)考斯塔·艾斯平-安德森,郑秉文译:《福利资本主义的三个世界》,法律出版社2003年版,第325—326页。
[3] (韩)朴炳铉:《社会福利与文化 用文化解析社会福利的发展》,商务印书馆2012年版,第14—16页。

子,使老有所终,壮有所用,幼有所长,鳏寡孤独废疾者皆有所养"①,理想的大同社会成为追寻福利思想的源头。随着人类社会的发展,王朝更迭、战乱不断、硝烟四起、天灾人祸,在位统治者逐渐认识到"民"的重要性。周公提出"克明德慎罚;不敢侮鳏寡,庸庸,祗祗,威威,显民"②、孟子主张"仁者无敌"③、墨子提出"兼相爱、交相利"④、法家推崇"政之所兴、在顺民心"⑤,中华人民共和国成立之后福利得到进一步发展。

笔者在本章采用的是广义福利的概念,即以全体社会成员为对象、以民生为本、多元主体共同提供的福利⑥。"老漂族"福利是指国家、社会、市场为了满足"老漂族"的生活需要、维护"老漂族"的社会权益、保障"老漂族"的身心健康而采取的各项福利措施,既包括向"老漂族"提供的福利服务和福利设施,也包括为使"老漂族"生活更加便利而制定的各项政策,简言之所有能够使"老漂族"实现在子女所在地的老有所养、老有所医、老有所乐、老有所为的事项都属于"老漂族"福利的范畴。"老漂族"处于"漂泊"状态,他们晚年的生活因为漂泊而充满未知。在"老漂族"基本生存需求得到满足的基础上,使"老漂族"追求更高需求层次福利。"老漂族"福利既是"老漂族"追求幸福生活的手段,也是其想要实现的目标。

本章采用"'老漂族'福利量表"对"老漂族"的福利水平进行测量。该量表包含 13 项陈述,分别是"在子女所在地您的医疗费用能和老家一样报销""您在子女所在地和在老家的就医结算方式一致""您在子女所在地所居住的社区为您免费建立健康档案""您在子女所在地所居住的社区为您提供过至少一次的免费体检""在子女所在地您选择医保定点医院时有资质要求(如社区医院、市级医院、省级医院等)""您在子女所在地乘坐公共交通享受优待或优惠""您在子女所在地的博物馆、美术馆、

---

① (元)《陈澔注礼记》,上海古籍出版社 2016 年版,第 248—249 页。
② 周秉钧注译:《尚书》,岳麓书社 2001 年版,第 144 页。
③ 牧语译注:《孟子》,江西人民出版社 2017 年版,第 8 页。
④ 《墨子》,上海古籍出版社 1989 年版,第 32—35 页。
⑤ 吴文涛、张善良编:《管子》,燕山出版社 1995 年版,第 20 页。
⑥ 景天魁、毕天云、高和荣等:《当代中国社会福利思想与制度 从小福利迈向大福利》,中国社会科学出版社 2011 年版,第 3—4 页。

第七章 "老漂族"的福利状况及群体内部差异

旅游景点、公园等享受门票减免""您在子女所在地办理了当地老年人优待卡""在子女所在地的医疗报销待遇水平与家乡一致""在子女所在地领取养老金水平与家乡一致""在子女所在地医疗费用报销手续比在老家更加繁琐""在子女所在地医疗费用先垫付费用再报销这种方式对您来说很困难""在子女所在地您觉得养老金异地生存认证（证明老人还在世）很麻烦"。该量表的答案分别为"不属实""不清楚""属实"，前十项表述为正向表述，赋值为1分、2分、3分，后三项表述为反向表述，采用反向赋值的方式分别赋值为3分、2分、1分，最后对各选项进行加总求和，得到一个新的变量，即"'老漂族'福利水平"。变量中得分越高，说明"老漂族"在子女所在地享受的福利范围越广、福利水平越高；反之，则说明"老漂族"在子女所在地享受到的福利越少、福利水平越低。

表7-1　　　　　　"老漂族"福利水平因子分析

福利变量	因素				共同性
	因素一 异地就医	因素二 老年优待	因素三 待遇水平	因素四 程序手续	
在子女所在地您的医疗费用能和老家一样报销	0.764				0.626
您在子女所在地和在老家的就医结算方式一致	0.710				0.609
您在子女所在地所居住的社区为您免费建立健康档案	0.692				0.607
您在子女所在地所居住的社区为您提供过至少一次的免费体检	0.570				0.604
在子女所在地您选择医保定点医院时有资质要求（如社区医院、市级医院、省级医院等）	0.458				0.483
您在子女所在地乘坐公共交通享受优待或优惠		0.839			0.740
您在子女所在地的博物馆、美术馆、旅游景点、公园等享受门票减免		0.805			0.793
您在子女所在地办理了当地老年人优待卡		0.696			0.729

续表

福利变量	因素				共同性
	因素一 异地就医	因素二 老年优待	因素三 待遇水平	因素四 程序手续	
在子女所在地的医疗报销待遇水平与家乡一致			0.780		0.693
在子女所在地领取养老金水平与家乡一致			0.747		0.630
在子女所在地医疗费用报销手续比在老家更加繁琐				0.783	0.650
在子女所在地医疗费用先垫付费用再报销这种方式对您来说很困难				0.747	0.653
在子女所在地您觉得养老金异地生存认证（证明老人还在世）很麻烦				0.524	0.505
特征值	2.402	2.227	1.853	1.842	
解释变异量	18.478	17.128	14.251	14.169	
累计解释变异量	18.478	35.606	49.857	64.026	

KMO：0.770　Bartlett 球形度检验：1323.66　df：78　显著性：0.000

利用 SPSS 对问卷的可靠性进行信度检验，"'老漂族'福利量表"的 Cronbach's Alpha 为 0.833，说明量表内在一致性较高，信度较高。采用因子分析对量表的效度进行检验。因子分析的结果显示 KMO 值为 0.770，Bartlett 的球形度检验值为 1323.66（自由度为 78），显著度为 0.000，说明量表效度较高，变量间具有的共同因素多，适合进行因子分析。分析过程中因素萃取采用了 Principal Component Analysis 方法，转轴采用 Varimax 法，因子分析萃取了四个特征值大于 1 的因素。如表 7-1 所示，由于题项较多，笔者只列出了大于 0.4 的因素负荷量。萃取的四个因子分别为异地就医因子、老年优待因子、待遇水平因子、程序手续因子。上述四个因子的特征值分别为 2.402、2.227、1.853、1.842，解释变异量分别为 18.478%、17.128%、14.251%、14.169%，累计解释变异量为 64.026%，说明因子的效果较为理想。

2. 群体分类变量

本章中涉及的群体分类变量有性别、城乡背景、受教育程度、身体健康状况、"漂龄"、流动半径。在本章中需要重点分析的核心变量是福利水平，"老漂族"的福利具有客观性和主观性两个特点，客观性体现在福利政策由当地政府制定，不同地区、不同规定下的福利政策有所不同，不受"老漂族"个人的影响。而主观性则体现在相关福利实际享受过程中又受到"老漂族"个人情况的影响。因此，本章主要从主观与客观两个方面来描述不同"老漂族"之间福利水平的差异。主观方面包括性别、城乡背景、受教育程度、身体健康状况；不同地区福利政策有所差异，对流动人口的居住时间有不同的要求，因此客观方面主要是指"老漂族"跨越的行政区划的大小和居住时间的长短，即流动半径和"漂龄"。男性与女性"老漂族"由于生理上的差异、农村与城镇"老漂族"由于生活背景的差异、不同受教育程度的"老漂族"由于认知的差异、不同身体健康状况的"老漂族"由于身体机能的差异对福利的需求可能不同，在子女所在地享受到的福利待遇也可能有所差异。不同"漂龄"、不同流动半径的"老漂族"由于政策要求的不同福利待遇可能不同。

表 7-2　　各变量基本情况描述（N=503）

变量	变量取值	百分比	变量	变量取值	百分比	变量	均值
性别	男性	49.90	"漂龄"	1年以下	52.90	总福利水平	28.294
	女性	50.10		1—3年	19.70	异地就医	11.531
城乡背景	农村"老漂族"	57.10		3年以上	27.40	老年优待	6.737
	城镇"老漂族"	42.90		整体均值	2.96	待遇水平	4.360
受教育程度	初中及以下	34.40	流动半径	市内流动	20.10	程序手续	5.565
	高中/中职/中专	48.10		市际流动	49.30		
	专科及以上	17.50		省际流动	30.60		
工具性日常生活能力（均值）	11.43						

三　"老漂族"的福利水平及差异

（一）"老漂族"福利水平的描述

"老漂族"福利水平的高低主要通过各项福利政策落实情况来测量。

根据表 7-1 因子分析的结果，"老漂族"的福利水平可以划分为异地就医、老年优待、待遇水平、程序手续四个维度，其中待遇水平是指"老漂族"医疗报销的待遇水平和养老金领取的待遇水平，程序手续是指"老漂族"异地就医、养老金领取、老年优待享受过程中需要履行的各项手续。由于福利水平这一变量是通过各题项相加得到的新变量，难以直观地确定福利水平的高低，采用各题项相加除以所有题项最高总得分的方式将福利水平转变为百分制，其中 60 分以下表示"老漂族"的福利水平较差，60—70 分表示福利水平及格，70—80 分表示福利水平一般，80—90 分表示福利水平较高，90—100 分表示福利水平很高。

表 7-3 呈现的是转换为百分制后"老漂族"福利水平及其各维度的平均值。首先，由表中数据可知，"老漂族"的总福利水平得分为 72.550，说明"老漂族"的福利水平一般，尚未达到较高的水平。其次，从"老漂族"福利水平各维度来看，得分最高的是异地就医，得分为 76.872，说明"老漂族"的异地就医福利最好。随着"老漂族"年龄的增大、身体机能的下降，对于医疗服务的需求不断提升，跟随子女流动的"老漂族"最关心的往往就是就医问题，因此"老漂族"会更加关注就医方面的信息，对就医了解也较多。"老漂族"的老年优待得分低于异地就医得分，老年优待是本地老人与外地老人福利水平差异的重要体现之一，出行优待、旅游优待、老年优待卡都是"老漂族"实际生活中会接触到的优待服务。"老漂族"的待遇水平得分稍逊色于老年优待，待遇水平主要体现在医疗报销水平和养老金水平上，在这两方面，"老漂族"的得分不高，说明"老漂族"在子女所在地享受医疗报销和养老金领取时待遇不高。得分最低的是"老漂族"程序手续，仅刚刚达到及格线，由于"老漂族"在流动时户籍一般并未发生变化，而各项福利政策又往往与户籍挂钩，因此在办理手续上不可避免地要往返于子女所在地和原住地两地，这对于"老漂族"来说增加了麻烦，因此在这方面的福利水平较低。

表 7-3   "老漂族"福利水平及其各维度的均值（N=503）

	总福利水平	异地就医	老年优待	待遇水平	程序手续
平均数	72.550	76.872	74.859	72.664	61.829
标准差	13.344	18.331	21.716	25.767	21.386

(2)"老漂族"福利的群体内部差异

1. 城镇与农村"老漂族"在子女所在地的福利水平并无明显差异

表7-4呈现的是"老漂族"的城乡背景与福利水平及其各维度的独立样本T检验结果。首先分析"老漂族"的总福利水平,从数值来看,乡—城流动的"老漂族"比城—城流动的"老漂族"得分均值低0.077,这说明城镇"老漂族"的总福利水平可能要好于农村"老漂族"。但是独立样本T检验的结果显示上述农村与城镇"老漂族"之间的差异并不具有统计显著性。城镇"老漂族"并不因为其户籍在城镇福利水平就比农村"老漂族"要好。福利水平的高低可能与"老漂族"是否为本地户口有关,而与"老漂族"的户籍性质是城镇户口还是农村户口并无明显关系。在调查过程中发现部分农村"老漂族"因为自己是农村户口而感到"自卑",认为自己享受到的福利待遇与那些来自城镇的"老漂族"差距显著,但事实是二者之间并无明显差别,而真正的差别存在于那些拥有本地户籍的老人与"老漂族"之间。

表7-4 城乡背景与福利水平及其各维度的独立样本T检验结果(N=503)

变量	农村"老漂族"	城镇"老漂族"	均值差	T值及显著性水平
总福利水平	28.261	28.338	-0.077	-0.13
异地就医	11.589	11.454	0.135	0.545
老年优待	6.711	6.772	-0.061	-0.274
待遇水平	4.272	4.477	-0.205	-1.474
程序手续	5.422	5.755	-0.333	-1.926*

注:* $P<0.05$,** $P<0.01$,*** $P<0.001$。

进一步分析农村与城镇"老漂族"的福利各维度是否有所差异。从异地就医维度的均值来看,农村"老漂族"的异地就医水平得分均值要高于城镇"老漂族"0.135个百分点,但是独立样本T检验的结果显示二者之间的这种差异并不具有统计显著性,这说明农村与城镇"老漂族"的异地就医水平没有明显的差别。从老年优待和待遇水平来看,城镇"老漂族"

的得分均值都要比农村"老漂族"高，分别比农村"老漂族"高 0.061 和 0.205，但从独立样本 T 检验的结果可知，老年优待和待遇水平中农村"老漂族"与城镇"老漂族"之间也不存在明显差异。值得注意的是，农村"老漂族"在程序手续上的得分要比城镇"老漂族"低 0.333，且独立样本 T 检验的结果显示二者之间的这种差异具有统计显著性。这说明，农村"老漂族"在程序手续方面的福利水平要弱于城镇"老漂族"。程序手续主要是指在医疗报销、养老金领取等方面要遵从的手续对于农村"老漂族"来说，因其对各项手续可能并不清楚，在办理过程中遇到的问题更多，因此其程序手续方面的福利水平就更低。

2. 男性与女性"老漂族"的福利水平存在明显差异

男性与女性"老漂族"生理上的差异导致其在子女所在地的福利需求可能存在差异。表 7-5 呈现的"老漂族"的性别与福利水平及其各维度的独立样本 T 检验结果。首先从总福利水平来看，女性"老漂族"的得分均值比男性"老漂族"高 1.193，说明女性"老漂族"在子女所在地享受的福利水平要好于男性"老漂族"。T 检验显示男性与女性"老漂族"在子女所在地的福利水平上的差异具有统计显著性。女性"老漂族"在子女所在地享受到的福利水平要好于男性"老漂族"。

进一步分析女性"老漂族"比男性"老漂族"福利水平高体现在哪几个维度。由表 7-5 可知，女性"老漂族"与男性"老漂族"福利水平的差异主要体现在异地就医和老年优待两个方面。从异地就医来看，女性"老漂族"得分均值比男性"老漂族"高 0.765，T 检验表明二者之间的差异具有统计显著性，说明女性"老漂族"的异地就医水平要好于男性"老漂族"。这可能是女性"老漂族"的身体健康状况要差于男性"老漂族"，因此实际生活中女性"老漂族"的就医需要高于男性"老漂族"。在本次调查中通过工具性日常生活能力量表测量"老漂族"的身体健康状况，工具性日常生活能力得分越高说明"老漂族"的身体健康状况越差，调查显示男性"老漂族"的工具性日常生活能力得分比女性"老漂族"低 0.0142，说明男性"老漂族"的身体健康状况好于女性"老漂族"。从全国老年人的身体健康状况来看，2018 年中国城乡老年人生活状况调查报告显示女性老年人表示自己身体健康状况差的比例为 28.09%，男性老年人表示自己的身体健康状况差的比例为21.11%[1],这进一步说明男性老人身体健康状况好于女性老人。女性"老漂族"健康状况更差说明其就医的可能性更大,因而在这一过程中享受到的异地就医福利要高于男性"老漂族"。

表7-5 性别与福利水平及其各维度的独立样本T检验结果（N=503）

变量	女	男	均值差	T值及显著性水平
总福利水平	28.978	27.785	1.193	-1.983*
异地就医	11.913	11.147	0.765	-3.149**
老年优待	7.096	6.470	0.627	-2.851**
待遇水平	4.389	4.331	0.058	-0.422
程序手续	5.444	5.685	-0.241	1.404

注：* P<0.05,** P<0.01,*** P<0.001。

从老年优待来看,女性"老漂族"的得分比男性"老漂族"高0.627,T检验显示女性与男性"老漂族"之间的这种差异具有统计显著性。笔者发现女性办理老年优待卡、享受出行优待与旅游优待的比例要明显高于男性"老漂族"。就待遇水平和程序手续来看,虽然男性与女性"老漂族"都存在数值上的差异,但是T检验显示男性与女性"老漂族"的待遇水平和程序手续都不存在统计显著性,即男性与女性"老漂族"的待遇水平和程序手续并没有明显差别。

3. 受教育程度不同的"老漂族"福利水平存在明显差异

表7-6呈现的是"老漂族"的受教育程度与福利水平及其各维度的一元方差分析结果。首先,就"老漂族"的总福利水平来看,得分最高的是大专及以上的"老漂族",说明大专及以上的"老漂族"福利水平最好。初中及以下的"老漂族"得分次之,高中/中职/中专的"老漂族"表现最为逊色。F检验显示上述差异具有统计显著性,且多重检验的结果显示初中及以下的"老漂族"与大专及以上的"老漂族"之间总福利水平具有明显差异。由此可知,大专及以上的"老漂族"福利水平最好,明显好于初

---

[1] 党俊武、魏彦彦等：《中国城乡老年人生活状况调查报告2018》,社会科学文献出版社2018年版,第115页。

中及以下的"老漂族"。

表 7-6　"老漂族"的受教育程度与福利水平及各维度的
一元方差分析结果（N=503）

变量		初中及以下	高中/中职/中专	大专及以上	F 值 sig	多重检验
总福利水平	均值	28.8641	27.3091	30.4583	8.07**	1-3
	标准差	5.15647	4.75448	6.0034		
异地就医	均值	11.5549	11.0909	12.6932	11.422**	1-3, 2-3
	标准差	2.74575	2.65123	2.70953		
老年优待	均值	6.9417	6.4242	7.3750	5.381***	1-3
	标准差	1.96451	1.87783	2.01721		
待遇水平	均值	4.3526	4.1240	5.0227	11.358*	1-3, 2-3
	标准差	1.47359	1.59392	1.36439		
程序手续	均值	5.4971	5.7025	5.3182	1.451	
	标准差	1.86966	1.93524	1.99162		

注：1. *$P<0.05$, **$P<0.01$, ***$P<0.001$；2. 多重检验中 1-初中及以下，2-高中/中职/中专，3-大专及以上。

从"老漂族"福利的各个维度来看，不同受教育程度的"老漂族"也存在部分差异。就异地就医和待遇水平来看，大专及以上的"老漂族"均值得分最高，初中及以下的"老漂族"均值得分次之，高中/中职/中专的"老漂族"均值得分最为逊色。F 检验显示不同受教育程度的"老漂族"在异地就医水平上存在明显差异。多重检验的结果显示，初中及以下的"老漂族"与大专及以上的"老漂族"之间、高中/中职/中专与大专及以上的"老漂族"之间的差异尤为明显。就老年优待来看，在三种受教育程度的"老漂族"中，大专及以上的"老漂族"得分均值最高，说明大专及以上的"老漂族"老年优待最好，初中及以下"老漂族"次之，高中/中职/中专的"老漂族"老年优待得分最低，F 检验显示这种差异具有统计显著性，多重检验进一步表明这种差异体现在初中及以下"老漂族"与大专及以上"老漂族"之间的差异上。从程序手续来看，虽然不同的受教育程度的"老漂族"在数值上有所差异，但这种差异不具有统计显著性，即不同受教育程度的"老漂族"在程序手续上不存在明显差异。

受教育程度不仅代表学历、学习能力,往往还代表着获取信息的能力。"老漂族"在子女所在地能够享受到的各项福利,在一定程度上得益于"老漂族"自身是否了解这些项福利的相关信息,受教育程度高的"老漂族"获取信息的渠道更多、获取信息的能力更强、获取的信息也更加全面。在本章中,大专及以上的"老漂族"福利水平及部分维度要明显好于初中及以下的"老漂族"、高中/中职/中专的"老漂族"。

4. 不同流动半径的"老漂族"福利水平存在明显差异

关于福利的各项政策,不同的地区有不同的规定,因此跨越不同行政区划进行流动的"老漂族"的福利水平可能会有所差异。表7-7呈现的是"老漂族"的流动半径与福利水平及其各维度的一元方差分析结果。首先分析"老漂族"的总福利水平,由表中数据可知,市内流动的"老漂族"在子女所在地享受到的福利水平得分最高,市际流动的"老漂族"次之,省际流动的"老漂族"得分最低。F检验显示,上述差异具有统计显著性。多重检验的结果显示这种差异主要来源于市内流动的"老漂族"与省际流动的"老漂族"以及市际流动的"老漂族"与省际流动的"老漂族"之间的差异。这说明省内流动的"老漂族"享受到的福利水平要明显好于省际流动的"老漂族"。

进一步分析各维度的福利水平,由表7-7中可知,在异地就医和老年优待中,市际流动的"老漂族"均值得分最高,市内流动的"老漂族"均值得分次之,省际流动的"老漂族"均值得分最低。F检验显示,上述这种差异具有统计显著性,即市际流动的"老漂族"异地就医水平和老年优待水平最好,市内流动的"老漂族"异地就医水平和老年优待水平次之,省际流动的"老漂族"异地就医水平和老年优待水平最为逊色。多重检验显示市内流动的"老漂族"与省际流动的"老漂族"之间以及市际流动的"老漂族"与省际流动的"老漂族"之间差异尤为明显。在待遇水平方面,市内流动的"老漂族"得分最高,市际流动的"老漂族"得分次之,省际流动的"老漂族"得分最低。多重检验显示这种差异是明显的,其中市内流动的"老漂族"与市际流动的"老漂族"之间、市际流动的"老漂族"与省际流动的"老漂族"之间在待遇水平上差异尤为明显。从程序手续来看,虽然不同流动半径的"老漂族"得分在数值上有差异,但是这种差异不具有统计显著性。不同流动半径的"老漂族"在程序手续上无明显差异。跨越的行政区划越大，相关的福利政策差异越大，"老漂族"享受到的福利水平可能就越低。

表7-7　"老漂族"的流动半径与福利水平及各维度的
一元方差分析结果（N=503）

变量		市内流动	市际流动	省际流动	F值sig	多重检验结果
总福利水平	均值	29.265	29.034	26.540	8.770***	1-3, 2-3
	标准差	4.705	5.669	4.347		
异地就医	均值	11.970	12.073	10.37	21.439***	1-3, 2-3
	标准差	2.729	2.716	2.463		
老年优待	均值	6.853	7.034	6.220	5.476**	1-3, 2-3
	标准差	2.032	1.886	1.915		
待遇水平	均值	4.644	4.423	4.071	4.657**	1-3, 2-3
	标准差	1.527	1.600	1.429		
程序手续	均值	5.277	5.516	5.831	2.700	
	标准差	1.903	2.046	1.703		

注：1. *$P<0.05$，**$P<0.01$，***$P<0.001$；2. 多重检验中1-市内流动，2-市际流动，3-省际流动。

5. 不同"漂龄"的"老漂族"福利水平存在明显差异

不同地区相关的福利政策有所差异，有些地区会有居住时间的要求，比如南京市对于老年证的申请就有居住时间的要求，要求外地户籍老人在南京居住满一年才可以申请老年证。表7-8呈现的是"老漂族"的"漂龄"与福利水平及其各维度的一元方差分析结果。首先分析不同"漂龄"的"老漂族"总福利水平的差异。数据显示"漂龄"在3年以上的"老漂族"总福利水平得分最高，"漂龄"在1—3年的"老漂族"总福利水平得分次之，"漂龄"在1年以下的"老漂族"总福利水平最低。F检验显示，上述这种差异具有统计显著性，这说明不同"漂龄"的"老漂族"福利水平有差异，"漂龄"越长的"老漂族"能够享受到的福利水平越高。多重检验结果显示"漂龄"1年以下的"老漂族"与1—3年的"老漂族"之间、1年以下与3年以上"老漂族"之间差异尤为明显。

再来分析福利水平的各维度。由表7-8可知，"老漂族"的异地就医、老年优待、待遇水平,"漂龄"在3年以上的"老漂族"得分均最高,"漂龄"在1—3年的"老漂族"得分均次之,"漂龄"在1年以下的"老漂族"得分均最低,且F检验显示不同"漂龄"的"老漂族"上述差异具有统计显著性,这说明不同"漂龄"的"老漂族"在异地就医、老年优待、待遇水平方面存在明显差异,表现为3年以上"漂龄"的"老漂族"上述三个维度的福利水平最好,"漂龄"1年以下"老漂族"表现最为逊色。另外,多重检验结果显示,"漂龄"1年以下的"老漂族"与"漂龄"1—3年的"老漂族"之间、"漂龄"1年以下与"漂龄"3年以上的"老漂族"之间在三个维度上具有明显差异。在程序手续方面,"漂龄"越长的"老漂族"福利越低,F检验显示这种差异具有统计显著性。随着"漂龄"的增长,一方面"老漂族"慢慢符合子女所在地外地老人对于居住时间的要求,原本不能享受的福利变为能够享受;另一方面,随着居住时间的增长,"老漂族"对子女所在地的各项福利更加了解。"老漂族"越来越倾向于去享受这些福利,但由于依旧尚未解决户籍问题,随着"漂龄"的增长"老漂族"因为享受福利而履行的手续也会增多,履行了越多的手续相应的得分就会越低。

表7-8　　**"老漂族"的"漂龄"与福利水平及各维度的一元方差分析结果（N=503）**

变量		1年以下	1—3年	3年以上	F值 sig	多重检验结果
总福利水平	均值	26.536	30.611	30.785	29.314***	1-2, 1-3
	标准差	4.457	5.916	4.690		
异地就医	均值	10.545	12.364	12.833	43.385***	1-2, 1-3
	标准差	2.472	2.852	2.442		
老年优待	均值	6.000	7.482	7.937	39.613***	1-2, 1-3
	标准差	1.719	1.891	1.727		
待遇水平	均值	3.925	4.505	5.094	29.554***	1-2, 1-3
	标准差	1.508	1.619	1.249		
程序手续	均值	5.906	5.404	5.022	10.393***	1-2, 1-3
	标准差	1.800	2.114	1.889		

注:1. *P<0.05,**P<0.01,***P<0.001;2. 多重检验中1-"漂龄"1年以下,2-"漂龄"1—3年,3-"漂龄"3年以上。

四 "老漂族"的福利困境

(一) "老漂族"的异地就医困境

2009 年 3 月 17 日《中共中央国务院关于深化医药卫生体制改革的意见》第六项提出"以异地安置的退休人员为重点改进异地就医结算服务",这是首次提出老年人的异地就医问题。异地就医主要涉及四类人,一是异地长期居住人员,二是异地安置退休人员,三是常驻异地工作人员,四是异地转诊人员。"老漂族"虽然属于老年人口,但由于其在跟随子女流动的过程中户籍一般仍然在原住地,因此"老漂族"属于异地就医中的第一类人口,即异地长期居住人员。根据流动半径的不同,"老漂族"异地就医可以划分为三种类型,一是同一个市内跨县就医,即市内流动"老漂族"的异地就医;二是同一个省内跨市区就医,即市际流动的"老漂族"异地就医;三是跨省就医,即省际流动的"老漂族"异地就医,异地就医人员、异地长期居住人员、"老漂族"异地就医之间的关系如图 7-1 所示。

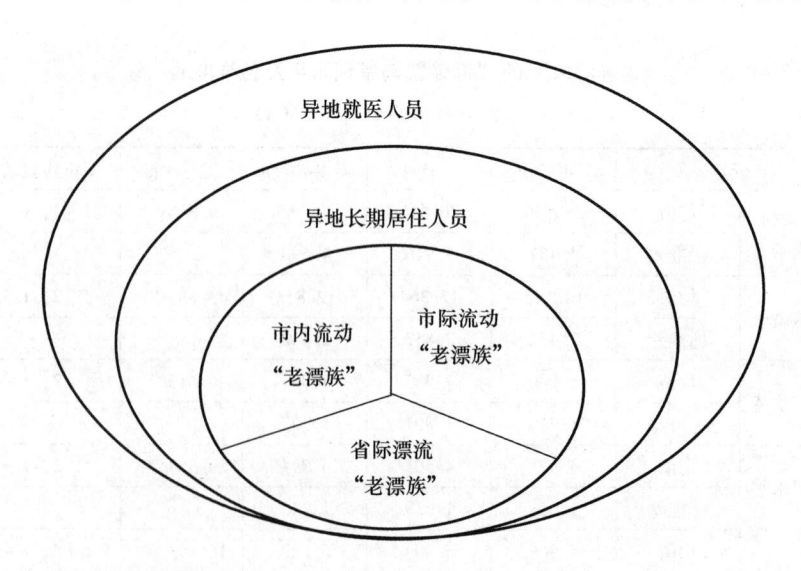

图 7-1 异地就医人员、异地长期居住人员、"老漂族"异地就医关系

"老漂族"异地就医需遵从三个流程,其一由"老漂族"亲自携带本

人身份证和社会保障卡到医疗保险参保地（大多数"老漂族"为户籍所在地）的医保管理中心进行备案，即上报需要长期在外地居住；其二在进行备案时"老漂族"需要选定子女所在地的医疗机构，简称选定点；其三当"老漂族"在子女所在地就医时持本人社会保障卡到选定的定点医院进行就医。2016年"两会"期间李克强总理提出2017年要基本实现异地就医住院费用直接结算，2017年3月24日国家异地就医结算系统正式上线运行①。"老漂族"可以享受异地就医结算系统的福利，在子女所在地进行就医，在出院时按照参保地的政策、执行就医地的目录进行即时结算报销住院费用，个人只需要承担自付比例即可。以上政策虽好，但在实际运行中"老漂族"却存在着以下两个问题：

1. "老漂族"不了解异地就医政策，流动前未进行相应备案

我国现行异地就医医疗报销的前提条件是必须在参保地进行备案并选择定点医院。截至2020年8月底，住院费用跨省直接结算定点医疗机构数量为36754家，其中二级及以下定点医疗机构33790家②。如此规模的定点医院理论上应该能够满足"老漂族"的异地就医需要，然而很多"老漂族"并没有在参保地进行过相应的备案。没有进行备案的原因有二：其一是"老漂族"认为自身身体硬朗，基本不需要在子女所在地进行相应的治疗，因此缺乏相应的备案意识。其二是"老漂族"不了解异地就医的政策，不知道需要提前在参保地进行备案，以为在子女所在地看病之后需要拿着相应的材料回户籍所在地进行报销，第二种情形的可能性较大。这种情况下"老漂族"在子女所在地即使遇到身体健康问题，通常由于就医的路径依赖观念以及对医疗费用的担忧很少会在子女所在地进行住院问诊，解决方式要么是在子女所在地的药店根据自己的已有经验拿药，要么是情况严重时回到参保地就医。

2. 门诊费用未纳入即时结算系统引发"老漂族"就医担忧

异地就医涉及两种费用，一是门诊费用，二是住院费用。"老漂族"由于年龄的增长、身体机能的下降容易患有慢性疾病，体检、问诊、开

---

① 中华人民共和国中央人民政府：《人力资源社会保障部：带你体验国家异地就医结算系统》（2020-02-06），详见http://www.gov.cn/xinwen。

② 国家医疗保障局：《基本医疗保险跨省异地就医直接结算公共服务信息发布（第二十七期）》（2020-10-24）详见http://www.nhsa.gov.cn/art/2020/9/30/art_54_3681.html。

药、住院是众多"老漂族"无法回避的一个问题。我国医疗保险长期以来遵循户籍地参保,对医疗保险进行属地化管理,不同省份、地区采用各自的管理标准,因此医疗保险难以进行转接。自2017年国家开通异地就医结算系统后,在参保地备案选好定点医院的"老漂族"解决了因为医疗报销来回跑的难题。但是由于现行的医疗报销除了门诊试点地区外只能报销住院费用,门诊费用大多尚未纳入就医直接结算系统,很多"老漂族"产生了畏惧心理。原因有二:一是"老漂族"门诊费用需要个人先垫付后报销,因此承担较高的经济压力;二是门诊费用报销的过程繁琐复杂。如表7-9所示,半数以上的"老漂族"认为门诊费用这种需要个人先垫付医疗费用再回参保地报销的方式很困难,一些"老漂族"患有很多慢性疾病,平时就诊的可能性很大,门诊费用较高难以承受。有67.80%的"老漂族"认为门诊费用报销过于繁琐,有71.60%的"老漂族"门诊费用要回户籍所在地参保很麻烦。

表7-9　　　　　　　　"老漂族"异地就医困难　　　　　　　单位:%

变量	门诊费用报销程序过于烦琐（N=503）	门诊费用要回户籍所在地报销麻烦（N=503）	门诊费用先垫付后报销的方式对您来说很困难（N=422）
属实	67.80	71.60	54.50
不属实	32.20	28.40	45.50

(二)"老漂族"的老年优待困境

我国现有的老年优待主要包括三个方面:一是老年人优待证,二是老年人医疗优待,三是老年人休闲出行优待。持有老年人优待证是老年人能够享受各项优待的重要前提,持有老年人优待证的老人能够享有不同程度的具体优惠项目。老年人优待证的办理一般有两个条件,一是年龄,二是户籍或居住时间,大部分的省份都有户籍的要求。

以南京市为例,办理老年人优待证的条件为年龄60周岁以上,且具有本地户籍或者外地户籍老人在南京居住满一年可以办理。还有一些省市表示外地老人凭有效身份证件可以享受本地老人的部分优惠待遇,如大连市。医疗优待主要包括免费门诊、免费床位等,以杭州市为例,办理老年证的老人在市政府主办的各医疗机构就诊,免收普通门诊挂号费。还有一些省市提供免费的体检,医院也在挂号室、就诊室、药房、住院处等设置"老年人优先"标志。老年人休闲出行优待是指老年人乘坐公共交通工具或是进入一些旅游景点能够享受优惠。以湖南省为例,办理老年优待证的老人可以优先购买机票、船票、车票,并能够优先登机、上船、上车,能够免费乘坐市内公共交通工具,同时能够免费进入公园、博物馆、纪念馆等场所。然而"老漂族"在上述优待享受过程中却存在以下两点困难。

1. 部分"老漂族"对老年优待政策知之甚少

"老漂族"在各个城市与本地老人享有全部或部分同等优惠待遇,但是"老漂族"的实际享有情况却明显低于本地老年人的享有情况,甚至一些"老漂族"基本不享有以上提及的任何老年优待项目,即使部分"老漂族"享有也与本地老年人差距较大。"老漂族"较少享有老年人优待的一个主要原因是"老漂族"对老年优待政策知之甚少。如表7-10所示,老年优待证是优待服务的基础,然而依然有超四成的"老漂族"没有办理优待证,在这些"老漂族"中有14.60%并不清楚老年优待证。此外,有14.90%的"老漂族"表示并不清楚出行优待政策,有15.80%的"老漂族"不清楚休闲优待,有12.30%的"老漂族"没有进行过免费健康体检,更是有16.70%的"老漂族"不清楚是否自己建立了健康档案。通过以上数据可以看出即使社会一再营造尊老、敬老、爱老的社会风气,依旧有一定数量的"老漂族"不了解自身可以享有的优待福利。

表7-10　　　　"老漂族"优待享受情况（N=503）　　　　单位:%

	属实	不属实	不清楚
办理优待证	54.10	31.30	14.60
出行优待	54.10	31.00	14.90
休闲优待	56.00	28.20	15.80
免费建立健康档案	53.50	29.80	16.70
免费体检	59.00	28.60	12.30

2. 户籍制度制约了"老漂族"优待福利的享受

一些"老漂族"表示自己是知道一定的老年优待政策的,但由于户籍的限制并未将老年优待放在心上,相反认为那些优待政策离自己很遥远。调查中发现由于户籍限制,依旧可能有近三成的"老漂族"被迫放弃享有老年优待。由表7-10可以发现，有31.30%的"老漂族"在知道老年优待证政策的情况下并未办理老年优待证，有31.00%的"老漂族"没有享受出行优待，有28.20%的"老漂族"并未享受休闲优待，有29.80%的"老漂族"没有建立健康档案，还有28.60%的"老漂族"没有享受过免费体检。除了很多优待福利政策有户籍的限制，也有很多"老漂族"认为自己是外地人没有资格办理老年证，因而减少了享有优待福利的机会。

（三）"老漂族"的养老困境

1. "老漂族"收入来源少，养老金领取的生存认证存在困难

有研究显示57.3%的流动老人主要经济来源是离退休金/养老金，22.3%的流动老人主要经济来源是家庭其他成员，12.0%的流动老人收入来源是劳动收入，1.8%的流动老人依靠最低生活保障金生活，还有1.5%的流动老人依靠储蓄及理财[①]。"老漂族"的收入来源更少，尤其是对于乡—城流动的"老漂族"来说，由于在流动之前一直以务农为主，流动后基本无收入来源。虽然流动至子女所在地由子女供养，但子女的经济压力会较大，"老漂族"心理上也不愿意完全依靠子女供养，而缺乏收入来源会降低"老漂族"的生活质量。对于领取养老金的"老漂族"来说，每年都要进行必要的生存认证，虽然现在随着科技的发展，"老漂族"不再像以前一样必须回到户籍所在地进行生存认证，可以采用微信、QQ等软件进行在线认证。但对于很多"老漂族"来说，这种操作存在技术上的困难，必须有家人的辅助才可以完成。除此之外，"老漂族"生存认证的时间多在工作日，很多"老漂族"的子女必须请假帮助老人办理生存认证，给子女的工作带来了不便。另外，对于农村"老漂族"来说，养老金金额低，不能满足基本的生活需要。

2. "老漂族"感到孤单，缺乏精神慰藉

"老漂族"在子女所在地的主要活动场所是家庭，但由于子女忙于工作，"老漂族"要么自己待在家里，要么和孙辈在家里，很多"老漂族"表示很少有人能够沟通交流，感到孤单，缺乏必要的精神慰藉。有调查显

---

① 李升、黄造玉：《超大城市流动老人的流动与生活特征分析——基于对北上广深流动家庭的调查》，《调研世界》2018年第2期。

示,"老漂族"中有70.06%表示身边缺乏能够聊得来的朋友,86.09%想念家乡的生活方式①。笔者利用503份调查问卷分析发现63.40%的"老漂族"表示想念原住地的熟人,64.50%的"老漂族"表示怀念原来的生活,59.70%的"老漂族"表示经常想要回老家,69.80%的"老漂族"表示喜欢原住地,81.70%的"老漂族"表示在原住地有值得信赖的朋友。语言的差异、沟通的不畅、生活的不适应会使"老漂族"产生漂泊之感,缺乏安全感。

(四)"老漂族"的社区参与困境

一切能够使"老漂族"实现老有所养、老有所乐的事项都属于广义的"老漂族"福利的范畴。表7-11呈现的是"老漂族"的社区参与频率。丰富的文体娱乐活动可以使"老漂族"扩大人际交往范围,增进生活乐趣,丰富内心世界。"老漂族"的社区参与包括专门为老年人提供健康讲座、书法绘画、唱歌跳舞、图书阅览、建立老年活动中心等,另外社区组织的老年志愿活动也在社区参与的范畴内。本研究通过参加活动的频率来测量"老漂族"在子女所在地的社区参与度。从表7-11可以看出,"老漂族"很少参加社区及附近举办的活动,仅有28.80%的"老漂族"表示自己经常参加,超过半数的"老漂族"只是偶尔参加,甚至有12.10%的"老漂族"表示自己从不参加这些活动。"老漂族"很少参与社区活动的原因有二,一是"老漂族"没有时间参加,大多数跟随子女流动的"老漂族"需要在不同程度上承担照料孙辈的责任,生活重心、时间精力基本都放在孙辈身上;二是"老漂族"无法融入社区活动,很少有社区针对外来老人举办活动,社区举行的大部分活动都有户籍的限制,即便没有户籍要求,"老漂族"由于语言不通、交流不畅等原因也被无形中排斥在外。

从流动半径上来看,省际流动的"老漂族"经常参加活动的比例明显低于省内流动的"老漂族",与此相对应的是从不参加活动的比例明显高于省内流动的"老漂族",在省内流动的"老漂族"中市内流动的"老漂

---

① 王心羽、李晓春:《城市化进程中"老漂族"异地养老问题》,《人口与社会》2017年第4期。

族"社区参与情况要好于市际流动的"老漂族",卡方检验显示上述这种差异是显著的,这说明省际流动的"老漂族"社区参与最为逊色,市际流动的"老漂族"社区参与次之,市内流动的"老漂族"社区参与最好。"老漂族"跨越的行政区划越小,面临的环境变化越小,越容易融入当地的社区活动中。从性别上来看,男性"老漂族"经常参加活动的比例高于女性"老漂族"1.3个百分点,而从不参加活动的比例低于女性"老漂族"8.3个百分点,卡方检验显示这种差异具有统计显著性,这说明女性"老漂族"的社区参与程度要明显逊色于男性"老漂族"。这可能与传统的"男主外、女主内"的思想有关系,男性"老漂族"不习惯待在家中从事一些家务劳动,而女性"老漂族"会以子女家庭为重,帮助子女打理家庭、照料孙辈,因此较少有时间参与社区活动。

表7-11　　　　"老漂族"社区参与情况（N=503）　　　　单位:%

		经常	偶尔	从不	卡方值及显著水平
流动半径	市内流动	32.70	58.40	8.90	8.379*
	市际流动	31.00	58.90	10.10	
	省际流动	22.70	59.70	17.50	
性别	男性	29.50	62.50	8.00	8.379*
	女性	28.20	55.60	16.30	
总比例		28.80	59.00	12.10	

注:* $P<0.05$,** $P<0.01$,*** $P<0.001$。

(五)"老漂族"的隔代照料困境

"老漂族"中因为支援子女而流动的"老漂族"数量最多,这些"老漂族"中超七成"老漂族"需要承担隔代照料的责任。即使因为投靠子女、提高生活品质、随孩返乡而流动的"老漂族",虽然不是以帮助子女照料孙辈为主要目的流动,但也要在不同程度上承担起照料孙辈的责任。这些"老漂族"面临隔代照料的责任。一方面表现为照料孙辈不利于"老漂族"的身体健康。表7-12呈现的是"老漂族"是否照料孙辈与健康状况的独立样本T检验结果。在本章中"老漂族"的身体健康状况利用工具性日常生活能力量表进行测量,数值越大说明"老漂族"的健康状况越逊色。由表中数据可知,需要承担照料孙辈责任的"老漂族"工具性日常生活能力的均值得分比不需要照料孙辈的"老漂族"高 0.467，T 检验显示二者之间的差异具有统计显著性。因此，需要照料孙辈的"老漂族"身体健康状况要比不需要照料孙辈的"老漂族"更差，或者说照料孙辈可能对"老漂族"的身体健康状况有负向影响。这是因为照料孙辈的"老漂族"往往面临更大的压力，承担更多生活的重担。另一方面表现为照料孙辈过程中由于与子女育儿观念的差异导致代际矛盾增大。亲代与子代之间在生活经验、生活方式、行为习惯、教育观念等方面存在较大差异，很多"老漂族"表示自己照料孙辈的方式与子女照料的方式差异较大，经常会产生矛盾，造成不可避免的摩擦，不利于"老漂族"身心健康发展。

表 7-12　是否需要照料孙辈与健康状况的独立样本 T 检验结果

变量		需要	不需要	T 值及显著性水平
工具性日常生活能力	平均值	11.654	11.187	1.68*
	标准差	3.111	3.118	
样本量	（人）	257	246	

注：* $P<0.05$，** $P<0.01$，*** $P<0.001$。

五　不同"老漂族"的福利水平存在差异

本章运用调查研究的方法，利用对全国五个城市 503 名"老漂族"的问卷调查数据，描述了"老漂族"在子女所在地福利水平的现状，比较了不同城乡背景、性别、受教育程度、"漂龄"、流动半径的"老漂族"在子女所在地享受到的福利及其各维度的差异。通过数据分析，本章得出以下几个结论：

1. 从总福利水平来看，"老漂族"在子女所在地享受到的福利水平一般。从福利水平的各维度来看，"老漂族"在子女所在地享受到的异地就医水平最好，老年优待水平次之，待遇水平再次之，此三者的福利水平为一般；在各维度中，"老漂族"的程序手续最为逊色，即"老漂族"在享受各项福利时需要履行较多的手续，比如医疗报销手续、养老金领取手续等。

2. 不同性别、受教育程度的"老漂族"在子女所在地享受到福利水平存在明显差异。就性别来看，女性"老漂族"无论是总福利水平还是四个维度中的异地就医水平、老年优待水平都要高于男性"老漂族"，但男性与女性"老漂族"在四个维度中的待遇水平和程序手续方面不存在明显差异。就受教育程度来看，大专及以上的"老漂族"总福利水平、异地就医水平、老年优待水平、待遇水平都要明显高于初中及以下、高中/中职/中专的"老漂族"。值得注意的是城镇"老漂族"与农村"老漂族"在福利水平上并不存在明显差异，这是因为"老漂族"的福利水平与流动前的户籍性质无关，而与是不是本地老人有关。

3. 不同流动半径、"漂龄"的"老漂族"在子女所在地的福利水平存在明显差异。就流动半径来看，省内流动的"老漂族"享受到的总福利水平、异地就医水平、老年优待水平、待遇水平要明显好于省际流动的"老漂族"。就"漂龄"来看，流动时间越长的"老漂族"总福利水平及其各维度要越好，具体表现为"漂龄"在 3 年以上的"老漂族"总福利水平及其各维度最好，"漂龄"1—3 年的"老漂族"总福利水平及其各维度次之，"漂龄"在 1 年以下的"老漂族"总福利水平及其各维度最为逊色。

4. "老漂族"在子女所在地享受的福利存在困境。其一为"老漂族"异地就医困境，具体表现为不了解异地就医政策以至流动前未进行相应备案、门诊费用未纳入即时结算系统引发"老漂族"就医担忧；其二为"老漂族"老年优待困境，具体表现为"老漂族"对老年优待政策知之甚少、户籍制度制约了优待福利的享受；其三为"老漂族"的异地养老的困境，表现为"老漂族"收入来源少且养老金生存认证存在困难、"老漂族"感到孤单缺乏精神慰藉；其四为"老漂族"社会参与度低，表现为女性、省际流动的"老漂族"社会参与尤为逊色；其五为"老漂族"隔代照料压力，表现为照料孙辈的"老漂族"身体健康状况要明显逊色于不需要照料孙辈的"老漂族"、亲代与子代之间育儿观念的差异导致家庭矛盾增大。

由本章的研究结论可知，在福利享受方面，男性"老漂族"更容易被忽视。这既与男性"老漂族"自身有关，也与人们对男性"老漂族"的关注度低有关。从"老漂族"自身来看，男性"老漂族"的身体健康状况更好，在某种程度上他们对福利的需求较低。从"老漂族"的关注度来看，在现有研究中"老漂族"大部分被定义为因为帮助子女照料孙辈而流动的老人，在这些流动老人中，认为女性居多，因此现有研究对于女性"老漂族"的关注度要高于男性"老漂族"。然而事实是男性"老漂族"的数量与女性"老漂族"旗鼓相当，在本研究中男性"老漂族"的数量占比49.90%，仅比女性"老漂族"低0.2个百分点，这说明男性"老漂族"的数量也很庞大，与女性"老漂族"的数量不相上下。因此，同女性"老漂族"一样，应加大对男性"老漂族"的研究，关注男性"老漂族"在子女所在地的生活状况，将更多的男性"老漂族"纳入福利体系中，确保男性"老漂族"能够安享幸福晚年。

本章的研究结论还表明受教育程度低的"老漂族"享受的福利逊色于受教育程度高的"老漂族"。在目前阶段，尚未颁布专门针对"老漂族"的福利政策。但是，无论是从异地就医、老年优待还是异地养老，各个地区都有不同程度的针对外地老人的相关政策。比如，就异地就医备案来看，目前，山西、内蒙古、辽宁、吉林、黑龙江、江苏、浙江、安徽、福建、江西、山东、湖北、湖南、广西、海南、四川、陕西、宁夏和新疆等19个省、市、自治区的85个统筹地区，作为试点地区已陆续开通国家统一的线上备案服务，试点地区参保人不用再回到参保地进行备案，可以下载国家医保服务平台App或在微信中搜索国家异地就医备案小程序，按照提示自助办理住院费用跨省就医备案①。这项政策对于生活在子女所在地的"老漂族"无疑是一个福音，可以省去来回奔波的麻烦，但是很少有"老漂族"知道这项政策。对于受教育程度低，尤其是一些小学及以下学历的"老漂族"，他们没有渠道获取这一信息，即便他们获取了也往往不会操作或者不理解。再比如养老金生存认证这项福利，现在部分省份开通了网上认证平台，"老漂族"不用再回到户籍所在地进行现场认证，而是可以通过一些视频工具在线认证，受教育程度低的"老漂族"通常不会使用智能手机、电脑、网络等现代通信技术，这无疑增加了这部分"老漂族"享受福利的障碍。因此，应该加强各项福利政策的宣传和指导，确保"老漂族"能够获取信息并能够切实享受到。

最为重要的一点是现行各项福利常与户籍或居住时间挂钩。户籍制度

---

① 国家医疗保障局：《基本医疗保险跨省异地就医直接结算公共服务信息发布（第二十六期）——门诊费用跨省直接结算人次突破150万》（2020-09-02），详见http://www.nhsa.gov.cn/art/2020/8/31/art_54_3430.html.

是我国城乡社会管理的基础性制度和载体性制度，各项公共服务和社会福利制度安排嵌套在户籍制度基础上建立起来，并因此形成城乡二元结构的制度①。本章的研究结论发现省际流动、"漂龄"短的"老漂族"享受到的福利更低。造成这种现象的原因主要就是现有的福利大多与户籍挂钩，即便不受户籍的限制，也常有外地老人居住时间的要求。以本研究调查地之一的南京市为例，2009年11月24日，南京市政府发布关于进一步做好全市老年人社会优待工作的通知，该通知指出，在老年优待证方面，"具有本市户籍、年满60周岁的老年人，可凭本人居民身份证申请办理《南京市老人优待证》，外地及外籍年满60周岁，需在南京市居住满一年以上方可凭本人居民身份证或护照以及居住地公安部门出具的《暂住证》或《居留证》申请办理《优待证》"；在养老优待方面，"对具有本市城镇居民户籍5年以上，男年满60周岁、女年满55周岁，且未享受社会养老保障待遇的老年人，给予城镇居民养老补贴待遇，对本市行政区域内，男年满60周岁、女年满55周岁，具有本市户籍，且未享受各类社会养老保障待遇的农村居民，给予农村居民养老补贴待遇"，而对于外地流动到本地的老年人没有养老优待；在医疗保健优待方面，"具有本市户籍、年满60周岁的老年人，就医时凭《优待证》免付普通门诊挂号费"，并未提及外地老人享受此项优待②。上述例子说明，一些地区的老年福利要么有户籍限制，要求本地户籍，要么有居住年限限制，导致很多本地老人享有的福利外地老人不能享有。因此，应该逐步破除户籍壁垒，降低因为户籍原因带来的"老漂族"福利的缺失。

此外，应该关注"老漂族"的精神慰藉。"老漂族"跟随子女来到陌生的城市，生活环境、生活方式、人际关系、风俗习惯、社会心理等都发生了转变，"老漂族"容易产生"漂泊"之感，大多数的"老漂族"都会感到孤寂。因此，应该重点关注"老漂族"的精神世界，保障"老漂族"的心理健康。首先，就家庭而言，子女应该关注"老漂族"的心理变化，工作之余多与"老漂族"沟通交流，帮助"老漂族"适应环境的变化；就

---

① 易艳阳、周沛：《城市"老漂"群体实态：一个副省级城市证据》，《重庆社会科学》2016年第12期。

② 南京市人民政府：《市政府办公厅关于进一步做好全市老年人社会优待工作的通知》(2020-09-02)，详见http://www.nanjing.gov.cn/zdgk/200911/t20091126_1055357.html.

照料孙辈而言，子女应该多与"老漂族"沟通，避免因为育儿观念的差异而引发矛盾。其次，就社区而言，应该将"老漂族"纳入社区参与的范畴，不会因为户籍将"老漂族"排除在各项活动之外，社区工作人员应积极为"老漂族"营造一个有爱、互助的社区环境，主动帮助"老漂族"克服语言、环境等方面的困境；社区还要承担起各项福利政策宣传的任务，让本社区的"老漂族"及时了解本地的福利政策，避免因为信息不畅而造成福利缺失；最后，政府应该通过法律法规的形式保障"老漂族"的合法权益，确保"老漂族"能够享受公平的福利待遇。

第八章

"老漂族"的社会政策议题

一 "老漂族"福利改善的目标

(一)确保"老漂族"能够公平享有老年福利待遇

近年来离开原住地、流动到子女所在地的"老漂族"日益受到社会各界的关注。本书从群体特征、社会适应、社会认同、生活满意度、居留意愿、福利水平六个方面,描述了"老漂族"在子女所在地的生活状况。"老漂族"流动到子女所在地,跟随子女一起生活,既有基于家庭资源合作和效用最大化的考量,也有投靠子女、寻求更高质量的养老资源的因素。"老漂族"的出现是以在子女数量有限、亲子分隔两地居住、社会化养老和家庭政策发展不足为背景和条件的。他们在子女所在地的生活及其质量的提升,是值得关注一个问题。因为主观的或客观的原因,"老漂族"在流入的城市难以享有与当地老年人同等的福利待遇。"老漂族"既具有与本地老年人相类似的共性,也存在流动老年人所独有的特征,其社会福利既有作为老年人的一般需求,也有作为流动老年人的特殊需求。

以底线公平理论为视角,区分"老漂族"福利中的一般部分与特殊部分,底线以下为一般部分,保证"老漂族"满足基本的生活需要,体现权利的一致性;底线以上为特殊部分,保证"老漂族"满足特殊的福利需要,体现权利的差异性。社会福利应当充分发挥其应有的作用,以保障"老漂族"晚年的幸福生活。值得注意的是,本研究中"老漂族"福利属于大福利的范畴,具体是指国家、社会、市场为了满足"老漂族"的生活需要、维护"老漂族"的权益、保障"老漂族"的身心健康而提供的各项福利政策和服务,任何能够使"老漂族"实现在子女所在地老有所养、老有所医、老有所乐、老有所为的事项都属于该福利范畴。

底线公平是在民众的基本福利项目和基本待遇范畴内政府必须承担并无条件予以保障的公平。本书以底线公平理论作为理论基础，划分了社会成员权利的一致性和差异性，底线以下部分体现权利的一致性，底线以上部分体现权利的差异性，所有公民在这条"底线"面前所具有的权利一致性就是底线公平①。底线公平努力划清政府、市场、社会及个体所应承担的责任底线、责任范围及责任大小，规范各主体应该承担哪些保障项目以及各类项目中哪些部分，要求把所有民众看成一个需要应对风险社会挑战的整体来进行社会保障制度设计，确定社会保障方式的整合任务及整合目标，形成满足基本生活需要的养老保障制度、满足健康需要的基本卫生制度等，坚持基本生活部分注重普惠，非基本部分遵守非普惠②。强调的不是一种低水平保障，而是民众在养老、医疗、教育、生活等方面基本需求的满足③。

西方福利制度的基础，要么是公平，要么是效率。以公平为基础的国家干预理论认为社会福利应当均等地分配，保证每个公民平等地享有一样的待遇，既遵循起点公平，也遵循过程公平和结果公平，代表为北欧的福利国家，他们建立起"从摇篮到坟墓"的一揽子福利制度，为所有的公民提供高水平的均等的福利。这样做的后果是政府担负绝大部分责任并承担巨大的财政压力，面临福利危机。另一种福利制度即以效率为基础，自由主义理论强调市场效率，认为公民应该对自身负责，政府只承担有限的福利责任，公民应该通过自身的努力来达到福利的目的，以美国为例，采用家计调查式的福利供给，然而这并不能够满足公民的福利需求。以上两种制度设计并不适合中国的国情。

"老漂族"具有三重"脆弱性"。其一是"老漂族"的老年属性，作为老年人，他们的生理机能下降，活动能力降低。其二是"老漂族"的流动属性，流动意味着他们面临更大的风险和不确定性。其三是"老漂族"的外来属性，城市边缘人的身份容易让"老漂族"产生漂泊和浮萍感。老

---

① 景天魁、毕天云：《论底线公平福利方式》，《社会科学战线》2011年第5期。
② 高和荣：《底线公平：新时代中国社会保障的价值要求》，《厦门大学学报》（哲学社会科学版）2018年第3期。
③ 高和荣：《底线公平对西方社会保障公平理论的超越》，《社会科学辑刊》2018年第5期。

年福利制度建立的目标就是保障老年人基本的生存需要，"老漂族"作为老年群体的一部分理应享受老年福利待遇。"老漂族"福利制度的核心是公平，公平意味着不论性别、年龄、户籍、民族、经济状况等是否一致，都应享受平等的福利。以底线公平为理论基础，建立起兼顾公平与效率的福利制度，使"老漂族"福利的经济效率与社会效率相统一。底线公平不是说"老漂族"享受到的福利数量少、范围窄、程度低，而是指划定的政府责任，既不像国家干预理论那样政府负全责，也不像自由主义理论那样完全市场化。"老漂族"的福利应该适当强调政府的主导作用，同时注重发挥社会、个人的作用，建立一主多元的福利制度，既要满足"老漂族"的基本福利需求，又突出其流动的特殊性，为其提供特殊需求的福利。

（二）确保"老漂族"能够共享经济发展成果

党的十九大报告明确提出"实施健康中国战略，积极应对人口老龄化，构建养老、孝老、敬老政策体系和社会环境，推进医养结合，加快老龄事业和产业发展"①。通过向"老漂族"提供各种福利，满足他们的日常生活需要，维护他们的生理安全与心理安全，激发他们的晚年热情，减轻养老的压力，提高的生活质量。通过集中现有资源，积极向"老漂族"本人及其家庭提供帮助，使他们能够共享经济发展的成果，实现积极的老龄化。"老漂族"在陌生的城市具有边缘人的感受，本研究的调查数据显示他们当中有51.7%认为自己在子女所在地是外地人，更有甚者认为自己既融入不进新城市也回不去原住地，他们当中有8.9%认为自己既不是本地人也不是外地人。让"老漂族"共享经济发展成果，安享福利保障，能够减轻他们在流入地的疏离感，促进他们融入当地社会，缩小不同户籍、不同年龄、不同性别的老年人之间的福利差距，确保他们享有更加公正和有效率的老年福利权利。

（三）确保"老漂族"能够融入子女所在地的生活

"老漂族"福利不仅要保障他们在子女所在地的基本生活需要，满足

---

① 《决胜全面建成小康社会 夺取新时代中国特色社会主义伟大胜利——在中国国共产党第十九次全国代表大会上的报告》，《人民日报》2017年10月28日，第1版。

他们的特殊福利需要，还要促进"老漂族"的社会参与，帮助他们融入子女所在地的生活。老年人活动理论认为如果老年人在退休后依然能够保持活力，将不会从社会生活中退出，而现实情况是很多老人在退出工作岗位后，会因为退出了社会主要领域而变得消极、抑郁。适应与融入流入地一直是"老漂族"所面临的重要问题，本研究的数据结论显示"老漂族"的社会适应水平是一般的。福利改善不仅要强调为"老漂族"提供经济保障、服务保障，还要关注"老漂族"的心理健康，为他们提供精神慰藉，尽量降低他们在子女所在地的孤独感和疏离感，使他们能够融入当地的社会生活。

二 "老漂族"福利改善的原则

（一）基本福利与非基本福利相结合

以底线公平为"老漂族"福利改善机制的理论基础，可以将其福利划分为两个方面：一是基本福利，二是非基本福利。如图8-1所示，底线以下部分为"老漂族"的基本福利，又可以称之为普惠性福利，设立的目的是保障他们在子女所在地的基本生活需要。"老漂族"作为老年人口的一部分，理应享受普惠性福利，不论他们来自何方、城乡背景如何、经济地位高低如何，都应当保障他们在底线以下部分的福利待遇，享有保障其基本生活需要的福利，体现权利的一致性。这部分福利主要由政府负责，比如基本养老保险，确保他们在流入子女所在地之后能够有稳定的经济来源，实现在异地的老有所养；再如基本医疗保险，能够减轻他们在子女所在的医疗风险，降低因为疾病而引起的贫困，实现在子女所在地能够病有所医。与本地老人一样，受这些基本的保险制度所覆盖，体现基础公平，促进社会和谐。

"老漂族"与一般的老年人口具有差异性，他们的异地医疗和护理、异地生活和适应、文体娱乐和参与，都有与本地老年人所不同的需求。因此在基本福利的基础上，他们还应该具有差异性的福利，即基于其流动的特征而应享有的非基本福利。底线以上部分就是为了满足"老漂族"的流动的特殊需求而设立的非基本福利，也可以称之为特殊福利。"老漂族"

的流入地可以根据当地的经济发展水平在医疗护理、文体娱乐、社会参与等方面给予他们特殊的机会与资源。比如因为户籍的限制，"老漂族"在老年优待服务方面与本地老年人有所差异，破除户籍壁垒、保障"老漂族"享有老年优待是他们的非基本福利的应有内容。非基本福利部分应遵循政府主导，社会、家庭、公众共同协同治理的原则。

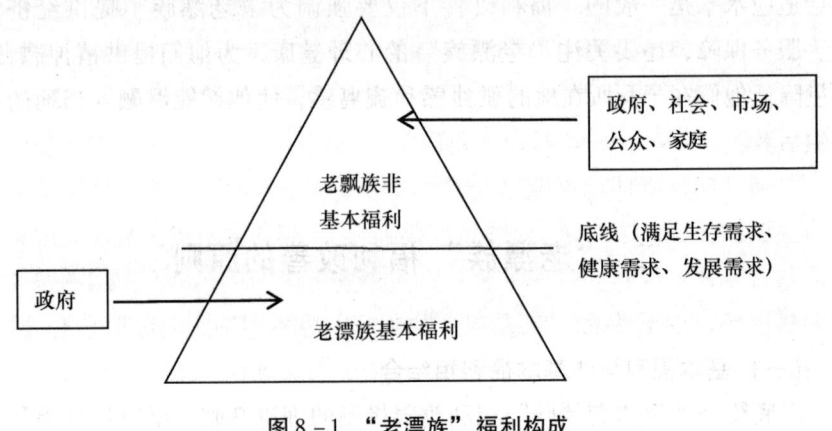

图 8-1 "老漂族"福利构成

（二）"老漂族"福利水平与经济发展水平相适应

"老漂族"福利水平必须与我国经济发展水平相适应，更要与他们流入地区的经济发展水平相适应。西方福利国家的制度表明社会福利只有与本国的经济发展水平相适应，才能够获得长久地、可持续地发展。我国是一个人口大国，老龄化形势严峻。2000—2018 年，60 岁及以上老年人口从 1.26 亿人增加到 2.49 亿人，老年人口占总人口的比重从 10.2% 上升至 17.9%[①]，加之老年人口的流动，老年人口的福利面临巨大的压力。"老漂族"福利作为老年人口福利的一部分应遵循老年福利的发展特点，既不能过快地超越经济发展水平，也不能过慢以致落后于经济发展水平。"老漂族"福利水平增长过快，随着"老漂族"数量的不断增加，会带来越来越大的财政压力，增加财政负担，阻碍经济社会的发展。如果"老漂族"福

[①] 《坚持以人民为中心，积极应对人口老龄化——国家发展改革委负责人就《国家积极应对人口老龄化中长期规划答记者问》（2020-09-03）详见 http://www.gov.cn/zhengce/2019-11/22/content_5454389.htm.

利水平增长过慢，则不利于他们的流动，还会扩大老龄化带来社会问题，不利于和谐社会的建立。

我国是一个发展中国家，总体上来看"老漂族"的福利水平是滞后于经济发展水平的。为了进一步提高"老漂族"福利水平，可以参照经济合作发展组织成员国的通行做法，在财政支出项目中设立社会性支出项目，在社会性支出项目中设立老年福利支出项目，老年福利支出项目包括养老金支出、养老机构支出、老年社会救助支出、老年福利性支出[①]。在以上福利支出项目中设立"老漂族"福利支出项目，进一步加大对"老漂族"福利的资金投入，进而扩大"老漂族"福利支出，建立其福利水平与经济社会发展水平相适应的制度体系。

三 创新"老漂族"福利供给方式

西方福利制度强调多元主义，认为公民的福利是由多个社会主体共同提供，政府作为众多主体的一环，与其他主体之间是一种协作的伙伴关系，社会福利遵循自主自治的网络化管理。西方福利多元主义的前提条件是关注组织自主，强调社会自治。"老漂族"福利不能照搬西方的福利多元主义，应该以我国国情为基础，基于底线公平理论构建一主多元的"老漂族"福利体系。

图8-2呈现的是"老漂族"福利供给的方式，横向表示福利的筹资运营，纵向表示福利的提供，分别包括政府筹资运营、社会筹资运营、政府福利提供、社会福利提供。现实当中，我国的老年人福利供给方式为图中的方式1，即政府既筹资运营又提供福利。在这种老年福利供给方式下，政府负有重要的责任，社会、民众的力量没有得到重视，既不利于民间组织的发展，也不利于减轻政府的财政压力，甚至会出现机构臃肿、人浮于事的现象。"老漂族"福利供给应转变这种方式，由方式1向方式2、方式3、方式4进行转型，形成一主多元的"老漂族"福利体系，包括政府主导、社会协同、公众参与、法制保障四个部分。

---

① 杨立雄：《老年福利制度研究》，人民出版社2013年版，第182页。

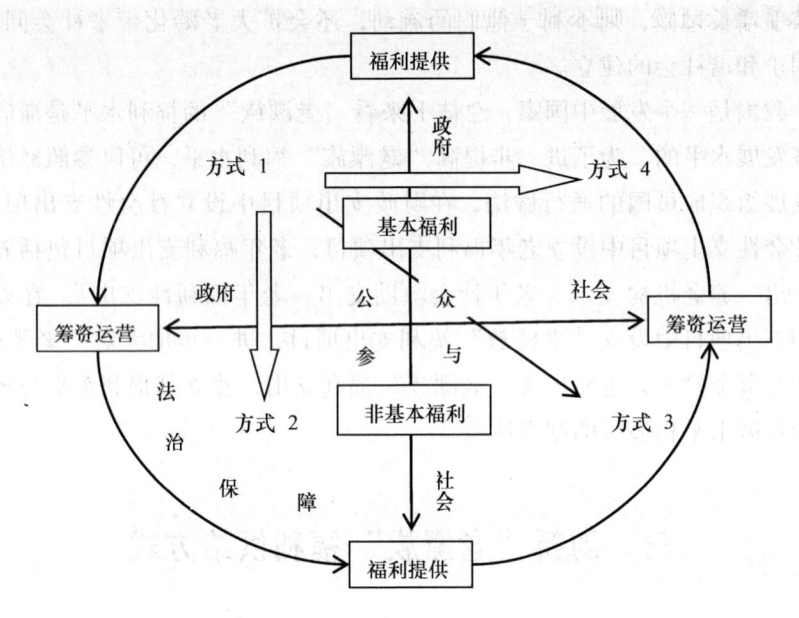

图 8-2 "老漂族"福利供给的方式

(一)"老漂族"福利体系中的政府主导

"老漂族"福利体系应以政府为主导。西方福利体制强调政府与社会组织之间的平等,政府与社会组织之间往往是相互合作的关系。而"老漂族"福利体系应该强调一主多元,一主是指要以政府作为主导,多元是指发挥社会组织的作用。政府与社会组织之间是领导与被领导、主导与被主导的关系。"老漂族"的福利很大一部分是具有非排他性、非竞争性的公共产品,如果一味地追求效率、完全由市场提供会出现市场失灵的现象,而政府可以解决市场失灵的问题但也存在政府失灵的风险。因此,对于"老漂族"福利来说,既不能完全由政府提供,也不能完全由市场提供,而是需要政府与市场合作,将两者整合起来,动员社会力量参与。政府在"老漂族"福利体系中处于主导地位,一方面承担"老漂族"的基本福利,保证"老漂族"的基本日常生活所需;另一方领导其他组织为"老漂族"提供非基本福利,满足"老漂族"在流动过程中的特殊需要。这样既能够兼顾公平,又能够体现效率,是适合中国国情的"老漂族"福利体系。

(二)"老漂族"福利体系中的社会协同

"老漂族"福利体系要充分发挥社会的作用。政府主导"老漂族"福利并不意味着政府对"老漂族"福利负有全部的责任,政府对于社会保障只是负有的是托底责任,所以社会组织也应对"老漂族"的福利提供支持。政府完全负责的"老漂族"福利供给如图8-2中的方式1,政府既要制定方针政策、筹集资金又要提供福利,这会降低福利效率。社会协同体现在两个方面,一是"老漂族"福利资金的筹集,表现为由方式1向方式3、方式4转变;二是"老漂族"福利服务的提供,表现为由方式1向方式2、方式3转变。"老漂族"基本福利由政府提供,"老漂族"福利供给方式可以由方式1转变为方式4,在完全由政府筹资的基础上,社会组织加入筹资行列,减小政府的财政压力。"老漂族"非基本福利由社会提供,既可以采用方式2,先政府筹资,后利用政府财政去购买社会组织的服务,然后由社会组织向"老漂族"提供多样化福利;也可以采用方式4,政府主导由社会组织进行筹资,比如通过慈善组织筹集资金,专款专用购买服务,由社会组织为"老漂族"提供非基本福利。

(三)"老漂族"福利体系中的公众参与

无论流动目的如何,"老漂族"流动到子女所在的城市,家庭资源的效用最大化是一个基本考量。我国自古就推崇"孝"文化,孝道不仅是个人的行为,更上升为国家大义,统治者以孝为合法统治的价值基础,并逐渐建立以孝为价值理念的老年福利。传统的养老方式以家庭养老为主,家庭是"老漂族"福利的主要供给者。通过强调家庭和个人对于"老漂族"的责任来形成尊敬"老漂族"、关爱"老漂族"的孝文化。社会公众作为"老漂族"福利体系的一个基本单位应该承担起固有的责任,营造出对"老漂族"友好的社会氛围,努力建设年龄友好型社会。作为子女,应该关心跟随自己流动的老年父母,关注他们的心理健康,给他们心理慰藉,减少他们因为晚年流动而产生的各种困难。作为社会中的一员,每个人都应该关爱身边的"老漂族",对他们抱有尊重与接纳之心,对他们面对的困难予以帮助,减少他们在陌生的城市产生的疏离感,让他们更好地融入当地社会,增强生活满意度,安享晚年。

(四)"老漂族"福利体系中的法治保障

"老漂族"福利需要法治保障,政府应该加强对"老漂族"福利的法治建设与监管。我国以《中华人民共和国宪法》为根本大法,以《中华人民共和国老年人权益保障法》为核心,建立了一系列保障老年人权利的法律法规,内容涉及医疗、住房、生活、护理等方面。这些法律法规虽然能够保护老年人的权益,但关于"老漂族"权益保护的内容却很少,使得"老漂族"缺少特殊的法律保护。另外,即便有相关的"老漂族"福利保障条例,他们自身也知之甚少。因此,一方面应制定"老漂族"权益保护的政策法规,另一方面加强"老漂族"的法治教育,政府、社会、社区、家庭都应建立起相关的普法机制,帮助他们了解自身应该享有的福利权益,通过电视、报纸、网络等媒介让他们习得相关法律知识。

四 "老漂族"福利改善的具体政策建议

(一) 建立统一医疗服务平台、健全异地就医直接结算体系

2018年国务院印发《关于加快推进全国一体化在线政务服务平台建设的指导意见》(国办发〔2018〕27号),该意见指出应深入推进"互联网+政务服务",加快建设全国一体化在线服务平台,整合资源,优化流程,强化协同,着力解决企业和群众关心的热点难点问题①。在本研究的调查中,"老漂族"的异地就医虽然在福利水平的各维度中得分最高,但依旧存在困境,尤其是在医疗报销方面。

为了使"老漂族"能够在子女所在地更好地享受医疗服务,应该加快建立全国统一的医疗服务平台,将"老漂族"异地就医纳入医疗服务平台范围。在该平台上一方面能够优化医保经办服务,使他们放心在子女所在地就医,另一方面能够简化备案程序、报销程序,减少他们因为办理各种材料清单所花费的财力、物力、精力。现行的异地就医直接结算体制大多

---

① 《中华人民共和国中央人民政府.国务院关于加快推进全国一体化在线政务服务平台建设的指导》(2020-02-09),详见http://www.gov.cn/zhengce/content/.

只能够直接结算住院费用,对于门诊费用,由于各地门诊政策不一致等原因,并未完全纳入直接结算体系,现阶段只有京津冀、长三角和西南五省跨省异地就医门诊费用直接结算进行试点。为了方便"老漂族"看病,降低他们对门诊费用的顾虑,在试点效果好的情况下应该尽快在全国范围内推广。门诊等费用纳入"老漂族"异地就医直接结算体系,通过统一服务平台逐步实现"老漂族"普通门诊联网直接结算,逐渐取消门诊费用先结算后报销政策。

(二) 推进社会保险全国统筹、引导"老漂族"在子女所在地参保

"老漂族"进入子女所在地最为关注的两个方面,一是养老,二是医疗。目前我国社会保险中的两大险种,即养老保险、医疗保险,都尚未实现全国统筹。这两大险种与"老漂族"在子女所在地的生活密切相关。我国的养老保险基本已实现省级统筹,但由于各个地区之间经济发展水平不平衡,加上各个地区养老保险的抚养比差异较大,尚未实现全国统筹。党的十九大报告中明确要求尽快实现养老保险的全国统筹。医疗保险目前的统筹层次更低,大多还处在市级统筹的层面,仅上海、北京、重庆等试点地方实现基本医疗保险的省级统筹。整体来说,我国社会保险的统筹层次还较低。在这样的大背景下,"老漂族"来到子女所在地,而医疗保险的医保关系未转入子女所在地,这给他们的异地就医带来很多不便。加上老年人固有的思维方式,具有优先户籍地就医的路径依赖,不利于他们及时就医。医疗保险的全国统筹之路还较长,现阶段应该逐步推进医疗保险的省级统筹,而对于目前已经是省级统筹的养老保险来说,应该稳步向全国统筹推进。

本书的调查数据表明,"老漂族"在子女所在地的定居意愿较高,有超过七成的"老漂族"有在子女所在地定居的打算。对于这一部分的"老漂族",政府需要积极鼓励并施加引导,使他们能够在子女所在地参保,有效地避免保险关系与"老漂族"在空间上分离的情况出现。国务院2016年颁布的《居住证暂行条例》明确规定居住证持有人在居住地依法享受参加社会保险的权利[①]。需要注意的是,在实际执行过程中,"居住证"的作

---

① 《中华人民共和国中央人民政府.居住证暂行条例(国务院令第663号)》(2020-02-10),详见 http://www.gov.cn/zhengce/.

用与"暂住证"相差不是太大，本质上还是一种人口管理的手段。

（三）完善养老服务体系、提高"老漂族"社会参与

我国致力于构建以居家养老为基础、社区养老为依托、机构养老为补充以及医养结合的综合型养老服务体系。无论是投靠子女、支援子女为流动目的"老漂族"，还是提高生活品质的、随孩返乡及其他为流动目的的"老漂族"，养老都是不可忽视的一项重要内容。就居家养老来看，跟随子女流动的"老漂族"较少享受居家养老的服务，更多的是依靠家庭养老；就社区养老来看，由于"老漂族"跟随子女流动是一种外来者的身份，他们与社区基本上是脱离的，其所在社区的养老功能难以覆盖到他们。另外，社区作为一种基层群众自治组织应当发挥社区治理功能，社区的工作人员忙于完成上级指派的任务，难以开展与"老漂族"有关的养老服务；就机构养老来看，"老漂族"跟随子女流动后目前少有选择去养老机构，即便是因为身体健康状况等因素投靠子女的"老漂族"，也多是和子女居住在一起。因此，完善"老漂族"异地养老服务体系更多的是需要激发社区的活力，需要加大社区对"老漂族"的养老供给，有针对性地提供养老服务，提高其生活质量。

本书的研究结论表明，"老漂族"的社区参与度很低，大部分"老漂族"很少参与社区的活动，对于社区以外的活动参与更少。社区参与是"老漂族"了解子女所在地、建立新的人际关系网络、提高社会适应水平的重要途径。因此，应当重视他们的社区参与，社区应该将他们纳入活动参与中来，培育一批由本地老年人和"老漂族"共同组成的社区组织，增加他们与本地老年人的互动。还可以通过开展"银龄行动"等活动，吸引他们参与社区志愿服务，以此培养"老漂族"的主人翁意识，降低他们的孤单感与疏离感，实现老有所养、老有所为、老有所乐。

（四）扩大福利宣传、增强"老漂族"对相关政策的了解

"老漂族"对相关福利政策的感知程度较弱。一方面，"老漂族"缺乏了解政策的相关渠道；另一方面"老漂族"也缺乏相应的政策解读能力。目前依旧存在部分"老漂族"不了解具体的优待流程和优待项目，这不利于他们更好地在子女所在地生活。社区作为"老漂族"生活的主要场所之

一，可以发挥其社区治理的功能。地方政府可以指派相应的社区工作人员加大对"老漂族"享有福利权利的宣传和推广，可以通过社区组织知识讲座等形式开展相应的活动，扩大他们对政策的了解程度。另外，社区的宣传栏可以发挥相应的作用，社区工作人员可以充分利用宣传栏宣传一些老年流动人口的福利优待政策。对于异地就医过程中的备案、选定点等概念，医保管理部门应当扩大宣传，通过开展医保政策入社区、入农村等活动加强老年人的了解。对于"老漂族"容易接触到的媒介，比如电视、广播、报纸等，地方政府可以与相关媒体合作，开辟相关民生板块进行宣传。

（五）破除"老漂族"的户籍壁垒、提供多样化优待服务

"本地户籍"是地方政府为了降低本地居民公共物品使用的"拥挤成本"而设置的常用门槛条件[①]。社会福利多与户籍挂钩使得很多跟随子女流动的"老漂族"不能享受与本地老年人同等的待遇。"老漂族"的优待服务受户籍制度的影响，很多城市的老年优待制度规定必须具有本地户籍，或者要求在本地居住满一定的年限，少数城市要求拥有本地居住证。要使"老漂族"享有老年优待，首先要破除户籍壁垒，消除户籍对于老年优待的影响，当地政府可以根据每年老年流动人口的流入情况，测算出"老漂族"的人数，再根据当地经济的发展情况，适当放开对"老漂族"福利的限制，所有老年人无论户籍在哪里只要满足相应的年龄要求即可享受一定优待服务。"老漂族"优待服务属于非基本福利，对于非基本福利的供给，可以充分发挥市场和社会的作用，可以将一部分"老漂族"优待服务采用政府购买的形式委托给市场，也可以由政府授予社会组织一定的权限进行筹资并由社会组织提供，这样可以增加"老漂族"优待服务的多样化。与本地老年人一样，"老漂族"也应该能够享受高龄津贴、家庭税收减免等福利。

（六）促进婴幼儿照料服务发展、减轻"老漂族"隔代照料负担

不论是哪一种流动目的，"老漂族"都要在不同程度上承担照顾孙辈

---

① 易艳阳、周沛：《城市"老漂"群体实态：一个副省级城市证据》，《重庆社会科学》2016年第12期。

的责任,尤其是以支援子女为流动目的的"老漂族"。本书的数据分析表面,照顾孙辈会降低"老漂族"的身体健康状况,还会对"老漂族"的社会适应尤其是人际关系适应带来负面影响。因此,应该减少"老漂族"照顾孙辈的压力。《关于促进3岁以下婴幼儿照护服务发展的指导意见》提出,要以习近平新时代中国特色社会主义思想为指导,充分调动社会力量的积极性,多种形式开展婴幼儿照护服务,逐步满足人民群众对婴幼儿照护服务的需求[①]。减轻"老漂族"的隔代照顾压力需要发展婴幼儿照料服务:其一,通过在社区内建立喘息式托幼服务,以便给隔代照顾的"老漂族"带来短暂的休息时间,避免一整天围绕着孙辈转的现象,他们可以利用间歇参与社区活动、培养自己的业余爱好;其二,政府对用人单位进行补贴,由用人单位为本单位的职工建立婴幼儿照料服务机构,本单位职工在上班时可以将婴幼儿交托给单位婴幼儿服务机构,"老漂族"仅需承担家务劳动即可,这样可以降低"老漂族"的工作量,避免他们既要照顾孙辈又要承担家务;其三,政府鼓励并支持社会建立一批多元化的婴幼儿托管机构,提高婴幼儿服务人员的素质,满足各年龄阶段的婴幼儿的需要,"老漂族"承担婴幼儿的接送任务,有效减轻他们隔代照顾的压力。

(七)提高环境适配性、增强"老漂族"的幸福感

本书研究结论表明,"老漂族"在社会适应及其具体维度上表现一般,尤其是心理适应表现最为糟糕;"老漂族"的社会认同一般,群体认同最为逊色,生活满意度比社会适应和社会认同要稍好一些,但居住满意度和交通满意度比较差。为了提高"老漂族"的环境适配性,增强"老漂族"的幸福感,需要在以下三个方面发力。其一,家庭是"老漂族"活动的主要场所。"老漂族"在流入地的定居意愿较高,虽然目前家庭养老功能在弱化,但他们依旧以家庭养老为主要养老方式,家庭依然是"老漂族"福利的主要提供者。家庭的适应与满意会提高他们的生活满意感和适应性。在家庭生活中,流动到子女家庭的"老漂族"的话语权的降低、家庭代际矛盾的增加,都会影响他们的适应、认同、满意度。因此,子女应当与

[①] 《国务院办公厅印发关于促进3岁以下婴幼儿照护服务发展的指导意见》(2020-02-15),详见 http://www.gov.cn/.

"老漂族"建立良好的沟通机制,多关注他们的心理健康问题,帮助他们融入子女所在地。其二,社区应当发挥其功能。除了增加"老漂族"的社区参与,进行相关福利的宣传,更为重要的一点是社区要营造关爱"老漂族"的氛围。在群体认同中,他们认为自己是本地人的可能性较低,而认为自己是外地人或者认为自己既不是本地人也不是外地人的可能性较高。本地人大多也认为"老漂族"不属于本地人。社区可以对"老漂族"的身体健康状况进行动态管理,比如为他们建立健康档案,定期更新健康信息等。其三,也是最为重要的一点,"老漂族"自身应当积极地适应子女所在地的生活。虽然"老漂族"属于老年人,适应能力降低,但是应该以乐观的心态主动融入新环境中,以友好的态度与本地人交往,适当地参与社区的活动。

附 录

调查问卷

问卷编号 NO：_____ 调查地点 ID：_____

关于"老漂族"福利水平的调查问卷

亲爱的老年朋友：

您好！为了了解跟随子女流动的老年人的福利水平，探索跟随子女流动的老年人流动过程面临的困境，提高跟随子女流动的老年人的生活质量和福利保障。我们选中您作为全国跟随子女流动的老年人的代表。本调查不用填写姓名，不涉及您的隐私，答案也没有正确与错误之分。请您根据自己的实际情况作答。如没有特别说明，每题都只选一个答案。衷心感谢您的支持与合作！

"老漂族"福利调查组
2019 年 12 月

负责人及联系电话：152×××××××

过滤部分

T1 执行城市：1 北京 2 南京 3 郑州 4 佛山 5 绵阳

T2 您是哪一年出生的：

1. 1949 年之前（大于 71 岁）【结束访问】

2. 1970 年之后（小于 50 岁）【结束访问】

3. 1949 年至 1970 年之间（50—71 岁），具体出生于_____年【继续访问】

T3 您是跟随某一个子女而流动吗？1 是【继续访问】 2 不是【结束访问】

T4 您来到子女所在地是为了务工吗？1 是【结束访问】 2 否【继续访问】

T5 您在子女所在地已经_____年（不足半年结束调查，限71）

一 基本情况

A1 您是男性还是女性：

1 男 2 女

A2 您的户口类型：

1. 农村户口 2 城镇户口

A3 您的受教育程度：

1 小学及以下 2 初中 3 高中 4 中专/中技/高职 5 大专 6 大学本科及以上

A4 您的婚姻状况：

1 在婚 2 离异 3 丧偶

＊［在婚的（含第一次婚姻、再婚、复婚、同居等）视为有配偶。离异、丧偶的视为无配偶］

A5 您在子女所在地需要帮子女带小孩吗？

1 需要 2 不需要

A6 您的配偶现在需要帮子女带小孩吗？（无配偶的不答）

1 需要 2 不需要

A7 您的老家与跟随流动的子女所在地的关系是：

1 同市不同县 2 同省不同市 3 外省

A8 您跟随子女流动是谁提出？

1 自己 2 配偶 3 子女提出自己也愿意 4 子女提出，自己不太愿意 5 其他

A9 您觉得您是哪里人？

1 本地人 2. 外地人 3 既不是本地人也不是外地人人 4 说不清

A10 子女所在地的人认为您是哪里人？

1 本地人 2. 外地人 3 既不是本地人也不是外地人人 4 说不清

A11 您觉得您的经济地位在子女所在地属于_____，A12a 社会地位在子女所在地属于_____。

1 上等 2 中上等 3 中等 4 中下等 5 下等

A12 您到最近的菜市场步行大约_____分钟、A13a 汽车站步行大约_____分钟、A13b 广场或公园步行大约_____分钟

A13 您在子女所在地有独立的房间吗？

1 是 2 否

A14 您来现居住地的目：

1 投靠子女 2 支援子女 3 提高生活品质 4 落叶归根 5 其他

*（支援子女型是指老年人为帮助子女减轻生活的负担离开老家跟随子女流动；提高生活品质型是指老年人为了追求更高质量地生活而来到子女所在的城市生活；投靠子女型是指老年人因经济上或身体上需要子女的照料而跟随子女流动；随孩返乡型是指老年人年轻时由于各种原因迁离出生地长年定居在外，年老时跟随他们的子女回到出生地。）

A15 以下活动您是否需要他人协助完成？（请在符合您当前实际情况的选项打"√"）	完全不需要	部分需要	完全需要
1 做饭			
2 做重活			
3 使用交通工具			
4 做家务			
5 打电话			
6 外出购物			
7 管理自己的钱物			
8 就诊用药			

二 生活质量与福利水平

B1 在子女所在地您对下列情况感到满意吗？请根据您的实际情况的选项下打"√"	很不满意	不太满意	一般	比较满意	很满意
1 您居住的房子的类型（如普通住宅、高档住宅等）					
2 您居住的房子的拥挤程度					
3 您居住的房子物质生活设备（如洗衣机、冰箱等）					
4 您拥有的精神生活设备（如电视、电脑、书籍等）					
5 您的邻里关系					
6 您居住的社区的外部环境（如噪音、烟尘、水污染、卫生）					
7 您居住社区的人身财产安全					
8 当地交通工具的便捷性					
9 当地交通工具拥挤程度					
10 当地的交通秩序					
11 与配偶共同承担家务劳动（无配偶的不答，在婚或有同居伴侣算有配偶）					
12 与子女间的相互理解程度					
13 与配偶间的相互照料（无配偶的不答，在婚或有同居伴侣算有配偶）					
14 您在家庭中的发言权					

B2 在子女所在地下列说法属实吗？请根据您的实际情况的选项下打"√"	属实	不属实	不清楚
1 您选择医保定点医院时有资质要求（如社区医院、市级医院、省级医院等）			
2 您在当地和在老家的就医结算方式一致			
3 您的医疗费用能和老家一样报销			
4 门诊费用先垫付费用再报销这种方式对您来说很困难			
5 医疗费用报销手续比在老家更加烦琐			
6 在当地的医疗报销待遇水平与家乡一致			
7 您在当地办理了当地老年人优待卡（60周岁以下者不答）			
8 您在当地乘坐公共交通享受优待或优惠（60周岁以下者不答）			

B2 在子女所在地下列说法属实吗？请根据您的实际情况的选项下打"√"	属实	不属实	不清楚
9 您去当地的博物馆、美术馆、旅游景点、公园等享受门票减免（60 周岁以下者不答）			
10 您在当地所居住的社区为您免费建立健康档案			
11 您在当地所居住的社区为您提供过至少一次的免费体检			
12 您在子女所在地领取养老金水平与家乡一致			
13 您觉得养老金异地生存认证（证明老人还在世）很麻烦			

B3 您认为门诊费用报销程序过于烦琐？
1 是　2 不是

B4 您认为门诊费用要回户籍所在地报销很麻烦？
1 是　2 不是

B5 您对现在的社会保障政策实施满意吗？
1 很满意　2 较满意　3 一般　4 不太满意　5 很不满意

三　社会适应与社会认同

C1 在子女所在地下列说法符合您的实际吗？请根据您的实际情况的选项下打"√"	很不符合	不太符合	说不准	比较符合	很符合
1 想念以前居住地方的熟人					
2 怀念原来的生活					
3 经常想要回到老家					
4 子女所在地环境优美、交通便利					
5 子女所在地很繁华					
6 子女所在地的邻里值得信赖邻里关系好					
7 有困难大部分的邻里愿意帮助您					
8 在生活上您和您的子女总是互相帮助					
9 您与您的子女经常交流					
10 您和您的家人相互理解					

C1 在子女所在地下列说法符合您的实际吗？请根据您的实际情况的选项下打"√"	很不符合	不太符合	说不准	比较符合	很符合
11 您和您的配偶从来不因为用钱的问题吵架（无配偶的不答，在婚或有同居伴侣算有配偶）					
12 很习惯别人把您当成老年人					
13 现在的社会变化对老年人来说是越来越有利					
C2 在子女所在地下列说法符合您的实际吗？请根据您的实际情况的选项下打"√"	很不符合	不太符合	说不准	比较符合	很符合
1 会讲当地的语言					
2 与当地人沟通非常顺畅					
3 完全认可当地的风俗习惯					
4 日常生活中您完全按当地的风俗习惯办事					
5 和家人很喜欢过当地的节日					
6 会向您的朋友推荐当地人过的节日					
7 愿意和当地人聊天、成为亲密朋友					
8 愿意和当地人成为邻居一起参与社区管理					
9 愿意您的亲人和当地人通婚或结成亲戚					
10 愿意让别人知道自己是外地人					
11 经常意识到当地人与外地人的不同					
12 很喜欢子女所在的这座城市					
13 在子女所在地有值得依赖、信赖的人					
14 很喜欢您原来居住的地方					
15 在您原来生活的地方有值得信赖的人					
16 未来（五年以及以上）很想继续在这座城市生活					

C3 您经常参加子女所在地社区及附近开展的活动吗？
1 经常　2 偶尔　3 从不
C4 总体上来说过去一个月您与外界联系的频率如何？
1 很少　2 偶尔　3 经常

我们的调查结束了，用了_____分钟，再次感谢您的参与和支持！

参考文献

一　中文文献

（一）著作类

（元）陈澔注：《礼记》，上海古籍出版社2016年版。

车文博：《当代西方心理学新词典》，吉林人民出版社2001年版。

陈虹霖：《追溯老年佳境 基于社会资本理论的研究》，社会科学文献出版社2015年版。

党俊武：《中国城乡老年人生活状况调查报告2018》，社会科学文献出版社2018年版。

风笑天：《社会研究方法》，中国人民大学出版社2013年版。

冯天瑜：《中华文化辞典》，武汉大学出版社2001年版。

国家卫生和计划生育委员会流动人口司：《中国流动人口发展报告2015》，中国人口出版社2015年版。

国家卫生和计划生育委员会流动人口司：《中国流动人口发展报告2016》，中国人口出版社2016年版。

国家卫生和计划生育委员会流动人口司：《中国流动人口发展报告2017》，中国人口出版社2017年版。

国家卫生和计划生育委员会：《中国家庭发展报告2014》，中国人口出版社2014年版。

国家卫生健康委员会：《中国流动人口发展报告2018》，中国人口出版社2019年版。

景天魁、毕天云、高和荣等：《当代中国社会福利思想与制度　从小福利迈向大福利》，中国社会出版社2011年版。

李芳：《老年人的"留"与"流"城镇化进程中特殊老年群体研究》，中国社会科学出版社2017年版。

李珊：《移居与适应 我国老年人的异地养老问题》，知识产权出版社2014年版。

李鑫生、蒋宝德：《人类学辞典》，华艺出版社1990年版。

李旭初、刘兴策：《新编老年学词典》，武汉大学出版社2009年版。

《墨子》，上海古籍出版社1989年版。

牧语译注：《孟子》，江西人民出版社2017年版。

齐明珠：《中国人口老龄化 回眸与展望》，中国人口出版社2017年版。

时蓉华：《社会心理学词典》，四川人民出版社1988年版。

佟新：《人口社会学》，北京大学出版社2000年版。

吴文涛、张善良编著：《管子》，北京燕山出版社1995年版。

吴玥贺：《中国城市化进程中人口逆向迁移流动动因分析》，经济科学出版社2017年版。

吴忠观：《人口科学辞典》，西南财经大学出版社1997年版。

夏征农：《辞海》，上海辞书出版社2000年版。

杨立雄：《老年福利制度研究》，人民出版社2013年版。

于潇：《老年人口学读本》，学习出版社2017年版。

张剑、赵宝爱：《社会福利思想》，山东人民出版社2014年版。

中华人民共和国国家统计局：《中国统计年鉴2019》，中国统计出版社2019年版。

周秉钧注译：《尚书》，岳麓书社2001年版。

［丹］考斯塔·艾斯平-安德森著：《福利资本主义的三个世界》，郑秉文译，法律出版社2003年版。

［韩］朴炳铉：《社会福利与文化 用文化解析社会福利的发展》，商务印书馆2012年版。

［美］亨延顿：《谁是美国人？美国国民特性面临的挑战》，新华出版社2010年版。

［苏］达维久克：《应用社会学词典》，黑龙江人民出版社1988年版。

（二）论文类

白文飞、徐玲：《流动儿童社会融合的身份认同问题研究——以北京市为例》，《中国社会科学院研究生院学报》2009年第2期。

曹杨、王记文：《公益活动参与对退休老人生活满意度的影响——基于北京市西城区的调研》，《人口与发展》2015年第4期。

陈辉：《老漂：城市化背景下农村代际支持的新方式》，《中国青年研究》2018年第2期。

陈盛淦：《人口迁移视角下的随迁老人城市居留意愿研究》，《长春大学学报》2016年第3期。

陈盛淦：《随迁老人城市适应影响因素的实证研究》，《福建农林大学学报》（哲学社会科学版）2015年第6期。

陈盛淦、吴宏洛：《二孩政策背景下随迁老人城市居留意愿研究——基于责任伦理视角》，《东南学术》2016年第3期。

陈盛淦、吴宏洛：《随迁老人的城市定居意愿及其影响因素分析——以福建省为例》，《晋阳学刊》2016年第2期。

风笑天、易松国：《武汉市居民生活质量分析》，《浙江学刊》1997年第3期。

高和荣：《底线公平对西方社会保障公平理论的超越》，《社会科学辑刊》2018年第5期。

高和荣：《底线公平：新时代中国社会保障的价值要求》，《厦门大学学报》（哲学社会科学版）2018年第3期。

郭治谦：《"漂泊"：乡村"老漂族"的流动实践——基于山西窑村的个案研究》，《山西农业大学学报》（社会科学版）2016年第12期。

韩正、孔艳丽：《社会融合视角下流动人口居留意愿研究——基于2014年中国劳动力动态调查数据》，《北京城市学院学报》2017年第1期。

何惠亭：《代际关系视角下老漂族的城市适应研究》，《前沿》2014年第Z9期。

侯建明、李晓刚：《我国流动老年人口居留意愿及其影响因素分析》，《人口学刊》2017年第6期。

胡晓君、续竞秦：《居住偏好实现对农村老年人生活满意度的影响》，《南方人口》2017 年第 6 期。

胡艳霞、龙理良、尹亦清：《城市老漂族的生命质量及其影响因素分析》，《中国现代医生》2013 年第 3 期。

扈新强：《新、老两代流动人口居留意愿差异研究——以北京、上海、广州为例》，《调研世界》2017 年第 7 期。

黄丽芬：《进城还是返乡？——社会空间与"老漂族"的自我实现》，《北京社会科学》2019 年第 11 期。

霍海燕、魏婷婷：《社会质量视域下"老漂族"生活现状探究——基于郑州市金水区 H 社区的实证分析》，《学习论坛》2016 年第 10 期。

江立华、王寓凡：《空间变动与"老漂族"的社会适应》，《中国特色社会主义研究》2016 年第 5 期。

金晓彤、崔宏静：《新生代农民工社会认同建构与炫耀性消费的悖反性思考》，《社会科学研究》2013 年第 4 期。

靳小怡、刘妍珺：《照料孙子女对老年人生活满意度的影响——基于流动老人和非流动老人的研究》，《东南大学学报》（哲学社会科学版）2017 年第 2 期。

景天魁、毕天云：《论底线公平福利方式》，《社会科学战线》2011 年第 5 期。

景晓芬：《老年流动人口空间分布及长期居留意愿研究——基于 2015 年全国流动人口动态监测数据》，《人口与发展》2019 年第 4 期。

景晓芬、朱建春：《农村迁移老人的城市定居意愿研究》，《四川农业大学学报》2015 年第 1 期。

瞿小敏：《代际交换与城市老年人的生活满意度》，《重庆大学学报》（社会科学版）2015 年第 5 期。

雷开春：《城市新移民的社会认同研究》，上海大学，2009 年。

李芳、龚维斌、李姚军：《老年流动人口居留意愿的影响因素分析——以布迪厄理论为视角》，《人口与社会》2016 年第 4 期。

李芬、陈燕妮：《基本医疗保险异地就医结算服务研究——以海南省跨省异地就医结算服务为例》，《中国卫生事业管理》2015 年第 3 期。

李芬、风笑天：《照料"第二个"孙子女？——城市老人的照顾意愿及其影响因素研究》，《人口与发展》2016 年第 4 期。

李建新、李嘉羽：《城市空巢老人生活质量研究》，《人口学刊》2012年第3期。

李建新、骆为祥：《社会、个体比较中的老年人口生活满意度研究》，《中国人口科学》2007年第4期。

李静雅：《"老漂族"的城市社会融入问题研究》，华东理工大学，2015年。

李强、龙文进：《农民工留城与返乡意愿的影响因素分析》，《中国农村经济》2009年第2期。

李容芳：《分割与融入："老漂族"群体的社会行动逻辑》，《云南师范大学学报》（哲学社会科学版）2020年第1期。

李升、黄造玉：《超大城市流动老人的流动与生活特征分析——基于对北上广深流动家庭的调查》，《调研世界》2018年第2期。

刘成斌、巩娜鑫：《老漂族的城市居留意愿和代际观念》，《中国人口科学》2020年第1期。

刘吉：《我国老年人生活满意度及其影响因素研究——基于2011年"中国健康与养老追踪调查"（CHARLS）全国基线数据的分析》，《老龄科学研究》2015年第1期。

刘璐婵：《老年流动人口异地就医：行为特征、支持体系与制度保障》，《人口与社会》2019年第1期。

刘庆、陈世海：《随迁老人精神健康状况及影响因素分析——基于深圳市的调查》，《中州学刊》2015年第11期。

刘庆、冯兰：《移居老年人的城市定居意愿及其影响因素分析——基于深圳市的实证研究》，《天府新论》2013年第5期。

刘亚娜：《社区视角下老漂族社会融入困境及对策——基于北京社区"北漂老人"的质性研究》，《社会保障研究》2016年第4期。

刘颖：《中国老年人口迁移特征与影响的实证研究》，首都经济贸易大学，2014年。

芦恒、郑超月：《"流动的公共性"视角下老年流动群体的类型与精准治理——以城市"老漂族"为中心》，《江海学刊》2016年第2期。

鲁兴虎、兰青：《融合与排斥：都市"老漂族"代际关系矛盾心境分析》，《人口与社会》2019年第2期。

吕明阳、陆蒙华：《居住证制度对在沪流动人口城市居留意愿的影响——基于上海市居住证评估调查的实证分析》，《人口与社会》2020 年第 1 期。

骆为祥、李建新：《老年人生活满意度年龄差异研究》，《人口究》2011 年第 6 期。

孟向京等：《北京市流动老年人口特征及成因分析》，《人口研究》2004 年第 6 期。

孟兆敏、吴瑞君：《城市流动人口居留意愿研究——基于上海、苏州等地的调查分析》，《人口与发展》2011 年第 3 期。

苗瑞凤：《农村进城老年流动人口的城市适应性研究》，《上海市社会科学界第七届学术年会文集》，2009 年。

祁静、郑笑：《健康对流动人口城市居留意愿的影响研究——基于 2014 年全国流动人口社会融合与心理健康专项数据的分析》，《调研世界》2018 年第 4 期。

史国君：《城市"老漂族"社会融入的困境及路径选择——基于江苏 N 市的调查与分析》，《江苏社会科学》2019 年第 6 期。

史国君、黄海：《"老漂族"市民化机制研究》，《南京社会学》2019 年第 12 期。

宋璐、李树茁、李亮：《提供孙子女照料对农村老年人心理健康的影响研究》，《人口与发展》2008 年第 4 期。

孙鹃娟、张航空：《中国老年人照顾孙子女的状况及影响因素分析》，《人口与经济》2013 年第 4 期。

孙力强、杜小双、李国武：《结构地位、社会融合与外地户籍青年留京意愿》，《青年研究》2017 年第 3 期。

孙凌杉：《"老漂族"医疗保障权实现困境的实证研究》，苏州大学，2017 年。

孙兆兰：《农村流入城市"老漂族"异地养老现状与对策研究》，山东农业大学，2018 年。

唐斌：《"双重边缘人"：城市农民工自我认同的形成及社会影响》，《中南民族学院学报》（人文社会科学版）2002 年第 S1 期。

唐钧：《关注"老漂"一族》，《中国社会保障》2011 年第 10 期。

同钰莹:《亲情感对老年人生活满意度的影响》,《人口学刊》2000年第4期。

王春光:《农村流动人口的"半城市化"问题研究》,《社会学研究》2006年第5期。

王春光:《新生代农村流动人口的社会认同与城乡融合的关系》,《社会学研究》2001年第3期。

王建平、叶锦涛:《大都市老漂族生存和社会适应现状初探——一项来自上海的实证研究》,《华中科技大学学报》(社会科学版)2018年第2期。

王丽英:《"老漂"的社会适应研究》,中国青年政治学院,2013年。

王凌云:《隔代照顾对中老年生活满意度的影响》,首都经济贸易大学,2019年。

王婷:《在城市的夹缝中生存——透视"老漂族"的社会状况》,《2011年贵州省社会科学学术年会论文集》,2011年。

王心羽、李晓春:《城市化进程中"老漂族"异地养老问题》,《人口与社会》2017年第4期。

王心羽:《社会转型期政策视角下"老漂族"幸福指数研究》,《河北经贸大学学报》2017年第6期。

王颖、黄迪:《"老漂族"社会适应研究——以北京市某社区为例》,《老龄科学研究》2016年第7期。

吴明霞:《30年来西方关于主观幸福感的理论发展》,《心理学动态》2000年第4期。

吴祁:《农村进城照顾孙辈的"候鸟式"老人在城生活状况调查——一项探索性研究》,《南方人口》2014年第3期。

吴玉军、宁克平:《城市化进程中农民工的城市认同困境》,《浙江社会科学》2007年第4期。

香雪、李诗韩等:《"老漂族"城市适应困境与帮扶对策研究》,《重庆工商大学学报》(社会科学版)2021年第4期。

谢东虹:《户籍、流动原因与老年人的长期居留意愿——基于2015年流动人口动态监测数据》,《调研世界》2019年第3期。

邢婧:《隔代照顾对老年人生活满意度的影响》,西北农林科技大学,

2019年。

许加明、华学成:《流动的老年:"老漂族"的形成机制与多重角色困境》,《华中农业大学学报》(社会科学版) 2018年第5期。

许加明、华学成:《乡村"老漂族"的流动机理与生存图景》,《西北农林科技大学学报》(社会科学版) 2018年第4期。

许加明、夏蓓蕾:《农村"老漂族"的异地养老困境及应对策略探析》,《云南农业大学学报》(社会科学版) 2019年第4期。

杨东亮、王晓璐:《"90后"流动青年城市居留意愿研究》,《青年研究》2016年第3期。

杨芳、张佩琪:《"老漂族"面临的政策瓶颈与突破路径——基于广州H社区的实证分析》,《社会保障研究》2015年第3期。

杨菊华:《流动时代中的流动世代:老年流动人口的多维特征分析》,《人口学刊》2018年第4期。

杨妮、许倩、王艳:《"老漂族"长期定居意愿研究——基于成功老龄化的框架》,《人口与发展》2018年第3期。

姚俊:《"临时主干家庭":城市家庭结构的变动与策略化——基于N市个案资料的分析》,《青年研究》2012年第3期。

姚兆余、王鑫:《城市随迁老人的精神生活与社区融入》,《社会工作(下半月)》2010年第9期。

易艳阳、周沛:《城市"老漂"群体实态:一个副省级城市证据》,《重庆社会科学》2016年第12期。

于潇、陈新造:《经济收入与社会地位对流动人口城市居留意愿的影响——基于广东省的实证研究》,《广东社会科学》2017年第3期。

郁晓晖、张海波:《失地农民的社会认同与社会建构》,《中国农村观察》2006年第1期。

袁小波:《2000—2005年高龄老人生活满意度的变化分析》,《西北人口》2008年第4期。

张航空:《子女因素对随迁老人居留意愿的影响》,《人口与发展》2018年第2期。

张红霞:《城市"孙代照顾"与临时主干家庭生活:石家庄个案》,《重庆社会科学》2014年第3期。

张文宏、雷开春:《城市新移民社会认同的结构模型》,《社会学研究》2009年第4期。

张文娟、纪竞垚:《经济状况对中国城乡老年人生活满意度影响的纵向研究》,《人口与发展》2018年第5期。

张文娟、李树茁:《子女的代际支持行为对农村老年人生活满意度的影响研究》,《人口究》2005年第5期。

张新文、杜春林、赵婕:《城市社区中随迁老人的融入问题研究——基于社会记忆与社区融入的二维分析框架》,《青海社会科学》2014年第6期。

章蓉、李放:《江苏省城乡老年人生活满意度及其影响因素分析》,《人口与社会》2019年第1期。

郑佳然:《流动老年人口社会融入困境及对策研究——基于6位"北漂老人"流迁经历的质性分析》,《宁夏社会科学》2016年第1期。

郑志丹、郑研辉:《社会支持对老年人身体健康和生活满意度的影响——基于代际经济支持内生性视角的再检验》,《人口与经济》2017年第4期。

周皓:《省际人口迁移中的老年人口》,《中国人口科学》2002年第2期。

周明宝:《城市滞留型青年农民工的文化适应与身份认同》,《社会》2004年第5期。

(三) 其他

国家统计局:《2019年国民经济和社会发展统计公报》(2020-02-28),http://www.stats.gov.cn/tjsj/zxfb/202002/t20200228_1728913.html.

国家医疗保障局:《基本医疗保险跨省异地就医直接结算公共服务信息发布(第二十六期)——门诊费用跨省直接结算人次突破150万》(2020-09-02),http://www.nhsa.gov.cn/art/2020/8/31/art_54_3430.html.

国家医疗保障局:《基本医疗保险跨省异地就医直接结算公共服务信息发布(第二十七期)》(2020-10-24),http://www.nhsa.gov.cn/art/2020/9/30/art_54_3681.html.

《国务院办公厅印发关于促进3岁以下婴幼儿照护服务发展的指导意见》

（2020-02-15），http：//www.gov.cn/.

《国务院关于加快推进全国一体化在线政务服务平台建设的指导》（2020-02-09），http：//www.gov.cn/zhengce/content/.

《坚持以人民为中心，积极应对人口老龄化——国家发展改革委负责人就〈国家积极应对人口老龄化中长期规划答记者问〉》（2020-09-03），http：//www.gov.cn/zhengce/2019-11/22/content_5454389.htm.

《决胜全面建成小康社会 夺取新时代中国特色社会主义伟大胜利——在中国国共产党第十九次全国代表大会上的报告》，《人民日报》，2017年10月28日，第1版。

南京市人民政府：《市政府办公厅关于进一步做好全市老年人社会优待工作的通知》（2020-09-02），http：//www.nanjing.gov.cn/zdgk/200911/t20091126_1055357.html.

人民网：《变革时代下的中国家庭：漂泊、留守致亲情消逝》（2014-2-12）http：//gongyi.people.com.cn/n/2014/0212/c152511-24336188.html.

人民网：《老漂族"缺乏归属感何处安放晚年？》（2015-02-26）http：//ccn.people.com.cn/n/2015/0226/c366510-26600043.html.

人民网：《老漂族生活现状：不适应异乡生活 医保待遇难享受》（2018-06-20）http：//society.people.com.cn/n1/2018/0620/c1008-30067145.html.

人民网：《去年中国"老漂族"近1800万：诊不便住不惯》（2016-11-22）http：//politics.people.com.cn/n1/2016/1122/c1001-28886338.html.

人民网：《团圆中的留守之困："老漂族"亟待制度解围》（2013-10-13）http：//finance.people.com.cn/n/2013/1013/c1004-23183178.html.

新浪网：《走出孤独抑郁这个难题应该怎么解？》（2012-11-18）http：//news.sina.com.cn/o/2012-11-18/103925604620.shtml.

《中国发展报告2020：中国人口老龄化的发展趋势和政策》（2020-08-18）https：//tech.sina.com.cn/roll/2020-06-19/doc-iirczymk7921071.shtml.

《中华人民共和国 2019 年国民经济和社会发展统计公报》,《人民日报》,2020 年 2 月 29 日,第 5 版。

《中华人民共和国中央人民政府. 居住证暂行条例(国务院令第 663 号)》(2020 – 02 – 10), http://www.gov.cn/zhengce/.

中华人民共和国中央人民政府:《人力资源社会保障部:带你体验国家异地就医结算系统》(2020 – 02 – 06), http://www.gov.cn/xinwen.

二 外文文献

Albert Chevan. Holding on and Letting Go: Residential Mobility During widowhood [J]. *Research on Aging*, 1995, 17 (3): pp. 278 – 302.

Alden Speare. Jr., Roger Avery, Leora Lawton. Disability, residential mobility, and changes in living arrangements [J]. *Journal of Gerontology: Social Sciences*, 1991, 46 (3): pp. 133 – 142.

Al – hamad A., Flowerdew R., Hayes L. Migration of elderly people to join existing households: some evidence from the 1991 Household Sample of Anonymised Records [J]. *Environment and Planning A*, 1997, 29 (7): pp. 1243 – 1255.

Al – Hamad. A., Flowerdew. R., Migration of elderly people to join existing households: some evidence from the 1991 Household Sample of Anonymised Records [J]. *Environment and Planning A*, 1997, (7): pp. 243 – 255

Charles F. Longino, Jeanne C. Biggar. The Impact of Retirement Migration on the South [J]. *The Gerontologist*, 1981, 21 (3): pp. 283 – 290.

Charles F. Longino, Victor W. Marshall. North American Research on Seasonal Migration [J]. *Ageing and Society*, 1990, 10 (02): pp. 229 – 235.

Choi, Namkee G., Older Persons Who Move: Reasons and Health Consequences [J]. *The Journal of Applied Gerontology*, 1996, 15 (3): pp. 325 – 344.

Christiane von Reichert, Gundars Rudzitis., Rent And Wage Effects on The Choice of Amenity Destinations of Labor Force and Non – labor Force Migrants: A Note [J]. *Journal of Regional Science*, 1994, 34 (3): pp. 445 –455.

Colsher, P. L. and R. B. Wallace. Health and Social Antecedents of Relocation in Rural Elderly Persons [J]. *Journal of Gerontology*, 1990, (1): pp. 32 –38.

Deborah A. Sullivan, Sylvia A. Stevens. Snowbirds: Seasonal Migrants to the Sunbelt [J]. Research on Aging, 1982, 4 (2): pp. 159 –177.

De Jong G. F. , Wilmoth J. M. , Angel J. L. and Cornwell G. T. Motives and the Geographic Mobility of Very Old Americans [J]. *Journal of Gerontology: Social Sciences*, 1995, 50 (6): pp. 395 –404.

D. Gordon Bennett. Retirement Migration and Economic Development in High – Amenity, Non – metropolitan Areas [J]. *The Journal of Applied Gerontology*, 1993, 12 (04): pp. 466 –481.

Diener. Assessing Subjective Well – Being: Progress and Opportunities [J]. *Social Indicators Research*, 1994, 31 (2): pp. 103 –157.

Diener, Ed. Traits can be powerful, but are not enough: lessons from subjective well – being [J]. *Journal of Research in Personality*, 1996, 30 (3): pp. 389 –399.

Diepen, Albertine M. and Mulder, Clara Mulder. Distance to family members and relocations of older adults [J]. *Journal of Housing and the Built Environment*, 2009, (24): pp. 31 –46.

E. G. Ravenstein. The Laws of Migration [J]. *Journal of the Statistical Society of London*, 1885, 48 (2): pp. 167 –235.

Feinian Chen. The health implications of grandparents caring fo rgrandchildren in China [J]. *Journals of Gerontology*, 2012, 67 (1): pp. 99 –112.

Fournier G. M. Elderly Migration: for Sun and Money [J]. *Population Research and Policy Review*, 1988, 7 (2): pp. 189 –199.

Gordon F. De Jong, Janet M. Wilmoth, et al. Motives and the geographic mobility of very old Americans [J]. *Journal of Gerontology: Social Sciences*, 1995, 50 (6): pp. 395 –404.

Heaton, Tim B. , Clifford, William B. , Fuguitt, Glenn V. , Temporal Shifts in the Determinants of Young and Elderly Migration in Non-metropolitan Areas [J]. *Social Forces*, 1981, 60 (1): pp. 41-60.

Hye Won Chai, Hey Jung Jun. Relationship between ties with adult children and life satisfaction among the middle-aged, the young-old, and the oldest-old Korean adults [J]. *International journal of aging and Human development*, 2017, 85 (4): pp. 354-376.

Jeanne C. Blggar. Reassessing elderly sunbelt migration [J]. *Research on Aging*, 1980, 2 (2): pp. 177-190.

Jendrek, Margaret Platt. Miami U. Grandparents who parent their grandchildren: Effects on lifestyle [J]. *Journal of Marriage and the Family*, 1993, 55 (3): pp. 609-621.

John E. Carlson, Virginia W. Junk, et al., Factors Affecting Retirement Migration to Idaho: An Adaptation of the Amenity Retirement Migration Model [J]. *The Cerontologist*, 1998, 38 (1): pp. 18-24.

Kristine E. Bjelde, Gregory F. Sanders. Change and Continuity: Experiences of Midwestern Snowbirds [J]. *Journal of Applied Gerontology*, 2012, 31 (3): pp. 314-335.

Lawton, M P, Brody, E M. Assessment of older people: self-maintaining and instrumental activities of daily living [J]. *Gerontologist*, 1969, 9: pp. 179-186.

L. Cuba and C. F. Longino. Regional Retirement Migration: The Case of Cape Cod [J]. *Journal of Gerontology: Social Sciences*, 1991, 46 (1): pp. 33-42.

Litwak E, Longino CF Jr. Migration patterns among the elderly: a developmental perspective [J]. *The Gerontologist*, 1983, 27 (3): pp. 266-272.

Maximiliane E. Szinovacz, Stanley DeViney, et al. Effects of surrogate parenting on grandparents' well-being [J]. *The Journals of Gerontology: Series B*, 1999, 54B (6): pp. S376-S388.

McHugh K. E., Mings R. C., Seasonal Migration and Health Care [J]. *Journal of Aging and Health*, 1994, (1): pp. 111-132.

McHugh, KE. Seasonal Migration as a Substitute for, or precursor to permanent Migration [J]. *Research on Aging*, 1990, 12 (2): pp. 229-245.

Merril Silverstein and Joseph J. Angelelli. Older Parents' Expectations of Moving Closer to Their Children [J]. *The Journal of Gerontology: Series B*, 1998, 53B (3): pp. SI53 – S163.

Namkee G. Choi. Older persons who move: Reasons and health consequences [J]. *The Journal of Applied Gerontology*, 1996, 15 (3): pp. 325 – 344.

Newbold KB. Determinants of Elderly Interstate Migration in the United States, 1985 – 1990 [J]. *Research on Aging*, 1996, 18 (4): pp. 451 – 476.

Nina Glasgow. Retirement Migration and the Use of Services in Nonmetropolitan Counties [J]. *Rural Sociology*, 1995, (2): pp. 224 – 243.

Oded Stark, David E. Bloom. The New Economics of Labor Migration [J]. *The American Economic Review*, 1985, 75 (2): pp. 173 – 178.

Oded Stark, J. Edward Taylor. Migration incentives, migration types: The role of relative deprivation [J]. *The journal of the Royal Economic Society*, 1991, 101 (408): pp. 1163 – 1178.

Pampel F. C., Levin I. P., et al. Retirement Migration Decision Making [J]. *Research on Aging*, 1984, 6 (2): pp. 139 – 162.

Paul Andrew Bourne, Chloe Morris, et al. Re – testing theories on the correlations of health status, life satisfaction and happiness [J]. *North American Journal of Medical Sciences*, 2010, 2 (7): pp. 311 – 319.

Per Gustafson. Retirement migration and transnational lifestyles [J]. *Ageing and Society*, 2001, 21 (04): pp. 371 – 394.

P. L. Colsher, R. B. Wallace. Health and Social Antecedents of Relocation in Rural Elderly Persons [J]. *Journal of Gerontology*, 1990, 45 (1): pp. 32 – 38.

Raul de Sousa. Nogueira Antunes, Nuno R. Pedro. Couto, et al. Physical activity and satisfaction with the life of the elderly: contribution to the validation of satisfaction with life scale (swls) in the portuguese population [J]. *Revista Iberoamericana De Psicologia Del Ejercicio Y El Deporte*, 2019, (14): pp. 24 – 27.

R. E. Wiseman, C. C. Roseman. A Typology of Elderly Migration Based on the Decision Making Process [J], *Economic Geography*, 1979, 55 (4):

pp. 324 – 337.

Serow W. J., Charity D. A., et al. Cost of Living Differentials and Elderly Interstate Migration [J]. *Research on Aging*, 1986, 8 (2): pp. 317 – 327.

Shin D C, Johnson D M. Avowed happiness as an overall assessment of the quality of life [J]. *Social Indicators Research*, 1978, 5 (1): pp. 475 – 492.

Silverstein, M and Zablotsky, D. L. Health and social precursors of later life retirement – community migration [J]. *Journals of Gerontology Series B: Psychological Sciences & Social Sciences*, 1996, 51 (3): pp. s150 – 156.

Timothy D. Hogan, Donald N. Steinnes. Elderly Migration to the Sunbelt: Seasonal Versus Permanent [J]. *The Journal of Applied Gerontology*, 1993, 12 (2): pp. 246 – 260.

W. A. V. Clark, K. White. Modeling elderly mobility [J]. *Environment and Planning A*, 1990, 22 (7): pp. 909 – 924.

W. A. V. Clark, Suzanne Davies. Elderly Mobility and Mobility Outcomes: Households an the Later Stages of the Life Course [J]. *Research on Aging*. 1990, 12 (4): pp. 430 – 462.

Wilbur Zelinsky. The hypothesis of the mobility transition [J]. *From Theory to Policy: Economic Development and Urban Planning*, 1971, 32 (192): pp. 337 – 347.

William H. Haas, William J. Serow. Amenity Retirement Migration Process: A Model and Preliminary Evidence [J]. *The Cerontologist*, 1993, 33 (2): pp. 212 – 220.

William H. Walters. Climate and U. S. elderly migration rates [J]. *Papers in Regional Science*, 1994, 73 (3): pp. 309 – 329.

Xiuxia Yin, Lucille Aba Abruquah, et al. Dynamics of life satisfaction among rural elderly in China: The role of health insurance policies and intergenerational relationships [J]. *Sustainability*, 2019, 11 (3): pp. 3 – 5.

后　　记

这本书并不是某项硬性的科研任务的成果，既不是为了要完成某个科研项目，也不是为了要获得某种学位。研究和写作这本书，只能算是我在硬性的教学科研任务之外，凭借着我对"老漂族"这个群体的情感与关怀而完成的一份课外作业。当然，这份课外作业也是费了时间和精力的，能够在忙忙碌碌的教学、科研、管理工作之外完成这份作业，其背后肯定有某种特殊的缘由，对"老漂族"的情感与关怀不可能凭空产生。

2016—2017年我在犹他大学社会学系做访问学者。我和年逾七十的房东哈罗德先生成为了忘年之交，他既是我学习口语的优质陪练，又是解决我生活中各种困难的最佳帮手。当时我对他花费几万美元、耗时几个月，从住房的一楼到二楼加装一个电梯这一做法感到很是费解。有什么必要呢？与此同时，在国内的姐姐几次告诉我，我那独居的年逾八十的母亲似乎不太对劲：出门有时候找不到回家的路，饭菜有时候煮不熟，上厕所有时候会弄脏衣服。在我心目中母亲总是那副身手敏捷、勤劳利索的劳动者模样，如今怎么落到了这步田地？身边诸如此类的人和事不断出现和发生，又没有在国内工作的那种压力和约束，我开始收集和阅读老年、养老等方面的文献，开始知道住宅"适老化改造""阿尔兹海默症"等词汇，也意识到在少子化、老龄化和社会流动普遍化的背景下，老年、流动、养老是相关、特殊而重要的研究领域。于是我写了一份课题申报书交了上去，幸运的是这份申报书获得了国家社会科学基金项目的立项。

访学结束回国，我就把母亲从湖南老家接到我所生活的广西桂林，开始是住在我家，后面实在是没有人手和空闲照顾她，又把她安顿在附近的一家养老院。在母亲"漂"在桂林至今四年多的时间里，母亲成为了我生活的中心之一，只要是不出差，我几乎每天都去养老院探望她，跟她说说话。一方面，母亲不愿意生活在异地他乡，她心心念念的还是湖南老家；另一方面，我认为母亲只有在异地他乡的桂林，才能获得基本的诸如合理膳食、生活起居、慢性病护理等方面的养老资源。与此同时，我也开始了国家社会科学基金项目的研究工作。虽然这项课题的主题是关于独生子女父母的养老，其研究对象并不是"老漂族"，但是都属于老年、养老这一主题，而且我身边的"老漂族"随处可见，我母亲就是其中典型的一员，因此我把"老漂族"这一群体附带纳入了国家社会科学基金项目的研究。

"老漂族"这一群体虽然早就存在，但出现在公众视野也就是十来年的时间。对于"老漂族"来说，一方面，他们要与安土重迁、叶落归根的文化心理逆向而行，要把自己从生活了几十年的社会场景中抽离出去，进入一个在自然环境和社会文化上都陌生的、异质性很强的地方；另一方面，他们的流动并非就业性的流动，而是为了照顾子女及其家庭或者投奔子女养老的生活性流动，流动的事实一般都发生在不起眼的日常家庭生活之中，他们的经历与体验、心理与感受、声音与需求，难以引起外界的关注。再者，如果将"老漂族"置于城乡二元结构之中，由于不同地区的差异、不同社会政策难以兼容，"老漂族"的生活样态就会更加复杂。

"老漂族"的身心境况和生活境遇究竟怎么样？无论是政府部门，还是社会民众，甚至是学术界，目前都还不能回答这个问题。新闻媒体将"老漂族"裁剪、塑造成一种来自农村、暂时"漂"在城市、最终要返回老家、会遇到诸多困难且一时难以解决的老年人群体形象。这既不一定全面，也不一定客观真实。国内学术界关注了"老漂族"的城市社会适应与融入、生活状况与身心健康、流动机制与居留意愿、社会保障等议题，但对"老漂族"概念的界定重外延轻内涵，在研究问题的选择上重现实难题轻学术问题，在研究方法上重个案研究轻调查研究。国外对老年人口迁移的研究主要集中在老年人口迁移的动机类型和对迁入地的影响两个方面，在研究问题的选择、研究方法的运用、研究内容的深入性方面有值得借鉴之处，但由于社会环境和文化背景的不同，国外相关研究并不能为国内"老漂族"研究提供新的知识。

后　记

　　本书聚焦"老漂族"的日常生活，在文献研究的基础上，采用调查研究的方法，利用来自全国五个城市的抽样调查数据，从群体特征、社会适应、社会认同、居留意愿、福利状况、生活满意度六个方面，探讨"老漂族"的现实生活样态。描述关于"老漂族"的基本情况，呈现这一群体的一些基本事实，为进一步的深入研究提供知识积累。在少子化、老龄化、育儿家庭化、家庭养老依然是主流养老方式的背景下，"老漂族"的现实生活境遇，既包含家庭成员之间资源合作的内在机理，也是出于老年人寻求更好的养老资源的需要。

　　本书的研究和写作是我和陈丽霞博士共同完成的。2017年陈丽霞从山东的一所高校考入广西师范大学读研究生，跟随我一起学习和开展社会保障方面的研究。经过一段时间的学习和交流，她自觉地加入到"老漂族"这一议题的研究。查阅文献、学术讨论、研究设计、问卷调查、数据处理、撰写论文、书稿写作、学术交流，她都做了大量工作。有了这些工作的历练，她的学术研究素养实现了从零到一、从低到高的突破和提升，或许这也是她随后考入厦门大学继续攻读博士学位、走向学术研究之路的前期基础和诱发因素。

　　本书的研究、写作和出版，得到国家社会科学基金项目（编号：17BRK002）和广西高等学校高水平创新团队及卓越学者计划专项经费（编号：桂教人才［2020］6号）的支持和资助。作为收集本书所需实证数据的受委托方，成都达智咨询股份有限公司在问卷调查中表现出了良好的技术素养和科学精神，为本研究采集了质量过硬的调查数据。广西师范大学图书馆袁振丽老师在文献查阅和参考文献编排方面做了大量工作，且表现出了专业水准。本书从开始研究到最后出版，历时四年半时间。如果没有中国社会科学出版社以及夏侠、许琳两位编辑的高效沟通和扎实工作，本书的出版不可能有如此高效。

　　少子化、老龄化在我国已是既成事实，育儿和养老的社会化在短时间内也难以成气候，因而在未来相当长的一段时间里，"老漂族"这一群体的规模还会不断扩大。对于"老漂族"的流动动机、流动过程、流动影响、生活样态、生活质量、福利政策等议题，不管是在事实呈现、机理剖析方面，还是在概念提出和模式概括方面，我们都还知之甚少，研究得还远远不够。本书只是在部分维度上，比较浅显、笼统地呈现了"老漂族"日常生活的样态。我希望还有时间和心思继续从事关于"老漂族"的研究，也希望有更多的学者加入"老漂族"研究的行列，把相关研究推向深入。

肖富群

2021年7月于北京大兴清源北路